前言

随着学前教育事业的高速发展及"保教结合"理念的深入人心,社会对托幼机构保教人才的保育素养要求越来越高。近几年教育部颁布的《幼儿园教师专业标准(试行)》(2012年)、《学前教育专业师范生教师职业能力标准(试行)》(2021年)均把教师的保育能力作为核心能力之一。尤其是2019年教育部新设立了"中职幼儿保育专业",从2021年起全国"中职学前教育专业"均转设为"幼儿保育专业",这进一步说明了国家对于提升保教人才保育素养的迫切要求。然而,职业院校保育方面的课程标准和教材尚处于探讨摸索中,由此,保育相关教材的开发越显重要。在此背景下,我们将自己8年多的教学研究成果——园校合作、双元主体开发的工作页式教材《幼儿园教育活动保育》出版发行。本教材是继《幼儿生活活动保育》教材后的又一本幼儿保育专业核心课程教材,既体现职业教育"工学结合""理实一体"的理念,又体现学前教育"保教结合""教养医融合"的要求,在充分尊重学生职业成长规律、学习特点、生涯发展需要的同时,紧扣当下行业对学前教育保教人员保育素养需求的新变化。同时,本教材又反映了"互联网+"时代对教育教学形式改革的新要求。具体来说,本教材的编写体现了如下特色:

一、教材内容体现基于保育工作任务的课程思政、"岗课赛证"综合育人新要求

教材内容以保育典型工作任务与相应的职业能力分析为基本框架,以"教养医融合"的行业新要求、《保育员国家职业技能标准》(2019年版)、保育员职业技能等级考证及保育员技能大赛要求为基本内容,融入相关专业理论的学习。同时,本教材深入贯彻党的二十大精神,充分挖掘每个学习活动的思政价值,自然融入价值观教育、职业道德教育、职业情感教育、职业精神教育等内容;教材还充分挖掘每个学习任务的教育价值,注重教与学方法的指导,将学习能力、解决问题能力、思辨能力、信息处理能力等的培养,以及人文关怀、团队合作、沟通表达等培养自然融入其中,旨在培养懂专业、有爱心、能合作、会学习、爱动脑、善思辨、勤反思的高素质保育人才。

二、教材体例体现"理实一体"的工作页式新形态

本教材切实服务"工学结合"育人模式改革需要,以幼儿园运动、游戏、学习活动三个模块的典型工作任务为载体,以真实保育任务为组织单元,结合专业教学改革实际和学生思维特点,以保育认知与实践的真问题为引导,让学生在解决问题的过程中进行保育专业知识技能的学习。本教材以学材的形式呈现,每个引导问题下都会留白,要求学生或写下工作规范,或写下思考与实践的过程,或写下解决问题后的经验与感悟,从而促使学生主动思考、举一反三。学习结束后的"在线自测"及"学习任务小结",可以帮助学生梳理和巩固知识点,弥补理实一体化教学在知识学习上的弊端。最后的"学习情况评价表"，通过多元主体在专业知识技能、个人综合素养等方面的全方位评价，进一步帮助学生反思改进。

另外，本教材还通过知识小链接、拓展阅读等形式，拓宽学生的专业视野，满足不同层次学生的个性化学习需求。

三、教学资源体现立体化导向的融媒体教材新变革

本教材配有丰富的数字教学资源，且视频与图片资源全部源自幼儿园一线及专业教学实践，呈现方式灵活，让保育专业师生随时可听、可视、可练、可互动，从而大大提高教学效益。具体资源类型如下：

（1）配有丰富的优质幼儿园实境教学资源，其中的200多张插图、40多个案例视频均在华东师范大学闵行永德实验幼儿园教育活动的真实情境中拍摄，可帮助教师在教学中还原幼儿园教育活动保育现场。

（2）配有近500道含保育员考证全真试题的课后自测题，可实现在线自我检测、客观题智能评分等功能。

（3）配有与幼儿园教育活动保育相关的法规条例、幼儿园保教工作研究文献、幼儿文学作品等丰富的在线阅读资料，并提供推荐书目和网址，可供广大教师和学有余力的学生进行在线学习。

（4）配有详细的教案、教学课件、教学参考（探索活动答案）等资源，供教师参考使用。

四、编写团队体现园校融合下的强强联合、优势互补

教材编写团队由擅长幼儿园教育实践研究和擅长幼儿园保育实践研究的成员组成，团队成员同时拥有院校和幼儿园双重教学经验。主编宋彩虹老师为上海市群益职业技术学校学前教育专业部原主任、中国教育学会学前教育专业委员会副秘书长，曾在幼儿园工作4年，在中职学校学前教育（幼儿保育）专业部工作30年，领衔开发了《上海市中等职业学校学前教育（保育员）专业教学标准》《上海市中高职贯通教育学前教育专业教学标准》等，参与开发了教育部《中职幼儿保育专业实训室建设标准》，主编的教材《幼儿生活活动保育》《幼师舞蹈基础（第二版）》均入选"'十三五'职业教育国家规划教材"。第二主编蔡志刚老师为上海市闵行区教育学院教研中心副主任，学前教育研究室主任，具有丰富的保教实践经验和专业理论研究功底，教学研究成果多次在全国及上海市教育系统获奖，在专业期刊发表论文与其他文章30多篇，主编《童心玩科学：基于主题核心经验的幼儿园科学区活动（教师指导手册）》等多本教材，参与编写《上海市幼儿园办园质量评价指南（试行稿）操作指引30问》《上海市幼儿园幼小衔接活动指导意见（修订稿）》等上海市学前教育文件。副主编夏瑛老师、张艳娟老师和游鹏老师均为中学高级教师，上海市中职学前教育专业宋彩虹名师培育工作室学员，上海市中职学前教育专业中心教研组成员。

五、编写过程伴随8年多的教学实践，以教学改革带动教材修订

本课程的研究起始于2013年。从一开始的讲义到校本教材再到正式出版教材，经历了8年多的教学实践探索。教材的编写修订过程与"幼儿园教育活动保育"的课堂教学改革相伴相生。每个学期的教材试用、集体备课与教学，每一次的参访交流与培训学习，都会带给编者更多的思考与教材改进思路。

本教材由宋彩虹老师主持编写、确定教材框架结构，组织、指导教材编写与教学资源制作全过程，并对教材及资源进行审核修改。蔡志刚老师担任第二主编，为本教材提供了部分一线案例与政策文件，同时负责教材的统稿工作，并对教材专业理论的科学性及与幼儿园实际的一致性进行审核和修改。夏瑛老师、张艳娟老师、游鹏老师分别负责幼儿园学习活动保育、幼儿园游戏活动保育、幼儿园运动保育教材模块的编写，以及承担了相应的教案撰写、课件制作及教学参考编写工作。

需要特别介绍的是，华东师范大学职业教育与成人教育研究所所长徐国庆教授、上海市教育委员会教学研究室谭移民老师对本教材的框架结构进行了悉心指导；上海市黄浦区荷花池幼儿园园长兼书记、

上海市职业教育"十四五"规划教材 i教育·融合创新一体化教材

幼儿园教育活动保育

微课版

主　编　宋彩虹　蔡志刚
副主编　夏　瑛　张艳娟　游　鹂

华东师范大学出版社
·上海·

图书在版编目（CIP）数据

幼儿园教育活动保育/宋彩虹，蔡志刚主编.—上海：华东师范大学出版社，2021
 ISBN 978-7-5675-7143-3

Ⅰ.①幼⋯　Ⅱ.①宋⋯ ②蔡⋯　Ⅲ.①幼教人员—教材　Ⅳ.①G615

中国版本图书馆CIP数据核字（2021）第190726号

幼儿园教育活动保育

主　　编	宋彩虹　蔡志刚
责任编辑	罗　彦
责任校对	劳律嘉　时东明
封 面 图	王延强
装帧设计	庄玉侠

出版发行	华东师范大学出版社
社　　址	上海市中山北路3663号　邮编 200062
网　　址	www.ecnupress.com.cn
电　　话	021-60821666　行政传真 021-62572105
客服电话	021-62865537　门市（邮购）电话 021-62869887
地　　址	上海市中山北路3663号华东师范大学校内先锋路口
网　　店	http://hdsdcbs.tmall.com

印 刷 者	上海四维数字图文有限公司
开　　本	890毫米×1240毫米　1/16
印　　张	19
字　　数	572千字
版　　次	2021年11月第1版
印　　次	2024年6月第9次
书　　号	ISBN 978-7-5675-7143-3
定　　价	49.80元

出版人　王　焰

（如发现本版图书有印订质量问题，请寄回本社客服中心调换或电话021-62865537联系）

正高级教师、特级园长、上海市职业教育宋青大师工作室主持人、教育部"国培计划"名园长领航工程专家宋青园长对本教材进行了最后审稿。

特别感谢华东师范大学闵行永德实验幼儿园作为本教材的课程资源共建幼儿园，在王桃英园长的带领下给予资源拍摄的大力支持！也感谢杨浦区教师进修学院刘晓青老师对本教材提出的宝贵建议。

在本教材的编写过程中，编者参考、借鉴、引用了国内外相关书籍与论文，参考文献中已列出了其中大部分资料的来源，在此向这些书籍与论文的作者表示感谢与敬意！

总之，本教材的生成集结了集体的智慧，在此向各位领导、专家、教师及学生对本教材的指导表示衷心的感谢！尽管如此，由于编者的编写经验、视野有限，再加上职业教育改革的不断深入，以及保育工作研究成果的不断涌现，教材存在问题在所难免，期待大家提出宝贵意见。

编　者

教学建议

一、教材使用建议

本教材适合中等职业学校幼儿保育专业、中高职贯通（含五年一贯制）学前教育专业中职阶段使用，也可以用于幼儿园保育员、幼儿园教师的职后培训。

本教材重点培养**学生辅助教学**的能力，同时从中培养学生正确的**保育观**、**教育观**与**儿童观**，使学生明确**保育价值**与**保育责任**，涵养**职业道德**，培育**职业情感**，锻造**职业精神**。因此，本课程在培养学生教育活动保育工作能力的同时，还需做好以下几方面：一是强化课程思政；二是引导学生初步掌握幼儿园教育活动的内涵、目标、意义、理念、内容、幼儿年龄特点等基础知识；三是指导学生初步学习观察解读幼儿与介入支持等方面的基本技能；四是注意培养学生的专业精神、人文关怀、团队合作、沟通表达、问题解决、信息获取、反思改进等个人综合素养。由此，每一个教育活动都需要全方位考虑、精心设计，充分挖掘每次活动的教育价值。

本课程的能力要求低于高职"幼儿园教育活动设计与实施"课程，但可以为该课程的学习奠定基础。

本教材分为幼儿园运动保育、游戏活动保育、学习活动保育三个模块，模块的教学顺序可由使用者自行安排。分模块教学与分段实习可交替进行。

本教材以学材的形式呈现，各学习活动基于引导问题展开。教师可以根据教材中的引导问题要求学生先进行小组合作自主学习，再进行交流分享，然后进行师生互评、教师完善、拓展提升等流程。教材中引导问题的下方都有留白，教师可在课堂中让学生边学习边填写，然后通过各小组的分享及教师的点评小结完善学习记录，最终使其成为学生**未来的工作手册**，教师**下一轮教学的珍贵教学资源**。

本教材提供了较为丰富的融媒体教学资源。其中，在线自测题涵盖了主要知识点与考工真题，教师可让学生在课前预习后自测，并根据学生的自测情况反馈，开展有针对性的课堂教学；课后让学生再次自测，了解学生对知识点的掌握情况。本教材的视频资源，可通过扫描二维码随时观看，由此加深学生对幼儿园教育活动保育实际情况的了解；同时**一个视频可以用于多个学习活动**，教师可从不同的角度挖掘其教育价值，提高资源利用率。课后**拓展题**、**在线阅读**可供广大教师及学有余力的学生使用。

二、教学时数安排建议

本教材建议学时数为 **72 学时**，一学期完成（4 学时/周）。具体教学时数安排建议详见下表：

学习模块	学习任务	学习活动	建议学时
A 幼儿园运动保育	A-1 幼儿园运动认知	A-1-1 幼儿园运动概述	2
		A-1-2 幼儿园运动的安全与卫生维护	2
		A-1-3 幼儿园运动中体弱儿童及特殊儿童的照护	2
	A-2 幼儿园日常运动保育	A-2-1 早操活动保育	4
		A-2-2 户外区域运动保育	4
		A-2-3 集体运动教学保育	4
		A-2-4 特殊天气室内运动保育	4
	A-3 幼儿园其他运动保育	A-3-1 运动会保育	2
		A-3-2 远足运动保育	2
B 幼儿园游戏活动保育	B-1 幼儿园游戏活动认知	B-1-1 幼儿园游戏活动概述	2
		B-1-2 幼儿园游戏材料的安全与卫生维护	4
	B-2 幼儿园各类游戏活动保育	B-2-1 角色游戏活动保育	4
		B-2-2 结构游戏活动保育	4
		B-2-3 表演游戏活动保育	4
		B-2-4 沙水游戏活动保育	4
C 幼儿园学习活动保育	C-1 幼儿园学习活动认知	C-1-1 幼儿园学习活动概述	2
		C-1-2 幼儿园学习活动的安全与卫生维护	2
	C-2 幼儿园集体教学活动保育	C-2-1 健康学习活动保育	2
		C-2-2 语言学习活动保育	2
		C-2-3 社会学习活动保育	2
		C-2-4 科学学习活动保育	2
		C-2-5 数学学习活动保育	2
		C-2-6 美术学习活动保育	2
		C-2-7 音乐学习活动保育	2
	C-3 幼儿园个别化学习活动保育	C-3-1 个别化学习活动环境创设	3
		C-3-2 个别化学习活动观察与引导	3
合计			72

目 录

模块1　幼儿园运动保育

学习任务1　幼儿园运动认知　1

在线阅读　2

学习活动1　幼儿园运动概述　3

在线阅读：幼儿期的动作发展影响孩子一生　5
在线自测　12

学习活动2　幼儿园运动的安全与卫生维护　15

案例视频：运动场地的安全隐患　16
案例视频：运动前的准备　17
案例视频：运动中的安全隐患　18
案例视频：幼儿的运动量　19
在线自测　21

学习活动3　幼儿园运动中体弱儿童及特殊儿童的照护　24

在线自测　27

学习任务2　幼儿园日常运动保育　31

在线阅读　32

学习活动1　早操活动保育　33

案例视频：早操活动　34
案例视频：各类操节活动　35
在线自测　37

学习活动2　户外区域运动保育　40

案例视频：户外区域运动前的准备（以中班为例）　41
案例视频：户外区域运动中的生活照护　44
案例视频：户外运动后的收整　45
在线自测　46

学习活动3　集体运动教学保育　49

在线自测　53

学习活动4　特殊天气室内运动保育　56

案例视频：各类室内运动　57
在线自测　60

学习任务3　幼儿园其他运动保育　63

在线阅读　64

学习活动1　运动会保育　65

在线自测　69

学习活动2　远足运动保育　71

在线自测　74

·1·

模块 2　幼儿园游戏活动保育

79　学习任务 1　幼儿园游戏活动认知

在线阅读　80

81　学习活动 1　幼儿园游戏活动概述

案例视频：游戏材料的投放　87
案例视频：游戏空间的创设（以中班为例）　88
在线自测　89

92　学习活动 2　幼儿园游戏材料的安全与卫生维护

案例视频：塑料玩具清洁与消毒的规范操作　97
案例视频：木制玩具清洁与消毒的规范操作　98
案例视频：书籍或纸质玩具消毒的规范操作　98
案例视频：绒毛玩具消毒的规范操作　98
在线自测　99

学习任务 2　幼儿园各类游戏活动保育　**103**

在线阅读　104

学习活动 1　角色游戏活动保育　**105**

在线阅读：角色游戏，为何总是"一条街"　108
案例视频：小班角色游戏片段　109
案例视频：中班角色游戏片段　109
案例视频：大班角色游戏片段　109
案例视频：角色游戏中的安全隐患　112
案例视频：角色游戏分享活动片段（以中班为例）　115
案例视频：角色游戏后的收整（以中班为例）　115
在线自测　116

学习活动 2　结构游戏活动保育　**118**

案例视频：结构游戏片段　121
案例视频：结构游戏中的安全隐患　125
案例视频：结构游戏分享活动片段（以大班为例）　127
案例视频：结构游戏后的收整（以大班为例）　127
在线自测　129

学习活动 3　表演游戏活动保育　**131**

在线阅读：幼儿文学作品　132
案例视频：表演游戏中的安全隐患　136
案例视频：表演游戏分享活动片段（以中班为例）　137
案例视频：表演游戏后的收整（以中班为例）　137
在线自测　138

学习活动 4　沙水游戏活动保育　**140**

案例视频：沙水游戏片段　145
案例视频：沙水游戏的安全隐患　147
案例视频：沙水游戏分享活动片段（以中班为例）　150
案例视频：沙水游戏后的收整（以中班为例）　150
在线自测　151

模块 3　幼儿园学习活动保育

学习任务 1　幼儿园学习活动认知　155

在线阅读　156

学习活动 1　幼儿园学习活动概述　157

在线阅读：基于基本经验的内容示例　159
在线阅读：综合主题活动网络图　161
案例视频：幼儿园的综合主题活动　161
在线自测　164

学习活动 2　幼儿园学习活动的安全与卫生维护　166

案例视频：美术活动片段（以小班为例）　168
在线阅读：幼儿园保育价值的失落与回归　169
在线阅读：隐性课程视角下，强化幼儿园保育员角色定位　169
在线自测　170

学习任务 2　幼儿园集体教学活动保育　173

在线阅读　174

学习活动 1　健康学习活动保育　175

在线自测　184

学习活动 2　语言学习活动保育　187

案例视频：语言学习活动环境　193
在线自测　199

学习活动 3　社会学习活动保育　202

在线自测　211

学习活动 4　科学学习活动保育　215

在线阅读：科学家的探索过程与幼儿的探索过程　217
案例视频：科学学习活动环境　221
在线自测　225

学习活动 5　数学学习活动保育　227

在线自测　237

学习活动 6　美术学习活动保育　240

在线阅读：班级内应配备的各类美术材料　248
在线自测　252

学习活动 7　音乐学习活动保育　256

在线阅读：世界著名的儿童音乐教育体系　258
在线自测　266

| 271 | **学习任务3　幼儿园个别化学习活动保育** |

在线阅读　272

| 273 | **学习活动1　个别化学习活动环境创设** |

　　在线阅读：个别化学习活动案例（完整版）　276
　　案例视频：个别化学习活动环境创设　278
　　在线阅读：蒙台梭利教育活动中的工作毯　279
　　在线自测　280

| 283 | **学习活动2　个别化学习活动观察与引导** |

案例视频：个别化学习活动中的观察与引导　285
案例视频：个别化学习活动的保教工作（以中班为例）　287
在线自测　288

| 292 | **主要参考文献** |

模块 1　幼儿园运动保育

学习任务 1　幼儿园运动认知

　**工作情境描述**

蓓蕾幼儿园的运动形式丰富多彩，除了日常的早操、户外区域运动、集体运动教学，以及在特殊天气时进行的室内运动外，还有运动会、远足运动等。幼儿园的运动由教师和保育员共同负责。运动前，保育员检查场地的安全与卫生情况，准备好幼儿运动时所需的生活用品；配合教师在运动场地上准备好充足的、安全卫生的运动材料，做好幼儿着装的安全检查及组织如厕等个人运动前的准备工作。运动时，保育员和教师一起观察幼儿，调节幼儿的运动量，排除安全隐患，照顾好体弱儿童、特殊儿童，并注意激发幼儿运动的积极性，培养良好的运动习惯及勇敢坚强、合作共享等意志品质。运动结束后，保育员带领幼儿收整运动材料，收回生活用品，做好盥洗、擦汗及更衣等保育工作。

任务目标

- 说出幼儿园运动的概念、目标、特点、意义和形式,提升运动保育认同感。
- 说明幼儿园运动的安全与卫生要求,明确运动保育责任。
- 概述保育员的运动保育职责。
- 能根据幼儿园运动项目的内容及规范操作要求,做好运动前、中、后的安全与卫生工作。
- 能根据体弱儿童和特殊儿童的身体实际情况,做好相应的运动保育工作。
- 认同运动保育的重要价值,懂得具备良好的职业道德和掌握运动保育的专业知识技能,对于幼儿健康成长以及自身职业生涯发展的重要意义。

建议学时

6学时。

任务实施过程

学习活动1:幼儿园运动概述(2学时)。
学习活动2:幼儿园运动的安全与卫生维护(2学时)。
学习活动3:幼儿园运动中体弱儿童及特殊儿童的照护(2学时)。

任务实施准备

- 阅读文件:《上海市学前教育课程指南(试行稿)》《托儿所幼儿园卫生保健工作规范》《3—6岁儿童学习与发展指南》《上海市幼儿园办园质量评价指南(试行稿)》。
- 阅读图书:《保育员初级》,中国劳动社会保障出版社;《保育员中级》,中国劳动社会保障出版社。
- 查找:互联网中的相关资料。

在线阅读

学习活动 1 幼儿园运动概述

学习目标

- 解释幼儿园运动的概念、目标，并简述其意义，提升运动保育认同感。
- 说明幼儿园运动的主要形式及其作用。
- 能根据保育员在幼儿园运动保育中的工作职责，分析保育员的运动保育履职情况，强化责任意识。
- 记住不同年龄幼儿的运动特点，增强保护幼儿的意识。
- 认同运动对于幼儿健康成长的重要价值，积极参与运动保育的学习。

学习准备

- 硬件设备：移动终端。
- 展示用材料：彩色纸若干、水笔若干、磁铁若干。
- 预习"幼儿园运动概述"，完成本活动的在线自测题。

关键词释义

幼儿园运动

- **幼儿园运动**：主要指体操、器械运动、自然因素锻炼等活动，旨在提高幼儿身体素质、动作协调能力和适应环境的能力，为幼儿健康的体质奠定基础。①

学习导语

幼儿园运动主要指体操、器械运动、自然因素锻炼等活动，旨在提高幼儿身体素质、动作协调能力和适应环境的能力，为幼儿健康的体质奠定基础。由于幼儿年龄小，身体机能的调节能力较弱，自我保护意识尚在萌芽阶段。因此，做好幼儿在运动中的保育工作，保障幼儿在运动中的安全，是教师和保育员共同的重要职责。

▲ 教师在保护运动中的幼儿

---

① 上海市教育委员会. 上海市学前教育课程指南（试行稿）[M]. 上海：上海教育出版社，2004.

探索 1 幼儿园运动应该被重视吗？

小一班的新新会背很多古诗，也认识很多字，可是一运动就喊累，特别不喜欢运动，他的运动能力远远弱于同龄幼儿。今天做操时，他基本不动，只是偶尔甩甩手，户外区域运动也是玩了一会儿就坐在一旁休息。于是离园时，教师向新新的妈妈反映了这个问题。

新新的妈妈说，家里从小就注重新新的智力开发，让他学了很多东西，就希望他将来在学习上出类拔萃。他从小就不爱运动，走路走一会儿就喊累，出门还经常坐小推车。她认为，只要新新智力开发得好，运动能力差一点也不要紧，教师不用在意这件事。

你认同新新妈妈的观点吗？你准备如何说服新新妈妈？请小组合作查阅关于幼儿园运动意义的相关材料，并把说服新新妈妈的沟通用语写在下面的横线上。

学习支持 1

★ 幼儿园运动的意义

1. 提高幼儿的身体素质和动作协调能力

幼儿期是孩子身体各个系统迅速发展的时期，这个时期的生理发展水平奠定了人的身体素质基础。具体可以体现在以下几个方面：

（1）运动能增加幼儿机体的能耗，加快新陈代谢，从而使食欲增加，消化系统吸收功能增强，能吸收更多的营养物质。同时，运动后会使人产生一定的疲劳感，这能延长幼儿的睡眠时间，提高睡眠质量，促进身高的增长。

▲ 运动中的幼儿（1）

（2）运动能使幼儿的肌肉更发达、骨骼更强壮，同时还能增加呼吸运动，促进肺部、胸廓的发育。

（3）幼儿在运动时，神经系统活动的灵敏度增加，机体各部分均在神经系统的统一控制和协调下完成各项动作，从而提高了身体的协调性。

2. 提高幼儿对环境的适应能力和对疾病的抵抗能力

（1）由于日光中的红外线可刺激骨髓制造更多的红细胞和血红蛋白，而户外活动增加了幼儿日晒的时间，因此，运动可减少幼儿贫血的发生。

▲ 运动中的幼儿（2）

（2）裸露的皮肤通过日光中紫外线的照射，可以合成维生素 D，帮助机体吸收钙和磷，从而预防佝偻病的发生。

（3）经常运动可使皮肤的角化层逐渐增厚，从而增加皮肤对细菌等有害物质侵袭的抵抗力，减少皮肤感染的可能性。

（4）在运动的过程中，皮肤和呼吸道黏膜会经常受到冷热刺激，这能促进皮肤对体温的调节功能，增强呼吸道对外界环境的适应能力和对疾病的抵抗力，从而减少疾病的发生。

3. 促进幼儿认知和社会性的发展

（1）幼儿最初是通过身体动作来认识周围世界的，随着他们年龄的增长，其动作能力越来越强。在运动的过程中，幼儿身体接受到的运动信号会源源不断地传到大脑，刺激大脑的不同区域，从而促进其大脑发育。因此，身体的运动受大脑指挥，而运动本身又促进了大脑的发育。同时，幼儿在运动时，身体能感知前后左右，感觉空间位置，从而使前庭器官功能得到正常的发展。此外，随着幼儿的活动能力增强，与周围事物接触的机会增加，他们在运动中需要使用更多的认知策略，这促进了幼儿智力的发展。

（2）幼儿在学习动作技能时常常会遇到一些困难，他们会从中探索解决问题的方法，在失败中总结经验。这样有挑战的运动对幼儿的意志力也是一种考验。因此，通过运动可以培养幼儿勇敢、坚毅、不怕困难、乐观等意志品质。此外，在运动的过程中，有时还需要团队中伙伴的共同努力才能完成，这有利于幼儿形成团结合作、遵守纪律、热爱集体等优良品质，促进其社会交往能力的发展。

在线阅读
幼儿期的动作发展影响孩子一生

探索 2　幼儿园可以开展哪些运动？这些运动形式分别有哪些作用？

结合你的见习经历或者资料查询结果，写出你所知道的幼儿园运动形式及其主要作用。

学习支持 2

★ 幼儿园运动的主要形式

幼儿园日常的运动有早操活动、户外区域运动、集体运动教学、特殊天气室内运动等。此外，幼儿园还有运动会、远足运动等非常规的运动形式。

1. 早操活动

幼儿园早操活动是指幼儿在早晨进行的体操活动。幼儿体操是通过规范的身体动作、各运动关节有目的性的活动来激发幼儿的身体活力，锻炼身体素质，增强体质，促进良好身体形态及身体协调发展的

▲ 早操活动

▲ 户外区域运动（自行车区）

▲ 集体运动教学

▲ 特殊天气室内运动

重要手段。幼儿体操常运用于早操活动和各种体育活动的前期准备环节。幼儿体操根据是否持有器械，可分为徒手体操和器械体操。徒手体操包括一般徒手操（广播操）、模仿操、韵律操（律动操）、武术操等；器械体操包括轻器械操（如：哑铃操、木棒操、球操等）和辅助性器械操（如：垫上操、椅子操、皮筋操等），幼儿园一般以轻器械操为多见。幼儿体操具有内容简单、规范，形式多样、活泼，富有童趣且蕴含美感等特点，深受幼儿喜爱。

幼儿园的早操活动不仅具有强身健体的功能，而且可以培养幼儿的品质，增强幼儿的集体荣誉感，提高幼儿的审美能力，塑造良好的形体，对促进幼儿身心健康具有深远的影响。

2. 户外区域运动

户外区域运动是指根据幼儿运动的内容和要求，在幼儿园户外开设若干区域，让幼儿自主选择区域和器材，自由结伴、自主运动的一种组织形式。它具有活动内容丰富、灵活性大、幼儿自主性强、接近自然等特点。

幼儿在进行户外区域运动时，能受到阳光、空气和温度等自然因素的刺激，对其呼吸系统、运动系统、循环系统、神经系统的健康发育尤为重要。由于户外区域运动是以分散的小组和个人活动为主的，因此可以充分考虑和兼顾幼儿的不同兴趣、爱好和能力水平。幼儿在运动的过程中，可以自选活动项目和运动器械，能轻松愉快、自由地尽情活动，从而培养幼儿的独立性、自主性和创造性。此外，户外区域运动往往需要自由结伴开展游戏，这种在游戏中的结伴和相处有助于幼儿社会性的发展。

3. 集体运动教学

集体运动教学是一种有目的、有计划、有组织的集体活动形式，它是以幼儿自身练习为主要手段，以体育健康知识、技能为主要内容，以增进幼儿身心健康为主要目的的集体性活动。

在集体运动教学中，集体式的情感和认知的学习为个体幼儿创造了全新的机会，幼儿不仅能学会怎样适应社会，而且通过这个社会化的过程可以学到怎样成为一个更好的个体。

4. 特殊天气室内运动

室内运动是指幼儿在活动室、楼道、门厅、楼梯等室内活动场所进行的多种体育活动。在遇到雾霾、阴雨、高温、严寒、大雾等天气时，都最好在室内进行运动。此外，一些省市发布了关于空气污染时的运动工作方案，如《上海市中小学校和托幼机构空气重污染应对工作方案》

（2018年修订）。其中规定：当市工作组发布蓝色和黄色预警时，中小学校和托幼机构一律停止学生（幼儿）室外体育课及户外活动，因地制宜，开展多种形式的室内体育锻炼活动。

如果能把握好幼儿的年龄特点，充分利用室内空间，巧妙运用室内器具，设计有趣的运动情景（小班体现童趣性，中班体现合作性，大班凸显挑战性），就能提升室内运动的质量，让室内运动更为生动有趣。

5. 运动会

幼儿园运动会是以幼儿为主体，以多项运动为主要内容的，带有一定比赛性质的幼儿园全体性大活动，是幼儿园运动的组织形式之一。通常情况下，幼儿园运动会包括幼儿表演和小型比赛活动，目的是丰富幼儿的生活，提高幼儿参与运动的积极性，培养集体意识，促进体育活动的开展。幼儿园运动会一般每学期举行一次，可以邀请家长一起参加。家长和幼儿共同参与的幼儿园运动会称为幼儿园亲子运动会，体现幼幼同乐、师幼同乐、家园同乐。内容可有：各班表演自编体操或进行体育游戏；以年龄组为单位进行小型游戏竞赛；师幼同乐游戏活动；亲子同乐游戏活动。幼儿园运动会可以提高幼儿参与运动的兴趣，展现他们身体锻炼的效果；增加幼儿相互交流和交往的机会，增强合作精神；体现幼儿园运动工作成效，向家长提供了解自己孩子和幼儿园运动的机会。

▲ 运动会

6. 远足运动

幼儿园远足运动是幼儿走出幼儿园，以持续行走一段路程为目的的健身运动和徒步旅行，是一项由教师或由教师与家长共同组织安排及参加的综合性活动。

幼儿园远足运动是一项积极的健身活动，能促进幼儿智力的发展，达到陶冶性情、锻炼意志的目的。同时，它又为幼儿提供了亲近大自然的机会，扩大了幼儿接触、认识社会的活动空间。

▲ 远足运动

探索 3　幼儿园运动的目的是提高运动技能？

小陈是蓓蕾幼儿园的保育员，蓓蕾幼儿园是一所运动特色幼儿园。一天，孩子们在户外玩羽毛球。有的孩子拿着羽毛球自抛自接；有的将羽毛球放在头顶上，保持平衡向前走；还有的两人面对面，相隔一定距离，互相对拍羽毛球。保育员小陈看见了，便对自抛自接和把羽毛球放在头顶上的孩子们说："你们别拿着羽毛球自己玩，要像他们一样对拍羽毛球，比一比谁接的球多，这样才能练好球技，将来才有可能成为优秀的运动员。"

请你结合幼儿园的培养目标与幼儿园运动的特点说一说：保育员小陈说得是否妥当？幼儿园的运动到底是为了什么？

学习支持 3

★ 幼儿园运动的目标

幼儿园运动主要是为了达成以下目标：

（1）增强幼儿体质，提高幼儿健康水平，提高机体对环境的适应能力。

（2）在运动中发展动作，使幼儿具有一定的平衡能力，动作协调、灵敏，同时具有一定的力量和耐力。

（3）激发幼儿参加运动的兴趣，提高幼儿对运动的积极性、主动性和创造性，开发幼儿的运动潜能。

（4）激发幼儿活泼、愉快和乐观开朗的性格，培养幼儿坚强、勇敢、不怕困难的意志品质和主动、乐观、合作的态度。

（5）提高自我保护的意识与能力。

根据上述目标可以知道，保育员要培养幼儿运动中积极、愉快的运动情感，让幼儿能主动参加运动，玩出童真、童趣、野趣，而不仅仅是为了发展动作技能。保育员要让幼儿喜欢运动，并养成运动的好品质、好习惯。

★ 幼儿园运动的特点

幼儿园运动既要体现幼儿动作发展的规律，又要兼顾运动中幼儿生理机能变化的规律，同时还必须考虑到幼儿学习动作技能的方法。因此，幼儿园运动的内容和环境都有一定的特点。

1. 幼儿园运动内容的特点

幼儿园运动的内容具有多重性：既要让幼儿在运动中获得某种技能，增强体质，又要关注幼儿是否能够理解并遵守运动游戏规则，并以此来培养幼儿的规则意识及遵守规则的能力。

2. 幼儿园运动环境的特点

幼儿园运动的环境因其具有更大的空间而产生更大的开放性：在这样一个环境中，师幼之间的相互作用、幼儿之间的各种交往也随之增多，因此在活动中，人与人、人与环境之间的相互作用都会对运动的过程及效果产生一定的影响。

探索 4 保育员是否完整履行了运动保育职责？

今天，蓓蕾幼儿园中三班的户外活动主题是"送水"，幼儿要用拖拉、推滚、背等方法运送饮水桶。教师和保育员都有各自的任务，其中保育员小芳在这次活动中做了如下工作：根据班级人数准备相应数量的饮水桶给幼儿分组使用；准备幼儿的生活用品；事先检查活动场地和幼儿的个人安全情况；活动中观察幼儿的精神、面色等；活动中给幼儿做示范，鼓励幼儿；活动后收拾整理物品。

在上述过程中，保育员是否完整履行了运动保育职责？请小组合作，写下你们的分析结论，并思考保育员运动保育职责的缺失会对幼儿健康带来哪些不利影响。

▲ 主题活动"送水"

学习支持 4

★ 幼儿园运动保育的工作内容

在幼儿运动的整个过程中,保育员需要协助和配合教师做好相关的保育工作,既要注意幼儿动作发展的规律、生理机能变化的规律,做好观察者、协作者的工作,也要关注幼儿在运动中的安全、卫生。保育员要做好幼儿运动前的准备、运动中的观察与指导、安全隐患的识别与应对、对特殊儿童的照顾,以及运动后的幼儿生活照顾、器材的收整等工作。

1. 幼儿运动前的准备工作

观察幼儿的衣着是否适合锻炼,脱去不利于运动的外套,检查幼儿的鞋带。关照体弱儿童和特殊儿童,在易出汗的幼儿背后衬上干毛巾。检查运动器械的安全性能,如有无断裂、松动、脱落等异常现象,检查场地是否平整干净,同时准备好茶水、毛巾等幼儿生活用品。

▲ 运动前检查幼儿的鞋带

2. 幼儿运动中的保育工作

保育员要注意培养幼儿的自理能力和自我保护意识,即在保育员的提醒下,幼儿能知道热了要脱衣,冷了要穿衣,累了要休息,渴了要喝水,以及注意喝少量的水,以免因饮水过多而增加心脏负担,不利于继续活动。同时,要让幼儿具备出汗要擦汗、腹部要保暖等自我保护的能力,指导幼儿在运动中注意安全,如在将要跌倒时,注意头部不着地等自我保护的方法。

▲ 运动前检查幼儿的衣裤

3. 幼儿运动后的保育工作

保育员要在幼儿运动后提醒他们不能马上坐下,要等心跳平稳后才能坐下,以减少运动后的心脏负担;提醒幼儿及时擦干汗水(小年龄幼儿需要保育员帮助),冬季还要提醒其及时穿上外套,以防着凉感冒;提醒幼儿洗手并适当喝水。此外,保育员还要带领幼儿做好运动器材及场地的收拾整理工作。

▲ 运动后帮助小年龄幼儿擦汗

探索 5　各年龄幼儿适合玩的运动游戏有哪些？

下面是一些运动游戏，你能为不同年龄的幼儿找到适合他们玩的运动游戏吗？请完成下面的连线题，并说明理由。

小班幼儿　　　　老鹰捉小鸡："小鸡"依次抱腰躲在"母鸡"身后；"老鹰"设法抓"小鸡"，"母鸡"尽力保护"小鸡"。

中班幼儿　　　　小兔采蘑菇：幼儿扮演小兔，分为两组，依次连续向前跳5米，到达草地，采好"蘑菇"，再跳着返回，将"蘑菇"放在指定的篮子里。

大班幼儿　　　　筑路：运用粉笔（选择自己喜欢的颜色），自由地在场地上走走、画画（如画出"砖头""石块""小石子"等），进行筑路。听信号，在各种路上快乐地走、跑、跳（如踩着"砖头"走路，在"小石子"路上跑，跳着在"石块"上行进等）。

学习支持 5

★《3—6岁儿童学习与发展指南》中的动作发展目标

《3—6岁儿童学习与发展指南》（以下简称《指南》）从"具有一定的平衡能力，动作协调、灵敏""具有一定的力量和耐力""手的动作灵活协调"三个方面将不同年龄段幼儿的动作发展表现做了归类，本学习活动介绍的是前两个方面。

目标1：具有一定的平衡能力，动作协调、灵敏

3—4岁	4—5岁	5—6岁
● 能沿地面直线或在较窄的低矮物体上走一段距离 ● 能双脚灵活交替上下楼梯 ● 能身体平稳地双脚连续向前跳 ● 分散跑时能躲避他人的碰撞 ● 能双手向上抛球	● 能在较窄的低矮物体上平稳地走一段距离 ● 能以匍匐、膝盖悬空等多种方式钻爬 ● 能助跑跨跳过一定距离，或助跑跨跳过一定高度的物体 ● 能与他人玩追逐、躲闪跑的游戏 ● 能连续自抛自接球	● 能在斜坡、荡桥和有一定间隔的物体上较平稳地行走 ● 能以手脚并用的方式安全地爬攀登架、网等 ● 能连续跳绳 ● 能躲避他人滚过来的球或扔过来的沙包 ● 能连续拍球

目标 2：具有一定的力量和耐力

3—4 岁	4—5 岁	5—6 岁
● 能双手抓杠悬空吊起 10 秒左右 ● 能单手将沙包向前投掷 2 米左右 ● 能单脚连续向前跳 2 米左右 ● 能快跑 15 米左右 ● 能行走 1 公里左右（途中可适当停歇）	● 能双手抓杠悬空吊起 15 秒左右 ● 能单手将沙包向前投掷 4 米左右 ● 能单脚连续向前跳 5 米左右 ● 能快跑 20 米左右 ● 能连续行走 1.5 公里左右（途中可适当停歇）	● 能双手抓杠悬空吊起 20 秒左右 ● 能单手将沙包向前投掷 5 米左右 ● 能单脚连续向前跳 8 米左右 ● 能快跑 25 米左右 ● 能连续行走 1.5 公里以上（途中可适当停歇）

★ 各年龄段幼儿运动的特点

不同年龄段的幼儿，他们的身体发育、认知特点、学习方式、行为表现也各不相同，因此，他们的运动特点也不同。

1. 小班幼儿运动的特点

小班幼儿处于直觉行动思维阶段，他们对外界的认识常常依附于动作，主要通过亲身感受、实践操作的行为与动作来形成对外界世界的认知与了解。小班幼儿动作的协调性、灵敏性，以及力量、耐力等方面都较弱；有各类基本动作的经验，但能力较弱；喜欢模仿，情绪波动大，运动行为往往受教师和同伴的影响，常把假象当现实，喜欢独自随意摆弄。

▲ 小班幼儿运动

2. 中班幼儿运动的特点

中班幼儿已积累了一定的走、跑、跳跃等基本动作的运动经验，当材料充足、运动氛围宽松时，幼儿能积极与材料互动，探索出多样化的身体活动方式。中班幼儿已具有一定的运动能力，运动中的思维也更加灵活，注意力比较集中，对运动感兴趣。当运动具有一定要求时，幼儿能积极探索，在探索中发现动作的多样性，满足追求新颖、独特的需求。

▲ 中班幼儿运动

3. 大班幼儿运动的特点

大班幼儿好学好问，喜欢有挑战性、竞争性的学习内容；各类基本动作、各项身体基本素质都迅速发展，能够掌握一些较难的动作；自我控制能力提高，学习有一定的目的性和计划性，能积极主动地用各种方式表达自己的想法，积极思考、主动探索，并不断调整自己的行为，努力寻求合适的方法；同伴间的互助合作意识也有所增强。

▲ 大班幼儿运动

课后复习

- ☑ **介绍**：请向同学或者家人介绍幼儿园运动的目标及意义。
- ☑ **描述**：请描述不同年龄幼儿运动的特点。
- ☑ **实践**：观察身边幼儿的运动，把他们的运动形式分一下类。

课后自测

★ **上海市保育员初级、中级考工应知真题（带"*"号的除外）**

1. 判断题（每题5分，共50分）

（1）运动前了解幼儿的健康状况，目的是更好地做好保育工作。（　　）

（2）在幼儿运动前，保育员要准备好数量充足的器械材料。（　　）

（3）在幼儿的运动过程中，保育员要加强生活护理，包括收拾、归类摆放玩具。（　　）

（4）幼儿活动的场地应平坦、整洁、宽敞、干燥，最好是草地。（　　）

（5）幼儿使用的运动设备及运动器械每月必须检查1次，发现损坏应停止使用。（　　）

（6）幼儿园运动的目的就是增强幼儿体质，提高幼儿健康水平。（　　）

（7）托幼机构开展幼儿运动时，既要面向全体，又要注意个别差异，对体弱多病、运动能力差的幼儿，可以适当降低动作要求，增加其练习量。（　　）

（8）在幼儿的基本动作活动中，保育员要对乖巧的幼儿进行特别照料。（　　）

（9）保育员在幼儿运动时，不仅要对其加强生活护理，还要加强安全措施。（　　）

*（10）幼儿园运动需要兼顾幼儿生理机能变化的规律，但不必考虑幼儿学习动作技能的方法。（　　）

2. 选择题（每题5分，共50分）

（1）下列与幼儿运动的意义无关的叙述是（　　）。
A. 增强体质　　　　　　　　　　　B. 提高对疾病的抵抗力
C. 预防意外事故　　　　　　　　　D. 培养良好的品质

（2）运动可以培养的个性品质是（　　）。
A. 以自我为中心　　　　　　　　　B. 活泼、勇敢、团结友爱
C. 独立　　　　　　　　　　　　　D. 乐于分享

（3）户外活动可促进皮肤调节体温的功能，增强对（　　）的适应性，从而提高机体的抗病能力。
A. 冷热变化　　　B. 阳光　　　C. 空气　　　D. 水

（4）户外活动时，保育员为容易出汗的幼儿垫上干毛巾，其目的是（　　）。
A. 便于擦汗　　　B. 保持皮肤干燥　　　C. 减少损伤　　　D. 保暖

（5）幼儿的运动主要是通过（　　）来实现的。
A. 体操、器械活动、基本动作活动、武术
B. 体操、器械活动、基本动作活动、自然因素锻炼
C. 武术、器械活动、基本动作活动、自然因素锻炼
D. 体操、武术、基本动作活动、自然因素锻炼

（6）幼儿的运动器械要符合（　　）。
A. 幼儿的兴趣　　　B. 幼儿的爱好　　　C. 幼儿的年龄特点　　　D. 幼儿的智力水平

*（7）幼儿运动前，保育员必须做好各方面的准备工作，但（　　）不属于运动前必须做的工作。

A. 检查幼儿的服装是否安全、适合锻炼　　　　B. 检查运动场地及运动器械的安全
C. 准备好牛奶、点心　　　　　　　　　　　　D. 准备好饮水桶、毛巾等生活用品

*（8）（　　）幼儿喜欢有挑战性、竞争性的学习内容，其各类基本动作、各项基本身体素质都在迅速发展，能够掌握一些较难的动作。

A. 小班　　　　　　B. 中班　　　　　　C. 托班　　　　　　D. 大班

*（9）以下不属于幼儿园日常运动形式的是（　　）。

A. 早操　　　　　　B. 集体运动教学　　C. 室内运动　　　　D. 运动会

*（10）幼儿园的运动内容具有多重性，即（　　）。

A. 既让幼儿在运动中获得某种技能，又让幼儿增强体质
B. 既让幼儿增强体质，又要培养幼儿的规则意识及遵守规则的能力
C. 既让幼儿在运动中获得某种技能，又要培养幼儿的规则意识及遵守规则的能力
D. 既要让幼儿在运动中获得某种技能，增强体质，又要培养幼儿的规则意识及遵守规则的能力

3. 拓展题

运动对于每个年龄阶段的人来说都很重要。那么，对于幼儿来说，运动是否具有不同于其他年龄阶段的意义？为什么？

．．

学习情况评价表

评分项目		评分标准或要求	配分（分）	评价方式			得分
				自评 权重 20%	互评 权重 30%	师评 权重 50%	
专业知识技能 60%	幼儿园运动的概念、目标、意义	• 解释运动的概念（2分） • 解释运动的目标（5分） • 解释运动的意义（5分）	12				
	幼儿园运动的主要形式及其作用	• 说出日常的运动形式（每个1分，共4分） • 说明各运动形式的作用（10分）	14				
	幼儿园运动保育的工作内容	• 说出运动保育的工作职责（3分） • 评析保育员在运动中的保育工作履职情况（9分）	12				
	各年龄段幼儿运动的特点	• 说出小、中、大班幼儿的运动特点（每个2分，共6分） • 分辨小、中、大班幼儿的运动游戏（每个2分，共6分）	12				
	自测题	自测题得分×10%	10	—	—	—	

（续表）

评分项目		评分标准或要求	配分(分)	评价方式 自评 权重20%	评价方式 互评 权重30%	评价方式 师评 权重50%	得分
个人素养 40%	专业精神（10分×70%）	认同保育工作的重要性，积极投入专业学习（3分）；在实践中切实履行保育责任，精益求精（4分）；不断反思改进，提高专业水平（3分）	7				
	人文关怀（10分×70%）	关注和尊重他人（教师、同学、幼儿）的想法和感受，设身处地为他人着想（5分）；充分表达对他人的关心、理解和爱护（5分）	7				
	团队合作（10分×70%）	乐于承担小组分配的任务（2.5分），积极寻求同伴合作（2.5分），乐于分享自己的经验（2.5分），对小组学习问题的解决有贡献（2.5分）	7				
	沟通表达（10分×70%）	善于倾听（2分），正确理解（2分）；围绕主题表达（2分），语言清楚简洁（2分），文明礼貌，应人应时应景（2分）	7				
	问题解决（10分×70%）	解决问题逻辑清晰（2.5分），能举一反三（2.5分），善于批判质疑（2.5分），勇于创新（2.5分）	7				
	信息获取（10分×50%）	熟悉信息源，善于利用搜索工具快速、准确地获取所需信息（5分）；能根据需要对信息进行挖掘、甄别、筛选（5分）	5				
总分			100	总得分			

反思与收获：

幼儿园运动的安全与卫生维护

学习目标

- ☑ 简述幼儿园运动的安全与卫生要求，明确运动保育责任。
- ☑ 能发现并排除幼儿园运动的安全隐患，强化运动安全责任意识。
- ☑ 能根据幼儿运动项目的内容及规范要求，做好运动前、中、后的安全与卫生工作。
- ☑ 体会保障幼儿园运动的安全与卫生对每个幼儿身体健康的重要意义。

学习准备

- ☑ 展示用材料：彩色纸若干、水笔若干、磁铁若干。
- ☑ 预习"幼儿园运动的安全与卫生维护"，完成本活动的在线自测题。

📄 关键词释义

　幼儿园运动安全　　　幼儿园运动卫生

- **幼儿园运动安全**：指在幼儿园运动中，幼儿没有身体和心理上的危险，即环境、设施、人员等不存在安全隐患。幼儿身体安全是指肢体不遭遇受损的危险，不受到伤害。幼儿心理安全是指幼儿的内心是平静的、愉快的，没有遭受威胁，感到自己是安全的。
- **幼儿园运动卫生**：指与幼儿园运动有关的卫生问题，包括根据幼儿个体特点（年龄、体质、动作发展等）选择适当的运动项目和运动方法，使其达到合适的运动量；遵循运动训练原则，使用合格的运动场地、设施；讲究着装的安全卫生等。它的目的在于保证良好的运动效果，防止运动性疾病和运动损伤的发生。

学习导语

　　运动能有效提高幼儿的身体素质，是幼儿园重要的活动形式。由于幼儿年龄小，身体机能调节能力较弱，自我保护意识又尚在萌芽期，因此，做好幼儿运动中的保育工作，保障幼儿运动中的安全与卫生是保教人员的重要职责。通过做好运动前的准备、运动中的护理及运动后的观察照顾，将有利于保证幼儿运动的安全与卫生。保育员在运动前的准备工作包括运动场地的检查、运动器械的巡视、幼儿运动服装的检视，以杜绝危险因素的存在；同时，要事先熟悉运动的内容和方法，使运动能够顺利开展。运动过程中，保育员要仔细观察幼儿的各种反应，及时调整运动的强度和持续时间。运动后，保育员要注意观察幼儿的精神、睡眠和饮食情况。

探索 1　运动前的安全工作有哪些？

（1）阅读以下案例或观看案例视频，说一说现场有哪些安全隐患，并思考：如果这些安全隐患不排除，会给幼儿身心带来哪些伤害？

小一班的幼儿马上要去户外活动了，保育员小陈先去检查了户外活动场地的安全情况。因为昨天刮了大风，下了雨，所以场地有些积水，地上还有些吹落的枯枝败叶。此外，器材也有一些损坏，如有的螺丝松动了，有的器具出现了破损的口子。

案例视频
运动场地的安全隐患

....
....
....

（2）下面哪些衣物饰品适合运动，哪些不适合？在适合的下方打"√"，在不适合的下方打"×"，并说明理由。

( )　( )　( )　( )　( )

( )　( )　( )　( )　( )

不适合的理由是：
....
....

学习支持 1

★ 运动前的安全工作

1. 运动场地的安全

在幼儿运动前，保育员要检查场地的安全情况，如场地要平坦、防滑、无积水，打扫干净，不乱堆杂物，要捡去枯枝败叶或碎石等杂物，检查凸起物、台阶等处的安全警示标识物是否完整。

2. 运动器材的安全

在幼儿运动前，保育员要检查运动器材有无损

▲ 平坦的运动场地

坏，如滑梯是否有开裂、毛刺等情况，并将运动器材的表面擦干净。各种运动设备和器材要符合幼儿的年龄特点，注意其安全性，防止幼儿受伤。幼儿园小、中、大班的活动内容是不一样的，因此，保育员要根据教师制定的一日计划，结合幼儿年龄和活动内容来准备安全、卫生的活动器材及生活用具。

大型运动器材应放置在泥草地上，最好由专人保管。小型运动器材要分类整理，放在固定的地方，便于取放；按需备足人手一份的器具，或可略多于幼儿人数，便于幼儿选择和交换。运动设备、

▲ 检查大型运动器材

器材的安装要牢固，表面要光滑，没有尖角。如在运动前发现器材已损坏，应停止使用，及时修理；对无法修理的应搬离现场，以防发生意外。设备和器材要注意清洁卫生，每天擦洗，每周消毒。

★ 幼儿着装的安全与卫生

（1）幼儿运动时应穿着透气性好、能吸湿、宽松合体的服装，忌太大或太紧。如果衣服太紧，会堵塞幼儿扩张的汗孔，引起皮肤的不良反应，同时也不利于运动；如果长期穿过紧的衣服，还会影响幼儿的骨骼发育与动作发展。

（2）夏季最好穿浅色防晒、松柔吸汗、透气性好的衣裤。冬季服装必须保暖且不妨碍运动，穿脱要方便。

（3）不要穿连帽衫，特别是帽口有绳子的，因为绳子容易钩挂到其他物体，卡住幼儿的脖子，严重的会造成窒息，危及生命；不在服装上佩戴纪念章、别针等饰物，口袋内不放置尖锐物。活动前，保教人员需检查幼儿衣裤是否束好，鞋带是否系好。

（4）幼儿必须穿松紧适度的运动鞋、球鞋等，以免脚部扭伤或意外跌伤。鞋子要轻便、柔软、合脚、有弹性，鞋底不可太硬太滑，鞋跟高度以1—2厘米为宜，不可穿皮鞋、凉鞋或塑料鞋运动。

探索 2　幼儿运动前，保育员要做好哪些准备？

6月初的早上，小一班的孩子们马上要去户外运动了，保育员小陈开始忙碌起来。她先检查了场地的安全情况，再将要使用的器械准备好，然后在饮水区备好温度适宜的饮用水、已消毒的茶杯及清洁手部的物品，最后在叠衣服处放好用于收纳衣服的筐子。

你认为小陈的运动前准备工作做得到位吗？如果不到位，可能会给幼儿运动带来哪些不利的影响？

案例视频
运动前的准备

学习支持 2

★ 运动前的准备工作

在幼儿运动前，保育员要先检查场地的安全情况，如果是夏天，还要考虑休息区的遮阳，分类放置

▲ 运动前的准备

好置物篮或筐，做好相关标志。准备好专门用于叠衣物的地方，放置收衣物的篮筐或架子。在饮水区备好经消毒的茶桶（装有温度适宜的茶水）、茶杯及擦汗的物品（如干毛巾、纸巾、废纸桶等），再检查运动器械有无损坏，备好运动器具和玩具。此外，运动前还要提醒幼儿大小便，指导幼儿脱去外套，将内衣束于裤内。

探索 3　幼儿运动中的安全工作有哪些？

小三班的幼儿正在自由活动，有的在追赶打闹，有的正从高高的台阶上往下跳，还有的在倒爬滑梯。

这些运动是否存在安全隐患？如何做才可保证幼儿的运动既有挑战性，又相对安全？幼儿园运动中还可能存在哪些安全隐患？

案例视频
运动中的安全隐患

学习支持 3

★ 运动中的安全工作

在幼儿运动的过程中，保育员要做好以下安全工作：

（1）关注幼儿的安全和场地周围环境的安全，提醒幼儿不玩危险物品，不做危险动作（如倒爬滑梯、从高处跳下等），不打闹、不吵架、不狂奔乱跑等。

（2）协助教师做好运动中的保护工作，防止幼儿发生骨折、脱臼、肌肉疲劳和损伤等情况。

（3）多观察运动中的幼儿，对于不爱运动、性格内向、胆子较小的幼儿，要鼓励他多运动；对于

▲ 提醒幼儿不做危险动作

长时间进行同一活动的幼儿，要提出适当的建议，积极鼓励他尝试其他活动；对于活动中面部较红、出汗较多、精神比较疲倦的幼儿，要及时提醒他注意休息，避免运动过量。

（4）及时提醒幼儿擦汗、喝水。如发现幼儿有寒战、过多出汗、面色苍白、头晕、精神萎靡、情绪不好等情况，应让其暂停锻炼，马上休息，对其加强观察，并及时与保健员联系，采取相应的保护措施。

探索 4　如何保障幼儿的运动量？

丽丽是一个文静的小姑娘，她总是在各个区域里看别人运动，自己则偶尔运动一会儿就停下来了。壮壮却精力充沛，他总是在每个区域里不停地运动，一刻也不休息，经常玩得大汗淋漓。

你觉得两个幼儿的运动量合适吗？你是如何判断的？如果幼儿运动量不合适，会对他们的身体健康带来哪些不利影响？

案例视频
幼儿的运动量

学习支持 4

★ 幼儿运动系统的特点

下面将从骨骼、肌肉、关节三个方面介绍幼儿运动系统的特点。

1. 骨骼

（1）幼儿骨中有机物多，无机物少，骨的弹性大而硬度小，可塑性强。若长期不注意正确的姿势，容易造成骨骼变形，而骨骼一旦变形，则很难恢复。

（2）随着幼儿动作的发展，会逐渐形成脊柱的生理性弯曲：新生儿时只有骶曲；3个月左右会抬头，逐渐形成颈前曲；6个月左右能坐，形成胸后曲；1岁左右会站立行走，形成腰前曲。脊柱的4个生理性弯曲，对于保持幼儿正常形体和身体的平衡非常重要。

（3）幼儿的三块髋骨借助软骨连接起来（一般在19—24岁才能完全骨化成一整块），连接并不牢固，因此在运动时，应避免让幼儿进行剧烈、频繁的扭胯动作，以免造成髋骨错位。此外，应根据幼儿从高往下跳的起点高度，提供宽度不小于该高度值、厚度不小于10厘米的标准垫子，并提醒幼儿落地时注意前脚掌先落地、屈膝缓冲（脚后跟尽量不着地，以免造成脑部损伤）。

2. 肌肉

（1）幼儿肌肉中的水分较多，蛋白质、脂肪及糖原较少，因此肌肉柔嫩，收缩力差，容易疲劳。但因为幼儿新陈代谢旺盛，所以其在疲劳后恢复较快。

（2）肌肉收缩是受神经支配的。幼儿时期，支配大肌肉群活动的神经中枢发育较早，故大肌肉群发育较早，小肌肉群发育较晚。幼儿在3岁左右，其上下肢活动已趋协调，能稳当地走楼梯和奔跑，但握笔、系鞋带等手腕部的精细动作还不能自如完成，需要逐步加以训练。

3. 关节

由于幼儿关节窝较浅，关节囊松弛，关节附近的韧带较松，因此，牵拉不当容易造成脱臼，如牵引上肢用力过猛容易造成桡骨小头半脱位，运动不当容易造成踝关节扭伤等。

★ 幼儿运动系统的卫生保健

1. 培养正确的身体姿势

由于幼儿脊柱的生理性弯曲还未定型，骨骼容易变形，因此，不良的姿势（如斜肩、驼背等）会造成其胸廓变形，影响心肺发育。此外，体态不良的幼儿，也容易产生自卑感，影响健全人格的形成。幼儿的不良姿势一旦形成，便不易纠正，因此，要从小培养幼儿正确的姿势，并长期坚持。

2. 合理安排运动时间

运动在促进幼儿动作发展的同时，还能使其骨骼粗壮、身体长高、胸围增大、肌肉健壮，因此，应保证幼儿每天有 2 小时的户外活动时间，使其充分享受大自然中的阳光、空气，让身体得到充足的"养料"。需要注意的是，锻炼时间不宜过长，既让幼儿达到锻炼目的，又让其感到轻松愉快。

3. 指导动作轻柔

幼儿年龄越小，其骨骼、韧带相对越柔嫩，机体耐受力差，因此，在指导幼儿锻炼时，动作要轻柔，幅度不宜过大。

★ 幼儿运动量的卫生保健

如果幼儿活动量过小，就无法达到运动的目标；而如果活动量过大，则容易增加幼儿的体力负荷，甚至造成身体损伤。由于幼儿身体发育还不成熟，他们在户外区域活动中很难调节自身的运动量，容易出现运动量过小或过大的情况。因此，保育员要密切注意幼儿的运动量。幼儿运动的平均心率应该在 130—160 次 / 分钟。

运动量与幼儿生理反应观察一览表

时间	外显指标	生理反应		
		轻度疲劳	中度疲劳	重度疲劳
活动中	面部色泽	稍红	相当红	十分红或苍白
	排汗情况	微汗	较多	大量
	运动情绪	愉快	有倦意	精神疲乏
活动后	饮食情况	食量增加	食欲降低	食欲降低、恶心呕吐
	睡眠质量	入睡快	入睡较慢	很难入睡
	精神状况	精神愉快	精神不振	精神恍惚

探索 5　运动后的保育工作有哪些？

小三班的户外运动结束后，小华感觉很渴，说要喝好多好多水；小明贪凉，保育员让他穿外套，但他不肯穿；圆圆运动完觉得肚子很饿，吵着要吃东西。

如果你是保育员，你会怎么做呢？为什么？

学习支持

★ 运动后的保育工作

（1）收拾好玩具，将其归类摆放；将生活用品放回原处。

（2）在夏季，幼儿运动后容易出汗，需要幼儿及时擦干身上的汗水，必要时为其更换短袖衣服。天气转凉时，幼儿所穿的衣服件数会增多，运动前或运动时可能需要脱去衣服，因此需提醒幼儿将衣服带回教室，让幼儿穿上外衣，确保其不受凉。

（3）协助教师督促幼儿做好清洁整理工作，如洗手、擦脸、休息、喝水等。

★ 运动后用餐的注意事项

运动时，大量血液会流入运动器官，胃肠器官的血液量相对减少，胃液分泌也少，消化系统功能处于抑制状态。因此，如果在运动后立即进餐，必然会影响食物的消化和吸收，长此以往，易引发消化不良或其他消化道疾病。幼儿合理的进食时间是在锻炼后半小时。此外，运动时会消耗大量热能，这些营养素和热能都要从膳食中摄取，因此，合理安排膳食很重要。3—6 岁的幼儿，应保证每天喝 350—500 克牛奶，吃一个鸡蛋，定时安排三餐饭、两次点心，并注意各种食物间的搭配——既满足营养需求，又符合幼儿的食量。另外，饭后也不宜立即进行剧烈运动。

课后复习

- ☑ **介绍**：请向同学或者家人介绍幼儿园运动的安全与卫生维护要求。
- ☑ **描述**：请描述幼儿运动系统的特点。
- ☑ **实操**：观察身边幼儿的运动是否存在安全隐患，并尝试排除。

课后自测

在线自测

★ 上海市保育员初级、中级考工应知真题（带"*"号的除外）

1. 判断题（每题 4 分，共 40 分）

（1）幼儿园的运动卫生是指运动时要保持幼儿及运动场地的干净整洁。（　　）

（2）运动锻炼可以提高幼儿的睡眠质量。（　　）

（3）根据幼儿年龄特点，幼儿生理负荷应以中等强度的有氧练习为主。（　　）

（4）运动锻炼的一个很重要的原则是：坚持不懈、持之以恒。（　　）

（5）运动锻炼可以促进幼儿的生长发育。（　　）

（6）在组织幼儿进行运动锻炼前，必须全面了解其健康状况。（　　）

（7）幼儿小肌肉发育较早，大肌肉发育较晚。（　　）

*（8）幼儿园的运动安全，就是指在幼儿园运动中，幼儿没有身体上的危险。（　　）

*（9）运动后，需要观察幼儿的饮食与睡眠情况，主要是为了解幼儿的运动量是否合适。（　　）

*（10）对于保育员来说，运动保育的主要任务是保障幼儿运动的安全与卫生。（　　）

2. 选择题（每题5分，共60分）

（1）在幼儿运动的过程中，保育员要关注幼儿的安全，如提醒（　　　）。
　　A. 不玩危险物品　　B. 不做危险动作　　C. 不打闹、不吵架　　D. 以上都是

（2）在幼儿运动前，保育员要准备的物品包括（　　　）。
　　A. 运动器具和玩具　　B. 干毛巾　　C. 茶水和茶杯　　D. 以上都是

（3）运动锻炼后须注意观察幼儿的（　　　）。
　　A. 体温　　B. 精神、食欲　　C. 精神、睡眠　　D. 精神、食欲、睡眠

（4）运动锻炼使幼儿的新陈代谢加快，能量消耗增多，因此要适当补充（　　　）。
　　A. 热量　　B. 维生素　　C. 营养　　D. 睡眠时间

（5）如在运动锻炼中发现幼儿有（　　　）的情况，应让其暂停运动，并及时采取措施。
　　A. 面色苍白　　B. 大汗淋漓　　C. 心率过快　　D. 以上都是

（6）应仔细观察幼儿在运动中的反应，以下属正常反应的是（　　　）。
　　A. 出微汗、面色稍红　　B. 出汗多、面色相当红
　　C. 出大量汗、面色苍白　　D. 打寒战、发抖

（7）运动不仅能促进幼儿的食欲，帮助其改善营养不良的情况，而且可以消耗体内多余的能量，（　　　）。
　　A. 使食欲旺盛　　B. 防止肥胖　　C. 保持体形　　D. 使精力充沛

（8）在幼儿户外活动前，保育员要协助教师做好必要的准备，比如（　　　）。
　　A. 睡眠　　B. 如厕　　C. 进餐　　D. 洗脸

（9）幼儿每天户外活动的时间应达到（　　　）。
　　A. 0.5小时　　B. 1小时　　C. 2小时　　D. 以上都可以

*（10）幼儿运动的平均心率应该在（　　　）次/分钟。
　　A. 100—120　　B. 90—110　　C. 120—140　　D. 130—160

*（11）由于幼儿脊柱的生理性弯曲还未定型，骨骼容易变形，因此，不良的姿势（如斜肩、驼背等），可能会造成其（　　　）。
　　A. 胸廓变形　　B. 心肺发育受影响　　C. 因体态不良而自卑　　D. 以上都是

*（12）幼儿年龄越小，其骨骼、韧带相对越柔嫩，机体耐受力差。在指导幼儿锻炼时，应该的是（　　　）。
　　A. 动作要轻柔，幅度不宜过大，锻炼时间不宜过长
　　B. 动作要轻柔，锻炼时间不宜过长，但动作幅度可以尽量大
　　C. 动作要轻柔，幅度不宜过大，但运动时间尽量长一些
　　D. 动作可以重一点，但动作幅度不宜过大，锻炼时间不宜过长

3. 上海市保育员初级、中级考工应会真题

（1）运动器具的保管（初级）。
　　① 小型运动器具：
　　② 大型运动器具：

（2）观察婴幼儿在户外体育活动中的反应状态（中级）。

　　反应　　轻度疲劳　　中度疲劳　　非常（重度）疲劳
　　① 面色：
　　② 汗量：
　　③ 食欲：
　　④ 睡眠：
　　⑤ 情绪：

（3）活动性游戏的准备工作（中级）。

　　①正确选用活动器具：

　　②备齐幼儿活动性游戏的器具及用品：

　　③幼儿安全检查：

　　④检查活动场地：

4. 拓展题

幼儿运动时，保教人员要注意幼儿的运动卫生。运动卫生包含哪些内容？什么情况下可能会导致幼儿运动性疾病与运动损伤的发生？

学习情况评价表

评分项目		评分标准或要求	配分（分）	评价方式			得分
				自评 权重 20%	互评 权重 30%	师评 权重 50%	
专业知识技能 60%	运动的安全与卫生	● 说出运动的安全与卫生工作要求（每项2分，共6分） ● 识别运动的安全与卫生隐患（每项3分，共9分）	15				
	运动前的准备工作	● 说出运动前的准备工作要求（6分） ● 评析案例中保育员的运动前准备工作（每项3分，共9分）	15				
	识别运动安全隐患	● 根据案例识别幼儿园运动安全隐患（每项2.5分，共10分） ● 排除幼儿园运动安全隐患（每项2.5分，共10分）	20				
	自测题	自测题得分×10%	10	—	—	—	
个人素养 40%	专业精神（10分×70%）	认同保育工作的重要性，积极投入专业学习（3分）；在实践中切实履行保育责任，精益求精（4分）；不断反思改进，提高专业水平（3分）	7				
	人文关怀（10分×70%）	关注和尊重他人（教师、同学、幼儿）的想法和感受，设身处地为他人着想（5分）；充分表达对他人的关心、理解和爱护（5分）	7				
	团队合作（10分×70%）	乐于承担小组分配的任务（2.5分），积极寻求同伴合作（2.5分），乐于分享自己的经验（2.5分），对小组学习问题的解决有贡献（2.5分）	7				
	沟通表达（10分×70%）	善于倾听（2分），正确理解（2分）；围绕主题表达（2分），语言清楚简洁（2分），文明礼貌，应人应时应景（2分）	7				
	问题解决（10分×70%）	解决问题逻辑清晰（2.5分），能举一反三（2.5分），善于批判质疑（2.5分），勇于创新（2.5分）	7				
	信息获取（10分×50%）	熟悉信息源，善于利用搜索工具快速、准确地获取所需信息（5分）；能根据需要对信息进行挖掘、甄别、筛选（5分）	5				
总分			100	总得分			

反思与收获：

学习活动 3　幼儿园运动中体弱儿童及特殊儿童的照护

学习目标

- ☑ 列举运动中各类特殊儿童的保育要求，增强保护特殊儿童的意识与责任感。
- ☑ 列举运动中各类体弱儿童的保育要求，增强保护体弱儿童的意识与责任感。
- ☑ 能分析案例中保育员对于体弱儿童、特殊儿童所做保育工作的合理性，体会不专业的保育会给儿童带来的不利影响。
- ☑ 能给予体弱儿童或特殊儿童更多心理上的关爱。

学习准备

- ☑ 硬件设备：移动终端。
- ☑ 展示用材料：彩纸若干、水笔若干、磁铁若干。
- ☑ 预习"幼儿园运动中体弱儿童及特殊儿童的照护"，完成本活动的在线自测题。

关键词释义

体弱儿童　特殊儿童

- **体弱儿童**：指因先天不足或后天反复的疾病困扰而使生长明显受到影响的儿童。
- **特殊儿童**：指与正常儿童在某些方面有显著差异的各类儿童。

学习导语

上海市儿童保健中心在 2020 年对体弱儿童进行了重新划分和界定，将营养不良儿童、超重肥胖儿童及患有缺铁性贫血的儿童纳入体弱儿童照料范围；将病后儿童、反复呼吸道感染儿童，患有佝偻病、哮喘、先天性心脏病的儿童，以及生长迟缓、有生理缺陷的儿童等纳入特殊儿童照料范围。幼儿园运动应因人而异地开展，对于体弱儿童、特殊儿童的运动量及可以开展的运动项目可以有不一样的安排。因为适宜的运动能促进这些幼儿的身体健康，反之则会对身体健康不利。保育员要在运动前全面了解幼儿的健康状况，对特殊儿童的情况做到心中有数，根据其不同的生理特点及相关疾病情况，合理安排运动项目与运动量，并对这些儿童给予更多的关心和照顾。

探索 1 该怎么安排体弱儿童的运动量？

中三班的小星是一个中度肥胖儿童，他总是懒于运动，运动一会儿就喊累，一停下来就不愿动了。保育员小陈看到后对他说："你看，你都这么胖了，再不运动就要变成一个胖球了！"小陈不停地督促小星运动，即便看到他大汗淋漓了，还是不断督促他要坚持。

你认为小陈做得对不对？说一说你的看法与理由。

学习支持 1

★ 体弱儿童的划分与界定

（1）营养不良（以上海地区标准为例）：

① 低体重。年龄别体重 <P3[①]。

② 生长迟缓。年龄别身高（长）<P3。

③ 消瘦。身高（长）别体重 <P3。

以上三项评价标准可同时存在，也可仅符合其中一项，符合一项即可作出营养不良的诊断。

（2）缺铁性贫血：血红蛋白 <110 克/升。

（3）超重肥胖。年龄测体重、身高测体重均大于 P97 或体重超过同性别同身高标准的 20%。

★ 体弱儿童的运动保育

1. 肥胖儿童的运动保育

肥胖不但影响形体，造成生活中的不便，而且会影响身体健康，产生精神负担。因此，为了幼儿的健康，必须采取一定的控制措施。除了要在医生的指导下适当地控制饮食外，还可通过运动（调节能量摄取与消耗的平衡）来达到减肥的目的。对于幼儿园来说，可在园内既定的户外活动时间外，适当为肥胖儿童增加一定的运动时间，但应避免幼儿出现因活动量过度而面红耳赤、大汗淋漓、气喘吁吁等现象；要为肥胖儿童选择有趣味性的、能够持之以恒的运动。日常生活中的运动内容包括慢跑、快走、体操、游泳等；每天至少进行 20—30 分钟（每周安排 5 天），运动量不宜过大，应注意由少到多，运动后有微汗即可。此外，幼儿园会制定肥胖儿童管理计划，由保健员对全园（或一个年龄段）的肥胖儿童进行统一管理。保健员需要在生活、保健、护理、教养等方面关心肥胖儿童，负责指导、检查、督促保教人员按计划对肥胖儿童执行保健工作。

2. 其他体弱儿童的运动保育

体弱儿童一般不太爱活动，稍活动就气喘吁吁，好出汗、易疲劳、易感冒。在体弱儿童活动时，应在其背部垫小毛巾，活动后取出，勤擦汗，以免感冒。体弱儿童的活动时间和强度应适当减少，但适当

[①] 此为百分位数法评价身高的表述方法，即随机抽出 100 名某年龄段的儿童，按身高的厘米数由小到大排列，小的百分位数值低，大的百分位数值高，求出某个百分位（用 P 作代号）的数值，常分为第 3、10、25、50、75、90、97 个百分位数。P3 即代表第 3 个百分位数值。

的体育锻炼对体弱儿童仍是需要的，因为运动具有促进代谢、增进食欲、增强免疫力等作用。每天都应让体弱儿童进行1—2小时的户外活动，但不应安排体弱儿童参加剧烈运动，活动时注意关照其休息，休息时要让其穿上活动前脱掉的外衣。应随时注意观察体弱儿童运动时的体征，如出现气喘、大汗淋漓及脉搏异常增快、面色苍白、呕吐、腹痛等症状，应让其立即停止活动。

探索 2　特殊儿童在运动中的保育要求是什么？

中三班的小明经常感冒生病，一个月总要病一次，他也不爱运动，因为一运动就觉得很累。面对这个情况，两位保育员有不同的看法：保育员小林认为，小明是体弱儿童，不应该参加活动，在一旁休息看别的小朋友运动就好；保育员小芳则认为，要鼓励小明和其他小朋友做一样的运动，一样的时间、一样的强度，越是身体弱越要多做运动。

你认同哪位保育员的观点呢？或者你有不同的观点吗？

_____
_____
_____

小玲是一个弱视儿童，她需要戴眼镜参加运动。

结合小玲的情况，说一说小玲在运动中可能会有哪些困难。作为保育员，我们可以为她做些什么？这样做会给小玲带来哪些好处？

_____
_____
_____

学习支持 2

★ 特殊儿童的划分与界定

（1）反复呼吸道感染。2岁以内幼儿，一年患上呼吸道感染7次以上或肺炎3次以上；2岁以上幼儿，一年患上呼吸道感染6次以上或肺炎2次以上。

（2）佝偻病：有佝偻病的体征与症状。

（3）哮喘：经常发作者。

（4）先天性心脏病：无心脏扩大、青紫、昏厥者（有这些情况者不宜入托）。

（5）生长迟缓：身高与同年龄、同性别相比，低于平均身高两个标准差或第3百分位数（P3），身高年长速率小于4厘米。

（6）生理缺陷儿童：包括轻度智力低下、弱视、听力障碍、肢体缺陷。

① 轻度智力低下。诊断性智测IQ为55—70，同时适应能力（个体生活能力与社会责任感）有轻度缺陷。

② 弱视。凡眼部无器质性病变，而是以功能因素为主所引起的视力低于0.9且不能矫正者，均列为弱视。

③ 听力障碍。因听力分析器某一部位发生病变或损伤，导致听力功能减退，造成言语交往困难，也称聋、重听、听力损伤。

④ 肢体缺陷。四肢有残缺或四肢躯干麻痹、畸形，人体运动系统出现不同程度的功能障碍或丧失了功能。

★ 特殊儿童的运动保育

（1）对于患佝偻病的幼儿，饮食方面要注意给孩子丰富的营养，避免偏食挑食，尽量让其多吃富含钙质的食物，如牛奶、瘦肉、芝麻等。同时，要注意补充维生素D，因为光有钙剂的补充还不够，还需要有促进钙吸收的维生素D。平时要多进行户外活动，适当地晒太阳，这能补充维生素D，对预防佝偻病也有很大的帮助。但要注意选择合适的时间，避免强烈的阳光对身体造成伤害。

（2）对于反复呼吸道感染的幼儿，应让其多到户外呼吸新鲜空气，以增强呼吸道适应外界气候变化的能力，但要科学控制户外活动时的运动量，同时注意不要对着风奔跑。

（3）对于哮喘的幼儿，宜让其多参加轻松愉快的活动，尽量避免剧烈的活动及游戏。

（4）对于患有先天性心脏病的幼儿，可让其参加轻松愉快的活动。幼儿运动时，一定要注意观察其特征，把握好运动量，避免出现气喘、异常疲劳或发绀（皮肤和黏膜呈青紫色改变的一种表现，也称"紫绀"）的情况。

（5）对于生长迟缓的幼儿，应让其在户外活动时多做跳跃活动、牵拉运动，因为这类运动可刺激骨骼的生长，有利于身高增长。

（6）对于有生理缺陷的幼儿，不要对其要求过高，要正视这方面的问题，不能歧视、嘲笑幼儿。要积极给予幼儿帮助，不要挫伤幼儿的积极性和自尊心，如不能当着幼儿的面说"这孩子有缺陷，脑子笨，没有办法了""这孩子真可怜"等话语，因为这会给幼儿造成新的创伤，有损幼儿的进取精神和自尊心。此外，不要将有生理缺陷的幼儿与同龄的正常幼儿相比，不苛求他们达到同一标准。在运动方面，保育员要给予有生理缺陷幼儿更多的关爱。运动前，要认真地清理户外活动场地，让幼儿在平整的场地上进行游戏；检查幼儿的装束，系紧鞋带及裤带；让弱视的幼儿固定好眼镜架，以免活动时脱落。活动时，让幼儿在保育员的视线范围内，不宜进行剧烈的活动，不要进行碰撞类的游戏及做危险动作，如发现应及时制止；注意及时给幼儿擦汗。活动结束后，提醒幼儿喝水，帮助幼儿擦干头颈部、脸部的汗水，并且穿上活动前脱下的衣服。

课后复习

- **介绍**：请向同学或者家人介绍肥胖儿童的运动保育职责。
- **描述**：请描述体弱儿童的特点。
- **实操**：在你周围寻找一名肥胖儿童，并给予他运动建议。

课后自测

在线自测

★ 上海市保育员初级、中级考工应知真题（带"*"号的除外）

1. 判断题（每题7分，共28分）

（1）幼儿运动锻炼的内容和方法，应按幼儿的体质、年龄和季节的变化进行调整。（　　）

（2）户外活动时，应将所有体弱儿童集中在一起，进行同一内容、同一活动量的活动。（　　）

（3）身高与同年龄、同性别相比小于P3，身高年长速率大于4厘米的幼儿属于生长迟缓，应列入体弱儿童的管理。（　　）

*（4）生理缺陷儿童包括：轻度智力低下、弱视、听力障碍、肢体缺陷。（　　）

2. 选择题（每题8分，共72分）

（1）患有先天性心脏病的儿童适宜进行的活动是（　　）。
　　A. 竞争性游戏　　　B. 跑步　　　C. 幼儿体操　　　D. 跳跃

（2）对于弱视儿童，保育员要帮助其做好的重点工作是（　　）。
　　A. 勤擦汗　　　B. 牵着手行动　　　C. 视力训练　　　D. 戴好眼镜

（3）对于肢体缺陷儿童，生活护理须做到（　　）。
　　A. 帮助进餐、穿脱衣服　　　　　B. 帮助肢体康复
　　C. 减少户外活动　　　　　　　　D. 家园接送

（4）体弱儿童的生活能力往往低于正常儿童，为方便照顾，应让其（　　）。
　　A. 少喝水　　　B. 多穿衣　　　C. 减少户外活动　　　D. 以上都错

（5）2岁以上幼儿一年内上呼吸道感染次数在（　　），可界定为反复呼吸道感染者。
　　A. 3次以上　　　B. 4次以上　　　C. 5次以上　　　D. 6次以上

（6）凡眼部无器质性病变，而是以功能因素为主所引起的视力低于（　　）且不能矫正者，均列为弱视。
　　A. 0.8　　　B. 0.9　　　C. 1.0　　　D. 0.6

（7）在户外进行适当的体育锻炼能增强体弱儿童的免疫力。因此，他们每天户外运动的时间一般在（　　）。
　　A. 0.5—1小时　　　B. 1—2小时　　　C. 2—3小时　　　D. 以上均可

*（8）幼儿园的体弱儿童是指由于先天不足或后天反复的疾病困扰而使生长明显受到影响的儿童，如（　　）儿童。
　　A. 病后　　　B. 反复呼吸道感染　　　C. 超重肥胖　　　D. 以上都是

*（9）幼儿园的特殊儿童是指与正常儿童在某些方面有显著差异的各类儿童，如（　　）儿童。
　　A. 生长迟缓　　　B. 哮喘　　　C. 患先天性心脏病　　　D. 以上都是

3. 上海市保育员初级、中级考工应会真题

（1）户外体育活动中体弱儿童的保育工作（中级）。
　　① 掌握体弱儿童的一般状况；
　　② 对体弱儿童采取保育护理措施；
　　③ 观察体弱儿童；

（2）户外体育活动中肥胖儿童的保育工作（中级）。
　　① 掌握肥胖儿童的一般状况；
　　② 对肥胖儿童采取保育护理措施；
　　③ 观察肥胖儿童；

4. 拓展题

在幼儿园的运动中，无论特殊儿童还是体弱儿童，都不建议加大他们的运动量；运动可以增强体质。这两者是不是相矛盾呢？为什么？

学习情况评价表

评分项目		评分标准或要求	配分（分）	评价方式			得分
				自评 权重 20%	互评 权重 30%	师评 权重 50%	
专业知识技能 60%	体弱儿童的定义及保育要求	• 说出体弱儿童的界定标准（2分） • 说出体弱儿童运动时的体征（2分） • 说出体弱儿童的运动保育要求（6分）	10				
	体弱儿童保育工作评析	根据案例情境，分析保育员对体弱儿童的运动保育情况（8分）	8				
	特殊儿童的定义及保育要求	• 说出各类特殊儿童的界定标准（6分） • 说出特殊儿童的运动保育要求（每类3分，共18分）	24				
	特殊儿童保育工作评析	根据案例情境，分析保育员对2名特殊儿童的运动保育情况（每名4分，共8分）	8				
	自测题	自测题得分×10%	10	—	—	—	
个人素养 40%	专业精神（10分×70%）	认同保育工作的重要性，积极投入专业学习（3分）；在实践中切实履行保育责任，精益求精（4分）；不断反思改进，提高专业水平（3分）	7				
	人文关怀（10分×70%）	关注和尊重他人（教师、同学、幼儿）的想法和感受，设身处地为他人着想（5分）；充分表达对他人的关心、理解和爱护（5分）	7				
	团队合作（10分×70%）	乐于承担小组分配的任务（2.5分），积极寻求同伴合作（2.5分），乐于分享自己的经验（2.5分），对小组学习问题的解决有贡献（2.5分）	7				
	沟通表达（10分×70%）	善于倾听（2分），正确理解（2分）；围绕主题表达（2分），语言清楚简洁（2分），文明礼貌，应人应时应景（2分）	7				
	问题解决（10分×70%）	解决问题逻辑清晰（2.5分），能举一反三（2.5分），善于批判质疑（2.5分），勇于创新（2.5分）	7				
	信息获取（10分×50%）	熟悉信息源，善于利用搜索工具快速、准确地获取所需信息（5分）；能根据需要对信息进行挖掘、甄别、筛选（5分）	5				
总分			100	总得分			

反思与收获：

学习任务小结

幼儿园运动是以增强幼儿体质，促进幼儿身体正常发育和发展基本动作，提高幼儿健康水平为目的的教育活动。提高幼儿健康水平不但对幼儿自身的健康发展起到了积极的作用，而且关系到下一代的整体健康水平。幼儿园运动的开展以幼儿为主，同时需要教师和保育员"三位一体"共同参与和配合。通过开展高质量的运动，能让幼儿享受运动的乐趣，形成爱运动的好习惯，提高身体素质。因此，保育员应树立保教结合的理念，加强幼儿运动中的安全与卫生工作，关注运动中的体弱儿童与特殊儿童；能根据幼儿的年龄、体质、动作发展等特点，指导幼儿选择适当的运动项目和运动方法，以达到合适的运动量；遵循运动锻炼的原则，使用合格的运动场地、设施，注意幼儿服装的安全与卫生等，防止幼儿发生运动性疾病和运动损伤，确保幼儿的身体和心理安全，使幼儿喜欢运动，成为活泼、勇敢、乐于合作、有集体意识的孩子。

学习任务 2　幼儿园日常运动保育

工作情境描述

　　保育员小陈非常重视幼儿园的日常运动保育，在每次的早操活动、户外区域运动、集体运动教学开展前，她都会为幼儿创设良好的运动环境，确保场地、运动材料的安全与卫生，与教师一起准备好运动器械和其他运动材料；同时准备好毛巾、茶水等生活用品；另外还会配合教师一起检查幼儿的着装是否安全，组织幼儿上洗手间，在体弱儿童、特殊儿童的背部垫上毛巾等。

　　幼儿运动时，小陈会和班上的其他两位教师站在不同的位置观察幼儿，一同照顾体弱儿童、特殊儿童及其他需要帮助的孩子，她和教师一起根据幼儿的精神状态、脸色、出汗量及个体身体状况等及时调整他们的活动时间与运动量；她会观察幼儿的运动是否存在安全隐患并及时排除，会鼓励幼儿积极运动、团结合作、勇敢坚强。

　　运动结束后，小陈还会带领幼儿做好运动器具的收整及清洁工作。

任务目标

- 描述幼儿园日常运动各形式的基本保育要求，明确日常运动保育责任。
- 能根据幼儿园日常运动的内容及班级幼儿的实际情况，做好活动前的准备、活动中的观察与指导及活动后的收整工作。
- 能识别并恰当应对幼儿园日常运动中的安全隐患，强化日常运动安全责任意识。
- 能针对幼儿集体运动中存在的问题与家长进行有效沟通。
- 懂得幼儿园日常运动对于幼儿身心健康成长的重要意义，能积极参与运动保育的学习活动，增强运动保育责任感。

 建议学时

16学时。

 任务实施过程

学习活动1：早操活动保育（4学时）。
学习活动2：户外区域运动保育（4学时）。
学习活动3：集体运动教学保育（4学时）。
学习活动4：特殊天气室内运动保育（4学时）。

 任务实施准备

- 阅读文件：《上海市学前教育课程指南（试行稿）》《托儿所幼儿园卫生保健工作规范》《3—6岁儿童学习与发展指南》《上海市幼儿园办园质量评价指南（试行稿）》。
- 阅读图书：《保育员初级》，中国劳动社会保障出版社；《保育员中级》，中国劳动社会保障出版社。
- 查找：互联网中的相关资料。

在线阅读

学习活动 1 早操活动保育

学习目标

- 介绍幼儿体操的分类，以及不同年龄段幼儿适宜进行的体操类别。
- 能根据早操的内容及幼儿的年龄特点，做好幼儿园早操活动前的准备工作。
- 能识别并恰当应对幼儿园早操活动中的安全隐患，强化早操安全责任意识。
- 能带领幼儿做好早操活动后的收整工作。
- 懂得早操活动对于幼儿身心健康成长的重要意义，增强做好早操活动保育的责任感。

学习准备

- 硬件设备：移动终端。
- 展示用材料：彩色纸若干、水笔若干、磁铁若干。
- 预习"早操活动保育"，完成本活动的在线自测题。

关键词释义

幼儿体操　　徒手体操　　模仿操　　韵律操（律动操）　　武术操　　轻器械操

- **幼儿体操**：根据幼儿生理和心理的特点，以及幼儿身体各部位运动的特点，在音乐或歌谣的伴奏下，按照一定的程序，通过头、颈部、四肢、躯干等部位的协调配合，有目的、有节奏地进行各种举、摆、绕、踢、屈伸、跳跃等一系列单一或组合动作的身体练习。它是以全面锻炼身体、审美性强为特征的体育活动。幼儿体操根据是否手持器械，可分为徒手体操和器械体操。
- **徒手体操**：手中不拿任何器械的操节形式，主要包括一般徒手操（广播操）、模仿操、韵律操（律动操）、武术操等。
- **模仿操**：通过模仿进行的动作练习，主要包括动物模仿操、劳动模仿操、生活模仿操等。
- **韵律操（律动操）**：以徒手为基础，吸取了现代舞的特点，结构新颖、动作有力、节奏轻快，能提高表现力和协调性。
- **武术操**：将武术基本功练习与节拍体操结合起来的一种锻炼形式。
- **轻器械操**：幼儿在音乐伴奏或口令的指挥下，手持各种轻器械做各种动作的操节形式，具有一定的运动量，并富有情趣。轻器械操包括：哑铃操、木棒操、球操等。轻器械操一般是以幼儿手持的器械命名的。

学习导语

幼儿园早操活动对锻炼幼儿身体、增进幼儿体质、促进幼儿身心和谐发展有着独特的作用。通过幼儿园早操活动，可以让幼儿喜欢上模仿周围事物的有趣形态和动作特征，感知运动节律的变化；形成正确的身体姿势，有一定的节奏感；增强集体意识和表现力；有助于幼儿在精神饱满、体力充沛的状态下进行后续活动。在组织幼儿进行早操活动前，保教人员应该做好一系列的准备工作，为早操活动的顺利开展创造条件，确保幼儿在安全有序的活动环境中进行早操活动。例如：检查场地是否安全，熟悉班级的进退路线，在做轻器械操时提前准备好器械。由于幼儿动作的协调性还不完善，早操活动中又有许多连续跳跃的动作，可能会有摔倒现象的发生，所以早操活动最好选在塑胶地或草地上进行，同时还需全面排查场地的安全情况。此外，保教人员要全面检查幼儿服饰，如裤脚有无拖地，鞋带是否系好，是否需要增减衣物等。在以上事项都准备好的前提下带领幼儿入场，帮助幼儿调节站立的行距和间距，避免发生碰撞。

探索 1　幼儿园早操活动前，保育员该做哪些准备？

小三班的幼儿要做早操了，主班教师要求配班教师和保育员一起先做准备工作。说一说他们要做哪些准备呢？

幼儿的早操活动开始了，请观看视频后说一说，他们做的是什么类型的体操？大概是哪个年龄班的幼儿在做体操？

案例视频
早操活动

学习支持 1

★ 早操活动前的准备

保育员应先准备好场地，保证场地宽敞整洁，无积水、无枯枝败叶；如要进行轻器械操，则准备好器材，检查器材的安全性；检查幼儿的服饰和鞋带；帮助教师整理队形（小年龄幼儿做操的队伍不一定要整齐划一，可以自由站位、结伴）。

★ 早操活动的分类

幼儿园早操活动一般包括基本队列练习与基本操节练习两部分。对于基本操节练习，小班以徒手体操为主，中班和大班可以进行轻器械操。

1. 徒手体操

徒手体操包括一般徒手操（广播操）、模仿操、韵律操（律动操）、武术操等。一般徒手操是根据人体各部分的特点，按照从上到下、从躯干到四肢、从远到近的运动程序而进行的一种由举、振、伸、转、环绕、蹲、跳跃等一系列徒手动作所组成的动作练习，一般包括：上肢运动、下蹲运动、体侧运动、体转运动、腹背运动、跳跃运动等。一般

▲ 徒手体操

徒手操的动作规范、简单，身体姿态端正，队形变化极少。不同年龄班的徒手操要求也不一样：小班可选运动量小的动作，四五节为宜；中班可在小班的基础上增加1—2节运动量小的操节；大班可在操节中增添一些运动量大的动作。

模仿操是通过模仿进行的动作练习，它的主要类型有：动物模仿操、劳动模仿操、生活模仿操等。模仿操的动作夸张且充满童趣，形象生动，能激发幼儿的练习欲望。小班的徒手体操以模仿操为主。

案例视频
各类操节活动

韵律操（律动操）以徒手为基础，吸取了现代舞的特点，结构新颖、动作有力、节奏轻快，能提高表现力和协调性。韵律操是按音乐的节奏、速度做有规律的动作，能培养幼儿的节奏感，发展其对动作的表现力。

武术操是将武术基本功练习与节拍体操结合起来的一种锻炼形式。

2. 轻器械操

轻器械操是幼儿在音乐伴奏或口令的指挥下，手持各种轻器械做各种动作的操节形式，具有一定的运动量，并富有情趣，适用于4—6岁的幼儿。轻器械操主要包括哑铃操、木棒操、球操等。轻器械可以分为两类：一是有创意地使用日常生活中的一些物品作为体操活动的器材，比如矿泉水瓶；二是直接购买一些运动器材，如哑铃、红旗、球等。保教人员应选择美观、经济的轻器械，还可以利用无毒安全的废旧物品；器材要有一定的重量，以增加幼儿的运动量；可以是有声的，以增加幼儿的兴趣。

▲ 轻器械操

探索 2 早操活动中有哪些安全隐患？

场地上，孩子们手握响铃环在教师的安排下排好了队伍。音乐响起，孩子们跟着音乐模仿着小鸟飞、小鸭走、大象甩鼻子、小兔跳等动作，可开心了。这时，原先的队伍早就"飞"乱了、"跳"散了，可孩子们一点都没有意识到。保育员小陈耐心地指引孩子们找到了自己的标记并排好队，但孩子们依旧一次又一次地"游离"于队伍之外。

在以上活动中，可能有哪些安全隐患？保育员小陈该怎么做？为什么？

....
....
....

开学已经三个星期了。操场上，小班孩子正和着音乐与老师们一起跳着圆圈操，但荣荣却站着不动，眼泪似乎要掉下来了。保育员小陈立即走向荣荣，一手抱起他，一手拉起他的手，随着音乐边舞边转，似乎跳起了"华尔兹圆舞曲"，荣荣脸上露出了笑容。

请你说一说，小陈的行为为什么会让荣荣露出笑容？

....
....
....

学习支持 2

★ 早操活动中的安全保育

1. 身体安全

在早操活动时，保育员要在自己的区域里留意附近的幼儿，如有安全隐患要及时制止。比如，在做轻器械操时，幼儿之间如果距离太近，器械便容易误伤幼儿。又如，在做徒手操时，幼儿身体姿势的正确与否会直接影响锻炼效果，同时要注意动作幅度不可过于夸张，否则容易造成肌肉拉伤。

2. 心理安全

一般来说，自由活动因没有很多外在的要求，能给幼儿带来心理上的安全感，而集体做操却是一种有规则的活动，可能会使幼儿感到不安。尽管小班的早操不会有复杂的动作和规则，但对小年龄的幼儿来说，即使保教人员没有过高要求，他们也会因不能适应集体行动而产生强烈的不安。因此，保教人员要给予幼儿更多的心理安慰，让其获得安全感。

◀ 幼儿距离不能太近

探索 3　早操活动后的保育工作有哪些？

中三班的早操活动结束了，孩子们在教师的带领下回到了活动室，而保育员小陈则在操场上整理活动材料。

小陈履行好早操活动后的保育职责了吗？她应该怎么做？

学习支持 3

★ 早操活动后的收整

在早操活动结束后，保育员应该带领幼儿一起收拾早操材料，带回生活用品，和幼儿一起回到教室；提醒幼儿穿好衣服，为背部出汗的幼儿擦汗，替换背部的干毛巾；提醒幼儿做好生活自理相关事项，如洗手、擦脸、喝水、如厕等。

课后复习

- ☑ **介绍**：请向同学或者家人介绍幼儿园早操活动的意义。
- ☑ **描述**：请描述各类幼儿体操的特点。
- ☑ **实操**：口述早操活动前的准备工作。

课后自测

在线自测

★ 上海市保育员初级、中级考工应知真题（带"*"号的除外）

1. **判断题（每题 5 分，共 40 分）**

（1）模仿操是指幼儿在音乐的伴奏下做各种模仿动作，做操时必须保持队形，不能四散做操。（　）

（2）早操活动时，保育员要帮助幼儿调节行距和间距，避免发生碰撞。（　）

（3）小班以徒手操为主，中班和大班以轻器械操为主。（　）

*（4）保育员在幼儿运动前，要准备好场地，保证场地平坦、宽敞、整洁，没有积水和枯枝败叶。（　）

*（5）幼儿体操活动主要包括徒手体操和器械体操。（　）

*（6）集体做操属于有规则的活动。（　）

*（7）小班幼儿做操时，不要求队列非常整齐，可以自由结伴站位。（　）

*（8）小、中、大班幼儿体操的难度不一样，但是操节数一样。（　）

2. 选择题（每题10分，共60分）

（1）轻器械操是幼儿在音乐伴奏或口令的指挥下，手持各种轻器械做各种动作的操节形式，适用于（　　）的幼儿。

A. 1—2岁　　B. 2—3岁　　C. 3—4岁　　D. 4—6岁

（2）适宜2—3岁幼儿进行的体操是（　　）。

A. 被动操　　B. 主被动操　　C. 竹竿操　　D. 模仿操

（3）幼儿的体操是以（　　）为特征的体育活动。

A. 锻炼幼儿的大肌肉动作　　B. 锻炼幼儿的小肌肉动作
C. 全面锻炼身体，审美性强　　D. 全面锻炼身体，活动性强

*（4）（　　）不属于徒手操。

A. 武术操　　B. 模仿操　　C. 哑铃操　　D. 韵律操

*（5）韵律操吸取了现代舞的特点，结构新颖、动作有力、节奏轻快，能提高幼儿的表现力和协调性，适用于（　　）的幼儿。

A. 0—1岁　　B. 1—2岁　　C. 2—3岁　　D. 4—6岁

*（6）幼儿早操活动结束后，保育员需要做好的保育工作包括：（　　）。

A. 组织幼儿收整早操材料　　B. 将生活用品带回活动室
C. 做好幼儿生活照护　　D. 以上都是

3. 拓展题

幼儿园每次的早操活动，至少要让幼儿做两种形式的体操，体操形式也很丰富，这是为什么呢？

_____
_____
_____

学习情况评价表

评分项目		评分标准或要求	配分（分）	评价方式			得分
				自评	互评	师评	
				权重20%	权重30%	权重50%	
专业知识技能60%	早操活动的定义	说出幼儿体操的定义及其类型（6分）	6				
	早操活动的分类	• 辨认幼儿体操的类型及做操的年龄班（6分） • 说出小、中、大班幼儿适宜的体操类别（各2分，共6分）	12				
	早操活动前的准备工作	• 说出早操活动前准备工作的内容与要求（8分）	8				
	早操活动时的安全隐患	• 分别识别2个案例中的早操活动安全隐患（每个案例5分，共10分） • 排除幼儿园早操活动的安全隐患（5分）	15				
	早操活动后的收拾整理工作	• 带领幼儿做好早操活动后的收拾整理工作（每项3分，共9分）	9				
	自测题	自测题得分×10%	10	—	—	—	

(续表)

评分项目		评分标准或要求	配分（分）	评价方式			得分
				自评	互评	师评	
				权重20%	权重30%	权重50%	
个人素养40%	专业精神（10分×70%）	认同保育工作的重要性，积极投入专业学习（3分）；在实践中切实履行保育责任，精益求精（4分）；不断反思改进，提高专业水平（3分）	7				
	人文关怀（10分×70%）	关注和尊重他人（教师、同学、幼儿）的想法和感受，设身处地为他人着想（5分）；充分表达对他人的关心、理解和爱护（5分）	7				
	团队合作（10分×70%）	乐于承担小组分配的任务（2.5分），积极寻求同伴合作（2.5分），乐于分享自己的经验（2.5分），对小组学习问题的解决有贡献（2.5分）	7				
	沟通表达（10分×70%）	善于倾听（2分），正确理解（2分）；围绕主题表达（2分），语言清楚简洁（2分），文明礼貌，应人应时应景（2分）	7				
	问题解决（10分×70%）	解决问题逻辑清晰（2.5分），能举一反三（2.5分），善于批判质疑（2.5分），勇于创新（2.5分）	7				
	信息获取（10分×50%）	熟悉信息源，善于利用搜索工具快速、准确地获取所需信息（5分）；能根据需要对信息进行挖掘、甄别、筛选（5分）	5				
		总分	100	总得分			

反思与收获：

学习活动 2　户外区域运动保育

学习目标

- ✔ 明确幼儿园户外区域运动保育的工作职责。
- ✔ 能识别适合不同年龄段幼儿使用的典型运动器械，并知道其典型玩法。
- ✔ 能识别并有效应对户外区域运动的安全隐患，增强区域运动保育责任感。
- ✔ 能做好户外区域运动中的幼儿生活照护，强化运动中保护幼儿的意识。
- ✔ 懂得保育员的细心工作对于幼儿户外区域运动保育目标达成的重要意义。

学习准备

- ✔ 硬件设备：移动终端。
- ✔ 展示用材料：彩色纸若干、水笔若干、磁铁若干。
- ✔ 预习"户外区域运动保育"，完成本活动的在线自测题。

关键词释义

户外区域运动

- **户外区域运动**：指根据幼儿运动的内容和要求，在幼儿园户外开设若干区域，让幼儿自主选择区域和器材，自由结伴、自主运动的一种组织形式。

学习导语

幼儿园户外区域运动是根据幼儿的动作发展需要，以及个性差异性、自主选择性、自主探究性的需求，设置出具有多元性、多层次、多样性、创造性的运动区域。一般来说，幼儿园户外区域有跑跳区、投掷区、车类区、钻爬翻滚区、球类区等。保育员在幼儿户外区域活动前要做好相关的准备工作；幼儿活动时，保育员一般在公共生活休息区观察周边幼儿的运动情况，随时照顾好体弱儿童和特殊儿童；运动结束后，带领幼儿做好收整工作。

▲ 户外区域运动（投掷区）

探索 1 户外区域运动前要做哪些准备工作?

在早上的户外区域运动前,中三班教师以块面的形式对整个户外场地进行了不同大小的划分,分别预设了四个区域:交通城——幼儿可以骑车送信;打怪兽区域——幼儿可以自由投掷;穿越森林区域——幼儿可以负重跨越和绕走;勇敢者道路区域——幼儿可以攀爬及钻爬。

在户外区域运动开展前,中三班保育员小陈需要配合教师做些什么准备工作呢?

学习支持 1

★ 户外区域运动前的准备

1. 场地的准备

运动场地应平坦、宽敞、干燥,最好是松软适度的泥草地。划分好活动区域,如球区、绳区、钻爬区、大型器械区、沙水区等,划分要安全、合理、科学。除了场地的安全外,还要为幼儿创设安全的心理环境。在炎热的夏季,注意选择在阴凉处开展锻炼,避免阳光直射,以防幼儿中暑;可安排在一天中凉爽的时间进行活动,例如,上海地区是在早上 9 点前,下午 4 点以后,具体可根据各地地理环境及气候条件确定活动时间。

案例视频
户外区域运动前的准备(以中班为例)

2. 器材的准备

幼儿园运动器材分为小型、中型和大型。在配置中、小型运动器材时,除了要注意安全、卫生外,还要注意幼儿的年龄特点。在配置大型运动器材时也要注意符合幼儿的年龄特点,设备要牢固、安全,要平稳地放置。活动前,保育员要将中、小型运动器材分类摆放,按需按量备足。

幼儿园常用运动器材

类型 \ 班级	小班	中班	大班
中、小型运动器材	皮球、羊角球、套圈、地上垫、轮胎、单方块、高跷、小推车、小拉车、木马、拱形圈等	儿童足球、轮胎、铁环、高跷、沙包、跨栏、四轮滑板、儿童三轮车、投掷板或投掷环等	乒乓球、羽毛球、竹梯、足球、铁环、高跷、儿童两轮车、长短绳、哑铃、轮胎、跨栏等
大型运动器材	秋千、荡船、转椅、爬梯、平衡木、脚踏滚筒、跷跷板、滑梯、攀登架、滑索、爬网等		

▲ 中、小型运动器材（多人旋转脚踏车）

▲ 大型运动器材（攀爬钻网多功能玩具）

3. 幼儿衣物的准备

活动前要观察幼儿衣着是否适合锻炼；衣服是否塞入裤腰里，鞋带是否系好。要特别关照体弱儿童和特殊儿童，如在有呼吸道疾病和易出汗的幼儿背部衬上干毛巾。

4. 准备运动的开展

准备运动是指让幼儿做一些身体运动练习，以提高身体机能的活动能力，使身体各器官系统的机能逐步进入工作状态，为开展较大活动做身体准备。准备运动非常重要，特别是在冬天，因为寒冷的时候，人的肌肉和韧带的弹性、伸展性及关节的灵活性都较差，做准备运动可使体温升高，使参加活动的肌肉得到充分伸展，同时提高神经中枢的兴奋性，克服内脏器官的惰性，加快血液循环和新陈代谢，以满足锻炼时的需要。

探索 2 不同年龄段的幼儿可以玩同一种器材吗？

在户外区域运动前，小班新入职的保育员小陈根据主班教师的要求给幼儿准备了轮胎，中班保育员小林也根据教师的要求准备了轮胎。小陈很纳闷，心想：是不是搞错了，怎么小班和中班玩同样的器材？

你能回答小陈的问题吗？列举几种可以一物多玩的材料，并尽可能多地说出其玩法。

....
....
....

学习支持 2

★ 同一种器材的不同玩法

在幼儿园，相同的器材在不同的年龄班使用是很常见的现象，因为同一种器材可以有很多玩法，其难度也各不相同。这里列举轮胎、皮球和圈环的不同玩法。

1. 轮胎的玩法

(1) 单个轮胎的玩法：

① 同伴间相隔一定距离滚轮胎。

② 边走边向前移动轮胎。

③ 拖拉轮胎走、跑、跳或绕障碍。

④ 把轮胎套在腰间，双手扶住，朝不同方向行进。

⑤ 将木棒穿入轮胎，两人一组扛轮胎走。

⑥ 推着轮胎朝不同方向滚或绕障碍滚。

(2) 多个轮胎的玩法：

① 在排列成不同形状的轮胎间走、跑、跳。

② 从叠放成不同高度的轮胎上跳下。

③ 钻越竖起的、间隔排列的轮胎。

④ 将轮胎、长木板或梯子组成各种"小山"，在上面攀爬、翻越。

▲ 拖拉轮胎走

▲ 钻越轮胎

2. 皮球的玩法

(1) 拍皮球：单手拍球、双手交替拍球、多人合作拍球。

(2) 滚皮球：幼儿分组排成一路纵队，两腿分开，弯腰，第一位幼儿将球从双腿下往后滚动，后面的幼儿依次将球往后滚。

(3) 抛接球：自抛自接、你抛我接等。

▲ 单手拍皮球

▲ 滚皮球

3. 圈环的玩法

（1）将若干圈环间隔一定距离地摆放在场地上，幼儿在圈环内走、跑、跳。

（2）将圈环投向远方。

（3）自抛自接圈环。

（4）将圈环放在腰间，做呼啦圈运动。

（5）两名幼儿套在同一个圈环内，将圈环架在腰间，一起走、跑。

▲ 做呼啦圈运动

▲ 两名幼儿套在同一个圈环内走、跑

探索 3　在户外区域运动时，如何对幼儿进行生活照护？

在户外区域运动中，幼儿玩得可开心了。许多幼儿用小手将流下的汗抹去继续玩，玩得停不下来，有的口渴了也不主动喝水，有的有小便也憋着不上，还有的累了也不休息。

作为保育员，见此情景时我们应该怎么做？

学习支持 3

★ 户外区域运动中的生活照护

在户外区域运动时，保教人员一定要给幼儿提供细致的照顾。户外活动是幼儿非常喜欢的运动，他们常常会因只顾着玩而忽略了一些卫生要求。无论是保育员还是教师，在遇到这种情况时都要关注好幼儿，做好提醒工作。例如：提醒幼儿喝水、如厕；引导

案例视频
户外区域运动中的生活照护

运动量超标的幼儿调整活动频率或活动内容；让出汗的幼儿擦干汗，如汗量较多，应及时更换垫背毛巾。

★ 户外区域运动中的运动量

户外区域运动要达到一定的运动量才有效果，而幼儿自己是很难控制运动量的，常常会出现该运动的时候不去运动，该休息的时候又不休息的情况。所以，保育员要时刻关注身边幼儿的运动量，给予一定的指导和提醒，避免出现运动量过小或过大的情况。

探索 4 在户外区域运动时，可能存在哪些安全隐患？户外区域运动后如何收整？

在户外区域运动中，团团小朋友一会儿在投掷区，一会儿在攀爬区，一会儿又在奔跑区。此外，在其他孩子都从起点一直跑到终点的时候，团团却总是跑了一半就停下来。

团团这样做有什么安全隐患？保育员应该怎么应对？如何确保类似的情况不再发生？

学习支持 4

★ 户外区域运动中的安全与卫生

保育员在户外区域运动中的安全与卫生工作主要有以下几点：

（1）注意观察太阳光线照射的方向，避免面向阳光站立；同时注意风向，风较大时，避免迎风站立。

（2）如幼儿提出要喝水，则要观察并提醒幼儿少量多次喝水，以免其一次喝过多的水，增加心脏负担，不利于继续活动。

（3）在冬季、初春、深秋等较冷的季节，应避免让幼儿迎风激烈跑动，因为跑动中的幼儿可能会张嘴换气，冷空气容易直接刺激喉咙，易引起喉痛、咳嗽等症状。

（4）在一旁观察幼儿，配合教师指导幼儿，为幼儿做示范，照顾、帮助幼儿并适时介入。如幼儿有争抢或破坏物品、做危险动作等情况，可以用语言劝阻他；如幼儿有好的行为，则可以使用表扬语。

（5）注意在活动中培养幼儿的自理能力和自我保护意识；注意观察幼儿的精神和面色，把握幼儿的活动量，提醒幼儿休息、喝水。

★ 户外区域运动后的收整

户外区域运动后收整的具体内容，可参见早操活动后的收整。

案例视频
户外运动后的收整

课后复习

- **介绍**：向同学或者家人介绍保教人员在幼儿园户外区域运动时的保育职责。
- **列举**：列举不同年龄班幼儿在户外区域运动时的常用运动器械与材料。
- **实操**：和同学一起尝试几种典型运动器械的典型玩法。

课后自测

★ 上海市保育员初级、中级考工应知真题（带"*"号的除外）

1. 判断题（每题5分，共50分）

（1）在户外区域运动中，要让幼儿有较多的时间处于有效锻炼之中，心率应保持在120—180次/分钟。（　　）

（2）户外区域运动前，保育员要将小型运动器械分类摆放，按需按量备足。（　　）

（3）夏季户外区域运动的时间一般要安排在上午9点以后、下午4点以前。在通风阴凉处活动。（　　）

（4）冬天，遇大风或天气特别寒冷的情况，可以组织幼儿正常开展户外区域运动。（　　）

（5）为丰富锻炼的内容，幼儿可在户外区域运动时自由选择运动器械，保育员不得干涉。（　　）

（6）在户外区域运动时，尽管幼儿可以自由选择自己喜爱的活动项目，但也应在教师及保育员的带领下，有组织地进行。（　　）

（7）组织幼儿开展户外区域运动时，最好分组进行，这样可以减少幼儿的等待时间。（　　）

*（8）秋千、跷跷板、小推车属于大型运动器材。（　　）

*（9）幼儿运动时，保育员要时刻关注幼儿的运动量，并对运动量过大或过小的幼儿给予一定的指导和提醒。（　　）

*（10）运动后，因幼儿出汗较多，水分流失，所以要立刻大量喝水补充水分。（　　）

2. 选择题（每题5分，共50分）

（1）幼儿在户外区域运动中大量出汗，这是幼儿（　　）的反应。
　　A. 轻度疲劳　　　　　　　　B. 中度疲劳
　　C. 重度疲劳　　　　　　　　D. 好出汗

（2）幼儿户外区域运动场地应做到宽敞、平整，最好铺设（　　），以减少运动中的损伤。
　　A. 水泥地　　　　　　　　　B. 地毯
　　C. 塑胶地　　　　　　　　　D. 沙地

（3）在户外区域运动中，保育员应注意观察幼儿，如发现幼儿做危险动作，应及时（　　）。
　　A. 劝阻　　　　　　　　　　B. 取消幼儿活动
　　C. 训斥　　　　　　　　　　D. 让幼儿反思

（4）在户外区域运动中，为保障幼儿的安全，保育员要协助教师做好运动中的（　　）。
　　A. 照顾　　　　　　　　　　B. 保护
　　C. 干涉　　　　　　　　　　D. 准备

（5）关于冬天开展户外活动的措施，以下不正确的是（　　）。
　　A. 在通风阴凉处活动　　　　B. 在阳光多的场地活动
　　C. 适当增加运动量　　　　　D. 时间安排在上午9点以后，下午4点以前

（6）幼儿户外区域运动的场地应该是（　　）。
　　A. 平坦、有遮阴处、远离活动室　　　　B. 有遮阴处、不远离活动室、凹凸不平
　　C. 平坦、有遮阴处、不远离活动室　　　D. 平坦、不远离活动室、直接在太阳下
*（7）在幼儿户外区域运动前，保育员必须做好的准备工作包括（　　）。
　　A. 检查场地和幼儿服装　　　　　　　　B. 协助开展身体准备运动
　　C. 备好运动器械、茶水、毛巾　　　　　D. 以上都是
*（8）幼儿户外区域运动一般不会有（　　）。
　　A. 跑跳区　　　　B. 投掷区　　　　C. 车类区　　　　D. 棋类区
*（9）下列不属于小型器械的是（　　）。
　　A. 滑梯　　　　　B. 皮球　　　　　C. 短绳　　　　　D. 套圈
*（10）当幼儿在开展户外活动时，保育员不应该（　　）。
　　A. 去打扫盥洗室　　　　　　　　　　　B. 配合教师指导幼儿
　　C. 为幼儿示范　　　　　　　　　　　　D. 帮助幼儿并适时介入

3. 上海市保育员初级、中级考工应会真题
（1）户外活动的准备及结束整理要求（初级）。
　　① 检查场地安全：
　　② 备好活动器具：
　　③ 备好毛巾、茶水：
　　④ 检查幼儿：
　　⑤ 活动结束时收拾：
（2）户外活动中的保育工作（初级）。
　　① 生活保育：
　　② 安全工作：
　　③ 观察幼儿活动量：
　　④ 对个别幼儿及体弱儿童的保育：

4. 拓展题
　　幼儿户外区域运动的安全既包括场地与器械的安全，也包括幼儿运动的安全。请思考：幼儿运动的安全包括哪些方面？保教人员如何才能排除幼儿运动的安全隐患呢？

学习情况评价表

评分项目		评分标准或要求	配分（分）	评价方式			得分
				自评 权重 20%	互评 权重 30%	师评 权重 50%	
专业知识技能 60%	户外区域运动保育的工作职责	• 说出户外区域运动的含义（2分） • 说出幼儿园户外区域运动保育的工作职责（每条1分，共4分） • 根据案例情境，具体说出保育员在户外区域运动前的准备工作（4分）	10				
	典型运动器材	• 辨别小、中、大班的典型运动器材（各2分，共6分） • 说出小、中、大班各运动器材的典型玩法（各2分，共6分）	12				
	户外区域运动的安全隐患	• 识别户外区域运动的安全隐患（每项2分，共8分） • 妥善应对户外区域运动的安全隐患（每项2分，共8分）	16				
	户外区域运动中的生活照护	根据案例情境，说出保育员在户外区域运动中的生活照护工作内容（每项3分，共12分）	12				
	自测题	自测题得分×10%	10	—	—	—	
个人素养 40%	专业精神（10分×70%）	认同保育工作的重要性，积极投入专业学习（3分）；在实践中切实履行保育责任，精益求精（4分）；不断反思改进，提高专业水平（3分）	7				
	人文关怀（10分×70%）	关注和尊重他人（教师、同学、幼儿）的想法和感受，设身处地为他人着想（5分）；充分表达对他人的关心、理解和爱护（5分）	7				
	团队合作（10分×70%）	乐于承担小组分配的任务（2.5分），积极寻求同伴合作（2.5分），乐于分享自己的经验（2.5分），对小组学习问题的解决有贡献（2.5分）	7				
	沟通表达（10分×70%）	善于倾听（2分），正确理解（2分）；围绕主题表达（2分），语言清楚简洁（2分），文明礼貌，应人应时应景（2分）	7				
	问题解决（10分×70%）	解决问题逻辑清晰（2.5分），能举一反三（2.5分），善于批判质疑（2.5分），勇于创新（2.5分）	7				
	信息获取（10分×50%）	熟悉信息源，善于利用搜索工具快速、准确地获取所需信息（5分）；能根据需要对信息进行挖掘、甄别、筛选（5分）	5				
		总分	100	总得分			

反思与收获：

集体运动教学保育

学习目标

- ☑ 能根据集体运动教学的内容及幼儿年龄特点,做好集体运动教学的保育工作。
- ☑ 能识别并合理应对集体运动教学中的不安全现象,强化集体运动教学的安全责任意识。
- ☑ 能针对幼儿集体运动中存在的问题与家长进行有效沟通。
- ☑ 懂得集体运动教学及其保育工作对于幼儿身心健康成长的重要意义,增强运动保育责任感。

学习准备

- ☑ 硬件设备:移动终端。
- ☑ 展示用材料:彩色纸若干、水笔若干、磁铁若干。
- ☑ 预习"集体运动教学保育",完成本活动的在线自测题。

📄 关键词释义

| 集体运动教学 | 运动强度 | 低强度,高密度 |

- **集体运动教学**:依据各年龄段幼儿体育活动的目标,以及幼儿发展的需要,有目的、有计划、系统地引导幼儿积极参与相关的动作学习与身体练习,促使幼儿在身体素质、动作能力及社会性等方面获得良好发展的一种集体形式的体育活动。
- **运动强度**:运动强度一般用心率表示。3—6岁幼儿的低强度运动心率为130—150次/分钟;中等强度运动心率为150—170次/分钟;高等强度运动心率为170—190次/分钟。
- **低强度,高密度**:根据幼儿生理特点,3—6岁幼儿的运动应遵循"低强度、高密度"的原则,即运动强度以低强度运动心率为宜,但运动频次应高一点。

学习导语

　　幼儿园的集体运动教学是幼儿园运动的重要组织形式之一。在开展集体运动教学时,保育员要配合教师迅速将幼儿组织起来,通过语言和姿态使幼儿集中注意力,用自己的言行感染、影响幼儿,激发他们参与运动的兴趣,使幼儿生气勃勃、情绪愉悦,同时配合教师组织幼儿做好准备运动。在集体运动教学的结束部分,配合、帮助教师开展有组织的结束活动,缓解幼儿在高度兴奋、活跃状态下的身心,使其较快地恢复常态。最后,组织幼儿一同整理运动器具,使其养成做事有始有终的好习惯。

探索 1　集体运动教学前应做好哪些准备工作？

小三班幼儿要进行集体运动教学"打雪仗"，有丢纸球、抛纸球、扔纸球的动作，让幼儿体验并练习往上抛与投掷的动作。同时，中二班也要进行集体运动教学"小金鱼"，幼儿要四散跑，不能被渔夫捉住。

两个班同时在户外进行集体运动教学，这时两位保育员要考虑哪些问题，分别做哪些准备？

学习支持 1

★ 集体运动教学前的准备

1. 准备好场地

事先和教师沟通活动的内容，选择合适的活动区域，排除安全隐患。

2. 准备好器材

事先和教师沟通这次运动教学的安排，准备好相应的器材，器材数量需略多于人数。器材在经过幼儿不断使用后，不论在坚硬程度上，还是在结构的稳固性上，都会有损坏的现象，所以保育员要定期检查器材，并在运动前再次检查器材，以消除隐患，防止幼儿在活动时发生意外。

3. 准备好生活用品

保育员要备好生活用品，如温度适宜的饮用水，已消毒的干毛巾、汗巾、纸巾，以及置物筐、废纸篓等。

▲ 两个班分开进行集体运动教学

4. 热身运动与放松运动

在集体运动教学中，幼儿的生理机能经历了上升、平稳、下降三个阶段的变化。上升阶段包括两个过程：第一个过程是在进行身体锻炼活动前，幼儿在生理和心理上产生的选择性反应，表现为幼儿血液中血糖含量增加，心跳、呼吸加快，大脑兴奋性提高，精神愉悦振奋等。这些变化能加速身体各器官克服惰性，使活动能力较快上升，以适应即将开展的身体锻炼活动的需要。第二个过程是通过恰当的身体活动，克服各器官、组织的惰性，使身体的活动能力较快地达到较高水平。而在下降阶段，要注意降低幼儿大脑的兴奋性，即由运动的紧张状态逐渐恢复到相对安静的状态，放松肢体。

保育员要配合教师带领幼儿开展热身运动；在幼儿运动的过程中，把握好"低强度，高密度"的原则，不能使活动量直线上升或者强度太大，要注意动静交替，运动量大小适中，以免幼儿因过度疲劳而影响健康；活动后要带领幼儿做放松运动。

探索 2　集体运动教学时的安全隐患有哪些？

壮壮很顽皮，在练习抛掷沙包的活动中，不管对方小伙伴有没有准备好，都使劲将沙包抛掷给对方。

这样做有什么安全隐患？分析并讨论如何才能避免集体运动教学中的伤害事故。

....

....

小三班幼儿的占圈游戏主要训练的是反应能力，人数越多，碰撞的机会就越多。如果幼儿只想占到圈，那么他考虑别人安全的时候就少了。

针对以上情况，作为保教老师，在分组的时候要考虑哪些事项才能避免危险？

....

....

今天，中三班安排的教学活动是练习走平衡木、攀爬、钻洞，且以游戏的形式进行，设计有爬竹梯、过小河（走梅花桩）、过山洞（钻爬）等形式。当幼儿看到这样的运动场景时，个个都异常兴奋、跃跃欲试。保育员在活动中观察幼儿的表现，她看到胆大的幼儿冲在前面，胆小的则跟在后面。昊昊在竹梯前停了下来，感觉有些犹豫。后面的幼儿不停地催促他："你快一点呀。"昊昊在同伴的催促下只得鼓足勇气前进。也许是因为后面同伴的催促，也可能是太紧张了，昊昊在爬到一半的时候一脚踩空，从竹梯上滑了下来。

▲ 幼儿爬竹梯

昊昊的这种情况可以避免吗？保育员该怎么做？

....

....

学习支持 2

★ 集体运动教学时的观察与指导

幼儿在参与运动时，保育员应注意幼儿的情绪。对于个别情绪特别高涨的幼儿，保育员要留心观察，在他过于兴奋时要让他休息一会儿，或者让他当小老师，指导其他幼儿玩，这样既不会伤害幼儿，又能

▲ 保育员在鼓励幼儿

让他从激动的情绪中安静下来，更好地再次投入活动。对于胆小的幼儿，保育员不能置之不理，要给予他们更多的心理支持，多鼓励他们积极地参加活动。保育员可以用简明的语言提示来指导幼儿活动，声音要有感情和鼓动性，且不要太大、太突然，以免惊吓幼儿，影响运动。保育员还可以具体帮助和指导个别幼儿。在帮助幼儿时，须顺着幼儿的用力方向给予助力，且力的大小要适度。

保育员要配合教师掌握好幼儿的运动时间，不要让幼儿过于疲劳。根据幼儿的运动时间与反应状态来观察其在运动中的活动量。如果幼儿的面色相当红、出汗较多、精神略有倦意，说明活动量比较大了，要及时提醒幼儿休息。必要时，保育员还可以辅助教师测量部分幼儿的心率。幼儿活动时的平均心率是130—160次/分钟。

★ 集体运动教学时的安全事项

1. 器材使用的安全

在运动中，借助体育器材来锻炼幼儿的身体，可提升运动效果。因为幼儿喜欢与器材互动，所以他们在使用器材活动时，积极性更高，运动负荷有所增加，运动效果也更好。但需要注意的是，器材所用的材料以木质、铁质为多，它们质地坚硬（如跷跷板、铁圈），运转起来会产生很大的力量，如果碰撞到幼儿会有危险，因此，保育员要运用恰当的方法告诉幼儿这些器材可能带来的危险。比如在说明跳绳的危险性时，保育员可以拿一张纸，将跳绳甩打在纸上，当幼儿看到纸破了的时候，他们会意识到玩跳绳时要与其他幼儿保持一段距离，防止互相抽打。但如果保育员直接说跳绳甩起来时会产生很大的力量，抽在脸上会出血、红肿等，这样会让个别幼儿因害怕而不敢玩了。

2. 活动中的自我保护

在集体运动教学中，只有按其活动特有的规则来约束和实施活动，才能使活动目标得以完全贯彻落实；如果缺少了规则，则会使目标不能落实，幼儿的安全得不到保障。有些幼儿胆子很大，喜欢冒险，容易发生意外事故，因此，保育员要让幼儿形成规则意识并自觉遵守，这也是一种自我保护能力。在提示幼儿遵守纪律和纠正不正确的行为时，不能用训斥、埋怨和恐吓的语言和口吻。保育员可以采用讲解法、谈话法、演示法等来教育幼儿注意安全。保育员既要高度重视和满足幼儿受保护、受照顾的需要，又要尊重和满足他们不断增长的独立性需要，避免过度包办代替，鼓励幼儿尝试自我保护。

探索 3 如何与家长沟通幼儿在集体运动教学中的表现？

小三班的成成在运动时总是"放不开"，不敢单独走平衡木，也不敢爬攀爬架。

作为保育员，针对这一情况，你会如何与家长进行沟通呢？

学习支持 3

★ 集体运动教学的家园沟通

幼儿在家所得到的精心照顾和保护多是被动接受的，如家长经常说不许跑、不许跳，久而久之，幼儿便只知道不能这么做，而不知道为什么不能这样做。幼儿做着"安全"的运动，却失去了自由探索的机会及自我挑战的快乐，如有的中班幼儿还不敢从小椅子上跳下来。因此，保育员要鼓励胆小的幼儿参与到活动中来，同时也要及时和家长沟通孩子在运动中的表现并给予指导。例如，孩子运动是否积极主动、认真，情绪是否高涨，是否能与人合作，是否懂得谦让，表现是否勇敢坚强，有无团队意识，能否遵守规则等，让家长了解孩子的情况，争取家园配合，形成教育合力。

课后复习

- ☑ **介绍**：请向同学或者家人介绍幼儿适宜的运动强度及其原理。
- ☑ **描述**：请描述集体运动教学的观察与指导方法。
- ☑ **实操**：小组合作，选定一个集体运动教学中幼儿可能出现的问题，模拟和家长沟通。

课后自测

在线自测

★ 上海市保育员初级、中级考工应知真题（带"*"号的除外）

1. 判断题（每题5分，共40分）

*（1）在幼儿运动的过程中，要把握好"低强度，高密度"的原则。（　　）

*（2）保育员要配合教师开展热身运动，以及活动后的放松运动。（　　）

*（3）幼儿活动时的平均心率一般应保持在160—200次/分钟为宜。（　　）

*（4）集体运动教学是教师负责开展的有计划、有目的、有组织的运动教学活动。（　　）

*（5）在集体运动教学前，保育员要准备好活动所需的相应器材，器材数量要少于幼儿人数，以培养幼儿的合作精神。（　　）

*（6）幼儿运动时，保教人员要做好运动保护，如攀爬时要扶住幼儿。（　　）

*（7）只有当幼儿在运动中出现问题时，才需要家园沟通。（　　）

*（8）让幼儿遵守运动规则，是让幼儿学会自我保护的有效办法。（　　）

2. 选择题（每题10分，共60分）

*（1）在集体运动教学中，幼儿的生理机能经历了（　　）三个阶段的变化。

　　A. 下降、上升、平稳　　　　　　　　B. 上升、平稳、下降

　　C. 平稳、下降、上升　　　　　　　　D. 上升、下降、平稳

*（2）幼儿活动时的平均心率以（　　）次/分钟为宜。

　　A. 130—160　　　B. 160—200　　　C. 150—190　　　D. 100—130

（3）保育员不可以采用（　　）来教育幼儿注意安全。

A. 讲解法　　　　B. 谈话法　　　　C. 演示法　　　　D. 训斥法

*（4）开展集体运动教学时，保育员不应该做的是（　　）。

A. 配合教师迅速将幼儿组织起来　　　B. 配合教师做好准备运动

C. 打扫盥洗室　　　　　　　　　　　D. 结束后组织幼儿整理教具

*（5）幼儿运动时，保育员对个别运动情绪高涨、运动量过大的幼儿所采取的不正确的处理方式是（　　）。

A. 提醒他去生活区擦汗、喝水　　　　B. 严肃地要求他立刻停下来

C. 提醒他休息一会儿　　　　　　　　D. 让他当小老师，指导其他幼儿玩

*（6）集体运动教学可以培养幼儿（　　）的个性品质。

A. 遵守规则、服从集体　　　　　　　B. 乐于合作、懂得谦让

C. 活泼开朗、勇敢坚强　　　　　　　D. 以上都是

3. 拓展题

幼儿园的集体运动教学活动与户外区域运动在组织形式与目的上有何不同呢？为什么要开展集体运动教学呢？

学习情况评价表

评分项目		评分标准或要求	配分（分）	评价方式			得分
				自评	互评	师评	
				权重20%	权重30%	权重50%	
专业知识技能60%	集体运动教学的保育工作	• 说出集体运动教学前的准备工作要求（每项2分，共8分） • 根据案例情境，具体说出集体运动教学前的准备工作内容（每项3分，共12分）	20				
	集体运动教学中的不安全现象	• 识别3个集体运动教学案例中的不安全现象（每个案例3分，共9分） • 说出集体运动教学中安全隐患的应对方法（9分）	18				
	与家长进行有效沟通	模拟与家长进行有效沟通： • 尊重家长，让家长感到舒心（2分） • 尊重幼儿的隐私（2分） • 肯定幼儿的优点（2分） • 具体说出发现问题的过程（2分） • 具体说出应对的过程（2分） • 与家长沟通问题产生的原因及解决办法（2分）	12				
	自测题	自测题得分×10%	10	—	—	—	

（续表）

评分项目		评分标准或要求	配分（分）	评价方式			得分
				自评 权重 20%	互评 权重 30%	师评 权重 50%	
个人素养 40%	专业精神（10分×70%）	认同保育工作的重要性，积极投入专业学习（3分）；在实践中切实履行保育责任，精益求精（4分）；不断反思改进，提高专业水平（3分）	7				
	人文关怀（10分×70%）	关注和尊重他人（教师、同学、幼儿）的想法和感受，设身处地为他人着想（5分）；充分表达对他人的关心、理解和爱护（5分）	7				
	团队合作（10分×70%）	乐于承担小组分配的任务（2.5分），积极寻求同伴合作（2.5分），乐于分享自己的经验（2.5分），对小组学习问题的解决有贡献（2.5分）	7				
	沟通表达（10分×70%）	善于倾听（2分），正确理解（2分）；围绕主题表达（2分），语言清楚简洁（2分），文明礼貌，应人应时应景（2分）	7				
	问题解决（10分×70%）	解决问题逻辑清晰（2.5分），能举一反三（2.5分），善于批判质疑（2.5分），勇于创新（2.5分）	7				
	信息获取（10分×50%）	熟悉信息源，善于利用搜索工具快速、准确地获取所需信息（5分）；能根据需要对信息进行挖掘、甄别、筛选（5分）	5				
总分			100	总得分			

反思与收获：

学习活动 4 特殊天气室内运动保育

学习目标

- ☑ 能列举特殊天气可以开展的室内运动项目及其适宜的地点。
- ☑ 能根据室内运动项目，做好室内运动前的准备工作。
- ☑ 能识别并积极应对室内运动中的不安全现象，强化室内运动安全责任意识。
- ☑ 在工作中能细心、耐心、有责任心，认真做好室内运动保育工作。

学习准备

- ☑ 硬件设备：移动终端。
- ☑ 展示用材料：彩色纸若干、水笔若干、磁铁若干。
- ☑ 预习"特殊天气室内运动保育"，完成本活动的在线自测题。

关键词释义

- **室内运动**：指幼儿在活动室、楼道、门厅、楼梯等室内活动场所进行的多种体育活动。
- **特殊天气**：影响幼儿生命健康与安全的自然灾害天气与自然现象，如雷电、大风、大雨、暴雪、龙卷风、大雾、雾霾、地面结冰、严寒、酷暑（35℃以上）等。

学习导语

幼儿每天都需要有足够的运动时间，但是在特殊的天气条件下（如雷电、大风、大雨、暴雪、龙卷风、大雾、雾霾、地面结冰、严寒、酷暑等），他们便无法到户外运动。为了保证幼儿每天的运动时间不受天气条件的限制，感受运动的快乐，幼儿园应充分利用自身的各种室内资源，布置多样化的运动环境，让幼儿能够得到足够的锻炼。在特殊天气时，保育员依旧要做好运动保育工作；如果发现安全隐患，要及时采取措施予以排除。

探索 1　在遇到特殊天气时，室内运动的准备工作有哪些？

大二班要在走廊进行"高跷"活动。材料是：高跷若干、小椅子若干、纸板若干。活动过程为：① 热身。听音乐运动身体的各个部分。② 正式活动。a. 双脚踩高跷在平地上走；b. 踩高跷沿组成各种图形的线条走；c. 踩高跷在间隔摆放的纸板上走；d. 踩高跷跨越障碍物。

作为保育员，在看到这份安排后，要如何做好室内运动前的准备工作呢？

学习支持 1

★ 室内运动前的准备

幼儿在进行室内运动前，保教人员除了要准备好生活用品（如温度适宜的饮用水、已消毒的干毛巾、纸巾等）外，还需要做以下准备工作。

案例视频
各类室内运动

1. 室内运动场地的准备

室内活动场地是有限的，为了提升场地的利用效率，保教人员要精心创设运动情境，充分利用走廊、楼梯、墙面、地面等空间，使室内环境特有的优势和潜在功能得以发挥。走廊具有长、直、宽的特点，因此可以在走廊设置跳和跑的运动环境，让幼儿根据环境特征进行跑和跳的动作练习。楼梯的台阶具有攀高的功能，因此可利用楼梯创设攀高环境，激起幼儿攀登的兴趣，提高攀登能力。天花板的作用在于悬挂和垂吊，垂吊物既可以展示区域运动的内容，又可以自然地分隔空间，同时还能方便保教人员根据不同的教学需求及时更换内容，如可悬挂供幼儿投掷用的目标物，或是悬挂高低不同的软性球，让幼儿对着墙壁拍打。墙面上可以布置生动形象的照片或图片，起到直观的示范作用，如在墙面贴上袋鼠造型，并在周围提供各种布袋，让幼儿模仿袋鼠跳跃的动作。地面上可粘贴小标识、图案等，这样既可以自然形成区域划分，让幼儿自由建立游戏规则，又有助于幼儿空间概念的形成。在宽敞的活动室等大空间内，适宜开展占用空间相对较大、幼儿身体移动范围大且活动次数较多的钻、爬等活动，保教人员需合理安排室内空间，使其有效地发挥作用。

▲ 在走廊的室内活动

▲ 在活动室的室内活动

2. 室内运动材料的准备

幼儿身体动作的发展依赖于对材料的操作，不同年龄、不同发展水平的幼儿对材料的需求各不相同。一般来说，体积相对较小、功能多样的投掷玩具，如小球、沙包、短棍、布袋、塑料圈等更适宜在室内使用。此外，还可以根据以下几点进行选择：

（1）根据活动目标选择。如练习投掷动作，保教人员可选择的材料有沙包、降落伞、软性飞盘及各种不易滚动的软性球等。

（2）根据材料的性质选择。材料应该是可玩的、耐用的，如饼干盒、奶粉罐等都是比较耐用的，而纸张类材料容易损坏，不适合反复操作和使用，可以通过折叠加厚的方式或者选择相对牢固的硬板纸、挂历纸代替。

（3）根据年龄特点选择。可为小班幼儿提供促进其平衡、走、跑等能力发展的活动材料，如饮水桶、喜糖盒、饮料罐、菜篮等；为中班幼儿提供能促进其身体协调发展的活动材料，如布袋、废纸篓、木夹子等；为大班幼儿提供动作技能要求稍高，能满足幼儿一物多玩需要，能促进其综合素质提高，发展追逐、躲闪技能，运动强度较大的活动材料。

（4）根据季节选择。在春夏季可提供活动量小的材料，如拉力器、乒乓球等；在秋冬季应多提供运动量大、活动强度高的材料，如跳袋、呼啦圈、飞盘、滑板等。

总之，室内运动材料要尽量多样化，数量要充足。既要有活动上肢的材料，也要有活动下肢的材料，使幼儿身体得到均衡发展；投放的材料要有层次性，以满足不同发展水平幼儿的需要；材料还要有可变性及可探索性，尽可能做到一物多玩，以促进幼儿创造性思维的发展。

探索 2　室内运动安全保育的内容有哪些？

今天下雨，中三班教师组织幼儿在活动室进行"坐滚球"的活动。

活动目的：练习向后传球，培养幼儿手眼配合的能力，体会合作游戏的快乐。

活动准备：将椅子摆成一列，小球一个。

玩法：幼儿坐在椅子上，由第一名幼儿开始，将小球从椅子下面向后滚。

小明接到球后用力一滚，球越过了后面的小星传给了再后面的小壮，小星和小壮争抢了起来。

保育员小陈看到后应该怎么做呢？如何确保类似的情况不再发生？

学习支持 2

★ 室内运动安全保育

1. 场地与安全

由于室内运动空间较小，且幼儿自我控制和身体控制的能力较弱，容易出现争抢、碰撞等现象，因此，在开展室内运动时，首先要充分考虑室内活动场地的特点和幼儿动作发展之间的关系。

因为开展室内运动的场地不属于专门的运动场地，所以场地中可能摆放着其他物品。为避免安全隐患，对于场地内的一些有潜在危险因素的物品要及时处理。例如：教室里不用于运动锻炼的桌椅必须靠边摆放，走廊的花架要搬离，活动室的橱柜要遮挡等；场地内物品的高度也要考虑，应将有尖角的部位移除或包裹起来，确保幼儿在运动的过程中不会撞击受伤。避免在楼梯口等有落差的场地设置跑动类的活动，以防幼儿因场地的落差而绊倒摔伤。

2. 内容与安全

组织开展室内运动并不是简单地将户外运动材料移到室内就能有效开展的，而是要根据室内的条件选择运动内容。如果内容不适合，反而会给幼儿带来危险，比如需要助跑距离的运动，如果场地狭小就无法开展。另外，地面比较光滑的场地不适合做跑步、跳跃等动作，即使有保护垫也不可以，因为保护垫容易意外滑动。

▲ 保教人员保护在楼梯上活动的幼儿

▲ 保教人员保护在墙壁上做攀登运动的幼儿

3. 运动规则与安全

由于室内场地相对狭小，如果幼儿不遵守规则，就难以开展活动，场面可能会很混乱。因此，保育员要从多方面帮助幼儿遵守规则，比如：跳绳时，要避开人多的地方；悬垂时，隔一段时间要休息一下，防止手臂疲劳，造成坠落危险。保育员还可以用一些标识帮助幼儿遵守规则，如在地面设置一些方向箭头，提示幼儿运动的轨迹路线。

★ "三位一体"保教模式

保育员应关注自己所负责区域内幼儿的需要，如提醒幼儿及时穿脱衣服、合理调整运动量及为幼儿垫毛巾等。保育员要加强与教师的沟通，让教师及时获得幼儿信息，发现需要帮助和指导的幼儿。在适宜的运动场地开展适宜的活动，是保证幼儿园室内运动安全的前提。"三位一体"保教模式的要求是，在幼儿运动的过程中，教师和保育员要职责清晰，明确各自的工作要点，既有分工，又有合作，相互补位。教师和保育员的站位要求是：让无论在教室、走廊，还是在楼梯上进行运动的幼儿，都能在成人的视线范围之内，做到站位无死角。在一些动作技巧要求较高、需要专业保护的地方，可由教师在对幼儿进行培训后定点站位；而在一些技术性指导要求不是很强，但必须关注安全的地方，可设置保育员的站位，以更好地发挥安全保障作用，尽可能做到站位分配合理。这样不仅能更好地观察幼儿在运动中的表现，提醒幼儿注意安全，还能及时发现问题并进行有针对性的指导。

课后复习

- ✓ **介绍**：向同学或者家人介绍不适合进行户外运动的特殊天气。
- ✓ **列举**：列举幼儿在特殊天气进行的室内运动项目。
- ✓ **实操**：找一找你周围的室内空间场地，设计一个合适的运动方案。

课后自测

1. 判断题（每题5分，共40分）

（1）组织开展室内运动并不是简单地将户外运动材料移到室内就能有效开展的。（   ）

（2）避免在楼梯口等有落差的场地设置跑动类活动，以防幼儿因场地的落差而绊倒摔伤。（   ）

（3）室内运动时，保育员应该关注全部区域内幼儿的生活需要。（   ）

（4）户外活动对幼儿很重要，所以只要不是雨雪天都应该组织幼儿正常进行户外活动。（   ）

（5）室内活动场地是有限的，所以教师要精心创设运动情境，充分利用走廊、楼梯、墙面、地面等空间让幼儿开展活动。（   ）

（6）在遇到特殊天气时，幼儿户外运动改为室内运动。但是如果幼儿园室内空间有限，可以改为看电视等安静的活动。（   ）

（7）可以在幼儿园的走廊设置投篮球的项目。（   ）

（8）幼儿园室内的运动器材，除了购买成品外，也可以自制一些。（   ）

2. 选择题（每题10分，共60分）

（1）室内运动的材料选择要考虑季节因素，在（   ）提供活动量小的材料，如拉力器、乒乓球等。

　　A. 春夏　　　　　　B. 夏秋　　　　　　C. 秋冬　　　　　　D. 冬春

（2）（   ）保教模式的要求是，在幼儿运动的过程中，教师和保育员要职责清晰，明确各自的工作要点，既有分工，又有合作，相互补位。

　　A."三位一体"　　　B."二位一体"　　　C. 前后　　　　　　D. 一体化

（3）室内运动材料要有可变性及可探索性，尽可能做到（   ），以促进幼儿创造性思维的发展。

　　A. 一物多玩　　　　B. 单一　　　　　　C. 价格昂贵　　　　D. 一物一玩

（4）室内运动材料的准备可根据（   ）。

　　A. 活动目标选择　　B. 材料性质选择　　C. 年龄特点选择　　D. 以上都是

（5）室内运动的安全性要考虑（   ）。

　　A. 场地的安全　　　B. 内容的安全　　　C. 运动规则的安全　D. 以上都是

（6）户外因有充足的阳光、空气、水等自然资源，且活动空间大，所以幼儿园的运动应尽量在户外进行，但是（   ），幼儿园的运动可在室内进行。

　　A. 下大雪后　　　　B. 下大雪时　　　　C. 下雨时　　　　　D. 以上都是

3. 拓展题

请利用幼儿园室内的某个区域，设计一项室内运动项目（教材中出现的项目除外），说明其玩法，并注明适合的年龄班。

....
....
....

学习情况评价表

评分项目		评分标准或要求	配分（分）	评价方式			得分
				自评	互评	师评	
				权重20%	权重30%	权重50%	
专业知识技能60%	室内运动项目	• 说出室内运动的含义（5分） • 列举特殊天气可以开展的室内运动项目及其适宜的地点（每个3分，共15分）	20				
	室内运动前的准备	• 分别从场地、材料、生活用品等方面说出室内运动前的准备工作（每项2分，共6分） • 根据案例情境，具体说出室内运动前的准备工作（每项3分，共9分）	15				
	室内运动的安全保育	• 分别说出场地、内容、运动规则方面的安全要求（各2分，共6分） • 根据案例情境，具体说出室内运动时的安全保育内容（9分）	15				
	自测题	自测题得分 ×10%	10	—	—	—	
个人素养40%	专业精神（10分 ×70%）	认同保育工作的重要性，积极投入专业学习（3分）；在实践中切实履行保育责任，精益求精（4分）；不断反思改进，提高专业水平（3分）	7				
	人文关怀（10分 ×70%）	关注和尊重他人（教师、同学、幼儿）的想法和感受，设身处地为他人着想（5分）；充分表达对他人的关心、理解和爱护（5分）	7				
	团队合作（10分 ×70%）	乐于承担小组分配的任务（2.5分），积极寻求同伴合作（2.5分），乐于分享自己的经验（2.5分），对小组学习问题的解决有贡献（2.5分）	7				
	沟通表达（10分 ×70%）	善于倾听（2分），正确理解（2分）；围绕主题表达（2分），语言清楚简洁（2分），文明礼貌，应人应时应景（2分）	7				
	问题解决（10分 ×70%）	解决问题逻辑清晰（2.5分），能举一反三（2.5分），善于批判质疑（2.5分），勇于创新（2.5分）	7				
	信息获取（10分 ×50%）	熟悉信息源，善于利用搜索工具快速、准确地获取所需信息（5分）；能根据需要对信息进行挖掘、甄别、筛选（5分）	5				
		总分	100	总得分			

反思与收获：

学习任务小结

　　幼儿园日常运动包括早操活动、户外区域运动、集体运动教学、特殊天气室内运动。为了让这些运动顺利开展，需要保育员的配合，这是幼儿运动的重要保障。保育员要配合教师做好运动前的准备工作，包括检查场地和器材的安全，准备数量充足的器材、生活用品，检查幼儿的衣着是否便于活动，了解幼儿的身体状况，关心幼儿的情绪等。此外，保育员要做好幼儿运动中的保育，包括提醒幼儿休息、喝水，关注幼儿的安全与卫生及其活动量，给幼儿提供帮助与指导等。在运动后，保育员还要组织幼儿做好相应的收整工作。为了让这些工作能顺利开展，保育员除了要掌握一定的专业知识与技能外，还要有对工作的热情，要有爱心、耐心、真心、细心、责任心。

学习任务 3　幼儿园其他运动保育

工作情境描述

情境1：金秋时节，幼儿园要开展运动会了，保育员小陈在运动会之前熟悉了完整的活动方案，检查了场地、设施，准备好运动器材、生活用品，配合教师做好其他准备活动，并组织幼儿有序排队进场。运动会期间，小陈做好幼儿的安全与卫生工作。结束后，小陈带领幼儿做好收整工作。

情境2：阳春三月是幼儿园组织远足运动的好时节，这次远足的安排是去附近的公园。保育员小陈与教师一起到远足目的地踩点，了解环境情况，商讨适宜的运动内容及安全保护措施等。踩点后，小陈配合教师制定远足活动方案，并熟悉方案，准备好远足用的安全防护材料及药品，同时准备好生活用品与食品。另外，小陈还协助教师备好远足运动所需要的材料，配合做好家长沟通工作。远足运动过程中，小陈注意照护好幼儿的身体，保障他们的安全。到达目的地后，小陈配合教师开展各种活动，并同样注意幼儿的身体和安全。返回后，小陈与教师一起组织幼儿如厕、盥洗、增减衣服等。

任务目标

- 能做好幼儿运动会的相关保育工作。
- 能小组合作，和家长就运动会事宜进行有效沟通。
- 能做好远足运动的相关保育工作。
- 理解运动会、远足运动对于幼儿成长的价值，增强运动保育的责任感。

建议学时

4学时。

任务实施过程

学习活动1：运动会保育（2学时）。
学习活动2：远足运动保育（2学时）。

任务实施准备

- 阅读文件：《上海市学前教育课程指南（试行稿）》《托儿所幼儿园卫生保健工作规范》《3—6岁儿童学习与发展指南》《上海市幼儿园办园质量评价指南（试行稿）》。
- 阅读图书：《保育员（初级）》，中国劳动社会保障出版社；《保育员（中级）》，中国劳动社会保障出版社。
- 查找：互联网中的相关资料。

在线阅读

学习活动 1　运动会保育

学习目标

- 能根据小、中、大班幼儿的不同特点进行幼儿园运动会的保育准备，强化关怀幼儿意识。
- 能做好幼儿园运动会的安全与卫生保育工作，明确运动会的保育责任。
- 说出亲子运动会的意义，并能和家长就运动会进行沟通，获得家长的支持。
- 懂得幼儿园运动会对于幼儿身心健康的意义，以及做好保育工作在运动会中的重要作用，增强保育责任感。

学习准备

- 硬件设备：移动终端。
- 展示用材料：彩色纸若干、水笔若干、磁铁若干。
- 预习"运动会保育"，完成本活动的在线自测题。

关键词释义

幼儿园运动会　　**幼儿园亲子运动会**

- **幼儿园运动会**：指以幼儿为主体，以多项运动为主要内容的，带有一定比赛性质的幼儿园全体性大活动，是幼儿园运动的组织形式之一。它能提高幼儿参与运动的积极性，促进体育活动的开展。
- **幼儿园亲子运动会**：指家长和幼儿共同参与的幼儿园运动会。

学习导语

幼儿园运动会的目的是丰富幼儿生活，激发幼儿参加体育活动的兴趣，培养集体意识。幼儿园运动会有固定式运动会和阶段式体育活动两种不同的形式。固定式运动会一般每学期举行一次，可以邀请家长一起参加。家长和幼儿共同参与的幼儿园运动会称为幼儿园亲子运动会，以体现幼幼同乐、师幼同乐、家园同乐。内容包括各班表演自编体操、以年龄组为单位进行的小型游戏竞赛、师幼同乐游戏活动、亲子同乐游戏活动等。阶段式体育活动每个月或两个月举行一次，以班级或年级为单位，开展区域性体育自选游戏，体现幼幼同乐。

探索 1　各年龄班运动会的前期准备有什么不同？

蓓蕾幼儿园又要举行运动会了，运动会上有幼儿操的表演、运动游戏比赛、小型亲子比赛等。运动会前，保教人员和家长需要做好充分的准备。教师提前2周通知家长，让家长了解运动会的配合事宜。那么，保育员要为运动会做哪些准备呢？请结合下面小、中、大班的活动情况分别说一说。

小班活动之一：亲子游戏——毛毛虫钻山洞

材料准备：垫子。

游戏玩法：请一组家长参与毛毛虫游戏，家长手、膝着地为幼儿搭建长长的山洞，幼儿听信号从山洞中爬过，看哪一组先爬完。

中班活动之一：亲子游戏——全家总动员

材料准备：体操圈、垫子、沙包、小背篓。

游戏玩法：爸爸双脚夹沙包在起点做准备，听到口令后，立即夹着沙包跳过6个圈，然后来到孩子所在位置，赶快把沙包放进孩子的小布兜里，孩子快速地爬过垫子，跑向妈妈，跑到规定的线上把沙包投到妈妈的小背篓里，妈妈拿着背篓去接孩子投来的沙包，先接到者为胜。

大班活动之一：亲子游戏——同心协力

材料准备：长布条、皮球。

游戏玩法：家长和孩子分成两组，家长站在场地的一端，孩子站在另一端。家长用长布条把眼睛蒙住，凭借孩子的喊声找到自己的孩子，然后摘下布条和孩子抱在一起（夹住球），并用身体把球夹回终点，先到者为胜。

学习支持 1

★ 幼儿园运动会前的准备

（1）检查活动的场地、设施：排除活动场地上的异物和积水等不安全因素。检查活动设施是否按规定做好定期检修，避免发生意外。

（2）幼儿生活用品的准备：温度适宜的饮用水、已消毒的干毛巾、补充能量的干点心、垃圾桶等物品准备齐全。

（3）幼儿衣物的准备：运动服装要轻便，避免因衣服过厚而限制活动。从安全角度考虑，衣服上不要有过多的装饰物，男孩最好不要穿有拉链的裤子。鞋子要有防滑底，鞋面柔软。

（4）运动前配合教师带领幼儿做好充分的准备活动，组织幼儿有序排队进场。

（5）熟悉幼儿园的活动预案，包括活动过程、分工、意外情况的应急处理等，让活动能够有序进行。

▲ 运动会（1）

▲ 运动会（2）

探索 2 幼儿园运动会中的安全与卫生工作有哪些？

在运动会进行的过程中，孩子们都非常兴奋，在游戏场地中不停地穿行，有的家长为了给孩子拍到角度好的照片也跑到比赛场地的中间。

这些行为有没有安全隐患？保育员看到后应该怎么做？如何确保类似的情况不再发生？

....

....

学习支持 2

★ 幼儿园运动会的安全工作

（1）运动会前，向家长强调安全规则，对幼儿进行安全教育。请家长看护好自己的孩子，游戏中不要在场地中穿行。

（2）应加强幼儿规则意识的培养，以免发生拥挤、跌伤、走失等情况。

（3）避免幼儿独自活动、喝水，如去卫生间则需家长陪护，以保证幼儿安全。

（4）请家长积极配合现场工作人员的指挥，不要跑到比赛场地拍照，以免影响活动秩序。

（5）保健员应提前准备好急救药品和器械，随时做好可能发生运动伤害或其他安全问题的准备。比赛场地内如出现摔伤等突发事件，应由保健员先行处置；处置有困难的，应及时送医院救治。

★ 幼儿园运动会的卫生工作

（1）掌握好适宜的运动会开展时间，如上海地区的冬季是上午 10 点至下午 3 点为幼儿户外活动的最佳时间，具体各园可视地理环境与气候条件而定。

（2）选择合适的天气。如雾天不宜让幼儿做运动，因为雾天的空气湿度大；雾中不仅带有煤烟、粉尘、病菌等有害物质，而且会阻止废气向空中扩散；雾天视物不清，易造成幼儿碰伤、跌伤。

（3）保持场地卫生，场地内不可吸烟、吐痰，提醒家长和幼儿将垃圾放入垃圾桶。

探索 3 亲子运动会有什么意义？

幼儿园要开展亲子运动会，但小悦的爸爸妈妈认为这只是幼儿园的一次活动，没有必要请假去参加，再说工作太忙了也没时间，让奶奶去就可以了。

你认可小悦父母的想法吗？你会和小悦父母怎么沟通呢？

学习支持 3

★ 亲子运动会的意义

亲子运动会有其特有的意义。第一，由于家园关系的密切和亲情的渗入，使幼儿获得了新的情感体验，幼儿会为家长和自己一起活动而感到快乐，这种情感体验在幼儿的心中是积极而美好的。第二，家庭之间展开的有规则的运动性游戏，会让家长目睹幼儿之间各项运动能力的差异，了解自己孩子的长处和不足，增强教育的自觉性。

▲ 亲子运动会（无敌风火轮）

▲ 亲子运动会（车轮滚滚）

★ 亲子运动会的家园沟通

保育员要适时地与家长沟通，避免亲子运动会出现家长代替幼儿、带头犯规、忽视安全、过度保护等行为。

1. 避免代替幼儿

家长要避免在运动过程中代替幼儿做本该是他们做的运动。比如，活动要求家长负责推车，孩子负责装苹果，然而，有的家长见孩子装得慢，又拿不住苹果，便上前替孩子装。其实，游戏的目的是训练幼儿手的小肌肉动作和手臂力量，如果家长代替，幼儿便失去了自己动手的机会。

2. 避免带头犯规

在活动过程中，有的家长会因为比赛落后而带头犯规。比如，"丢球进袋"活动的规则是，幼儿站在家长对面稍远的地方（两人之间有固定的活动范围，不能超出界限），幼儿将皮球逐个投到家长的口袋里，投进袋子里的皮球数量多者为胜。然而，在比赛的过程中，由于有的幼儿不能准确地将球投到家长的口袋里，家长便会主动走到幼儿面前，让幼儿把球直接放进口袋。家长的这一行为，不仅带头破坏了规则，起到了不良的示范作用，并且使活动无法达到促进幼儿投掷能力的目的。

3. 避免忽视安全

为了比赛获胜，以家长或幼儿受伤为代价是得不偿失的。比如在"两人三足"活动中，要将幼儿的一只脚和家长的一只脚绑在一起，家长和幼儿要协调一致、配合得当才能完成任务。在快速行走的过程中，由于家长和幼儿在行走速度和幅度上有较大差距，如果家长一味追求比赛结果，走得太快，没有跟随幼儿的速度和幅度，很容易使幼儿摔倒受伤，自己也跟着摔倒。

4. 避免过度保护

家长在运动中过度保护幼儿，会使幼儿得不到身体锻炼的机会，无法获得勇于面对困难、坚持不懈的品质，尝试自己解决问题的机会及与他人友好相处的技能，反而会使幼儿变得任性、骄傲、胆小。比如，当幼儿不小心摔倒时，即便没有受伤，有的家长也会让其停止运动。又如，当两个幼儿发生冲突时，家长只顾维护自己的孩子，而不是让其认识到自己的错误。这些过度保护的行为都会给幼儿带来不良的影响。

课后复习

- ☑ **介绍**：向同学或者家人介绍亲子运动会的意义。
- ☑ **描述**：描述幼儿园运动会中的安全与卫生工作。
- ☑ **实操**：两人为一组，针对运动会中的一个问题模拟和家长沟通。

课后自测

在线自测

★ 上海市保育员初级、中级考工应知真题（带"*"号的除外）

1. 判断题（每题5分，共40分）

*（1）幼儿园运动会的目的是提高幼儿的体育竞技水平。（   ）
*（2）因为家长参与了幼儿园亲子运动会，所以运动项目不再需要分年龄班。（   ）
*（3）幼儿的运动服装要轻便，避免因衣服过厚而限制活动。（   ）
*（4）下雨天不便举行幼儿园运动会，但是雾天是可以举行的。（   ）
*（5）幼儿园运动会可以激发幼儿参加体育活动的兴趣，培养集体意识。（   ）
*（6）幼儿园的亲子运动会因有家长参加，所以保教人员不必对幼儿进行安全教育。（   ）
*（7）亲子运动会期间，如发生幼儿碰伤等意外伤害事故，应由家长自行处理。（   ）
*（8）幼儿园召开亲子运动会的目的之一是减轻幼儿园的安全负担。（   ）

2. 选择题（每题10分，共60分）

*（1）冬季适宜开展运动会的时间一般为（   ）。
　　　A. 上午10点以后　　B. 下午1点　　　　C. 上午7点　　　　　D. 下午5点

*（2）幼儿园运动会的形式除了有固定式运动会外，还有（   ）形式。
　　　A. 体操表演　　　　B. 阶段式体育活动　C. 远足　　　　　　　D. 户外活动

（3）在开展运动会前，保育员要做的准备工作包括（   ）。
　　　A. 检查活动的场地、设施　　　　　　　B. 幼儿生活用品及衣物的准备
　　　C. 配合教师带领幼儿做好充分的准备活动　D. 以上都是

*（4）在幼儿园亲子运动会期间，家长的（   ）行为更恰当。
　　　A. 给孩子活动空间，自己远远观察　　　B. 让孩子犯点规，提高成绩，激发其积极性
　　　C. 对于挑战大的项目，代替孩子完成　　D. 看护好孩子，保证其安全

（5）在幼儿园亲子运动会中，家长不恰当的做法是（　　）。

  A. 与同班家长交流 B. 在场地上穿行拍照 C. 看护好自己的孩子 D. 以上都不恰当

（6）幼儿园运动会的完整活动预案包括（　　）。

  A. 活动过程   B. 分工   C. 意外情况发生的应急处理 D. 以上都是

3. 拓展题

请设计一项亲子运动会的项目，说明所用器材、玩法及适合的年龄班。

学习情况评价表

评分项目		评分标准或要求	配分（分）	评价方式 自评 权重20%	评价方式 互评 权重30%	评价方式 师评 权重50%	得分
专业知识技能60%	运动会的保育准备	• 说出幼儿园运动会前的准备工作（每项1分，共5分） • 根据案例情境，具体说出各年龄班开展运动会前的准备工作（每个2分，共6分）	11				
	运动会的安全保育	• 根据情境，分析幼儿园运动会的安全隐患（5分） • 根据情境，说出运动会时应采取的安全保育措施（每项2分，共6分） • 说出运动会的安全预防措施（每项1分，共5分）	16				
	运动会的卫生保育	• 根据情境，分析幼儿园运动会的卫生隐患（6分） • 根据情境，说出运动会时应采取的卫生保育措施（每项2分，共6分） • 说出运动会的卫生预防措施（每项1分，共3分）	15				
	亲子运动会的意义	根据案例，向家长介绍亲子运动会的意义（8分）	8				
	自测题	自测题得分×10%	10	—	—	—	
个人素养40%	专业精神（10分×70%）	认同保育工作的重要性，积极投入专业学习（3分）；在实践中切实履行保育责任，精益求精（4分）；不断反思改进，提高专业水平（3分）	7				
	人文关怀（10分×70%）	关注和尊重他人（教师、同学、幼儿）的想法和感受，设身处地为他人着想（5分）；充分表达对他人的关心、理解和爱护（5分）	7				
	团队合作（10分×70%）	乐于承担小组分配的任务（2.5分），积极寻求同伴合作（2.5分），乐于分享自己的经验（2.5分），对小组学习问题的解决有贡献（2.5分）	7				
	沟通表达（10分×70%）	善于倾听（2分），正确理解（2分）；围绕主题表达（2分），语言清楚简洁（2分），文明礼貌，应人应时应景（2分）	7				
	问题解决（10分×70%）	解决问题逻辑清晰（2.5分），能举一反三（2.5分），善于批判质疑（2.5分），勇于创新（2.5分）	7				
	信息获取（10分×50%）	熟悉信息源，善于利用搜索工具快速、准确地获取所需信息（5分）；能根据需要对信息进行挖掘、甄别、筛选（5分）	5				
总分			100	总得分			

反思与收获：

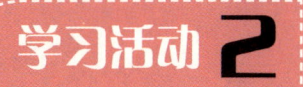

远足运动保育

学习目标

- ☑ 说出远足运动对于幼儿身心健康的价值。
- ☑ 能做好远足运动前的准备工作。
- ☑ 能在幼儿远足中、远足后，做好相关的保育工作，强化远足运动保育责任。
- ☑ 能和家长就幼儿园远足运动进行沟通，获得家长的支持。
- ☑ 懂得幼儿园远足运动对于幼儿身心健康的意义，以及做好保育工作在幼儿园远足运动中的重要作用，增强保育责任感。

学习准备

- ☑ 硬件设备：移动终端。
- ☑ 展示用材料：彩色纸若干、水笔若干、磁铁若干。
- ☑ 预习"远足运动保育"，完成本活动的在线自测题。

关键词释义

幼儿园远足运动

- 幼儿园远足运动：指幼儿走出幼儿园，以持续行走一段路程为目的的健身运动和徒步旅行，是一项由教师或教师与家长共同组织安排及参加的综合性活动。

学习导语

　　远足运动是一项由教师或教师和家长共同组织安排及参加的综合性活动，主要内容是让幼儿持续地徒步行走一段路程，兼具游玩、参观、走访等功能。随着幼儿年龄的增长，其求知欲也在不断提高，思维的方式越来越丰富，对大千世界有着强烈的好奇心，对亲近大自然、接触社会有着强烈的愿望，对任何事物都想看一看、摸一摸、问一问、说一说。然而现在的孩子，走路的机会却越来越少了，经常以车代步。远足运动能开拓幼儿的视野，让幼儿亲近自然、感受生活、热爱生活，增强幼儿的体质，培养幼儿吃苦耐劳的精神，同时能强化集体意识和环保意识。远足运动需要幼儿付出一定的体力和努力，因此，幼儿远足时的保育工作非常重要。

探索 1　保育员在幼儿园远足运动前要做好哪些准备？

小三班的幼儿明天要从幼儿园出发沿街道徒步，将在连续行走中尝试通过若干条马路，并学着看马路上的路牌和信号灯。

为了这次远足运动，保育员要做好哪些准备呢？

....

....

学习支持 1

★ 远足运动前的准备

1. 安全工作准备

（1）提前将本次远足的地点、内容及要求告知幼儿家长，取得家长的支持和配合。

（2）活动前对幼儿进行安全教育。由于远足活动要走出幼儿园，安全工作显得尤为重要，这也是家长最为担心的一个方面。为了确保远足运动能安全、顺利地开展，保教人员要对幼儿进行全方位的安全教育。

（3）保教人员事先要去目的地踩点，熟悉环境，对路线进行试走与考察，为顺利开展活动做好准备，确保远足运动能安全有序地进行。

（4）在每次远足运动前，应专门组织保教人员讨论、预测活动中可能遇到的安全隐患，设计出切实可行的解决办法，并形成活动预案文本。

2. 生活用品准备

（1）远足前通知家长给幼儿穿便于外出的服装，如运动服、运动鞋。保育员要检查幼儿的服装及鞋子是否合适。

（2）通知家长为幼儿准备好背包、水壶、手帕、纸巾、零食、干毛巾等物品。

（3）幼儿园要准备好矿泉水、纸巾、毛巾、点心、常用药品（如夏天用来防止中暑和蚊虫叮咬的药品，治疗腹泻、肚子疼的药品，急救用的材料包）等。

▲ 远足运动

3. 活动材料准备

（1）根据需要准备幼儿园的旗帜、垃圾袋、户外休息用的地垫、背包、班级标志，以及用于激励幼儿的奖品和开展主题活动时需要的教学具等。

（2）安排好即将进行的各种活动，如赏花、看鱼、爬山坡、捉迷藏、藏宝、穿越树林等。

探索 2　幼儿园远足运动的保育护理有哪些内容？

中三班的幼儿今天要进行远足运动，地点是幼儿园外的一条沿街马路，幼儿此次的任务是留意马路上的数字，整个步行时间约为 1 小时。远足过程中，保育员会配合教师提醒幼儿看红绿灯过马路，手牵着手走路，注意路上有没有小坑。

在这个过程中，保育员还应该做哪些保育工作呢？如果保育员工作不到位，可能会带来哪些不良后果？

学习支持 2

★ 远足运动中的保育护理

远足运动中，保育员要配合教师做好相关保育工作，善于观察幼儿的身体情况和情绪状态，及时调整行走的节奏和速度，给予适当的休息；提醒幼儿适时饮水，为个别幼儿脱去穿得过多的衣服；提醒幼儿注意安全，引导幼儿跟上队伍，中途变换场所时要清点幼儿人数，以防幼儿走失等，以保证远足活动的顺利开展和安全。

由于个体差异的缘故，每个班级总有几个体质相对较弱的幼儿，需要保育员付出更多的爱心和耐心，帮助他们和同伴一样顺利完成远足任务，使他们的体质得到进一步的增强，也让他们的家长打消顾虑，支持孩子参加远足运动，以达到幼儿园面向全体的教育原则。

另外，由于幼儿的身心发展是循序渐进的，因此，组织远足运动也要遵循这一原则，讲究连续性，可从步行距离、持续时间、远足方法、远足地点、行进速度等方面体现出来。在确定步行距离和持续时间方面，宜由短及长，如小班第一次远足的距离在 1 千米以内，用时在 30 分钟左右，以后可逐渐增加到 3 千米、2 个小时。远足的地点也应由单一性向综合性发展，将单纯的远足运动和各种主题活动结合起来，使其成为一项综合性的活动，使幼儿在远足运动中始终有浓厚的兴趣。

★ 远足运动后的保育护理

远足运动后，因为幼儿的体力消耗很大，所以在回到幼儿园时，幼儿往往就想坐着休息，或者不洗手就喝水、吃东西等。而这时，保育员应坚持做好远足后的保育工作，合理安排幼儿的盥洗与饮水时间，帮助幼儿养成良好的卫生习惯。

探索 3　如何做好幼儿园远足运动中的安全工作？

中三班的幼儿今天去参加远足运动，每位孩子都由一位家长陪同。保育员小陈认为，家长都会看护好自己的孩子，所以就只顾和别的保育员聊天了。

你认为小陈的行为对吗？她应该怎么做呢？

学习支持 3

★ 远足运动中的安全

（1）近距离步行外出：远足运动可以安排家长参与。如在家长不参与的情况下，要保证带队人员的充足。带班教师和保育员应分别位于队伍的前、中、后位置，必要时需增加其他随行人员。带班教师和保育员要密切关注幼儿的行进队伍，尤其要确保过马路时的安全，将队伍缩短再通过，并可结合实际开展"红灯停、绿灯行"的交通安全常识教育。

（2）远距离外出：外出乘车时，应保证每个幼儿都能入座，且幼儿不坐第一排；安排好晕车幼儿的座位，尽量靠窗口通风处，并配以呕吐袋；为防止幼儿将手、头伸出窗外，车辆行驶时要关闭车窗，保育员的座位要能观察到每个幼儿。

（3）在步行游玩的过程中，要密切注意幼儿，以防其走失。若是亲子远足运动，应提醒家长不要因彼此交流、谈话而疏忽了孩子的安全，尤其是午餐这一时段。

（4）如果是去大型游乐场活动，必须谨慎选择适合该年龄段幼儿玩的器械，切不可为追求冒险、刺激、开心而不顾幼儿的心理承受能力和安全因素。

课后复习

- ☑ **介绍**：向同学或者家人介绍幼儿园远足运动的价值。
- ☑ **描述**：描述远足运动中近距离步行外出和远距离外出的安全事项。
- ☑ **实操**：小组合作，模拟进行一次近距离远足运动保育。

课后自测

在线自测

1. 判断题（每题5分，共40分）

（1）远足运动能开拓幼儿的视野，让幼儿亲近自然、感受生活、热爱生活。（　　）

（2）外出乘车时，应保证每个幼儿都能入座，幼儿不坐第一排。（　　）

（3）如果是去大型游乐场活动，切不可为追求冒险、刺激、开心而不顾幼儿的心理承受能力和安全因素。（　　）

（4）远足运动后，因为幼儿的体力消耗很大，所以在回到幼儿园时，保育员安排幼儿休息就好。（　　）

（5）远足运动是一项由教师或教师与家长共同组织安排及参加的综合性活动。（　　）

（6）幼儿在进行远足运动时，每更换一个地点，保教人员就要清点幼儿人数。（　　）

（7）幼儿园组织远足运动时，体弱儿童不能参加该活动。（　　）

（8）小班第一次远足的范围应距离幼儿园1千米以内，用时30分钟左右。（　　）

2. 选择题（每题10分，共60分）

（1）保教人员在远足运动前应通知家长给孩子穿便于外出的服装，其中不适合的是（　　）。

　　A. 运动服　　　　B. 运动鞋　　　　C. 小皮鞋　　　　D. 帆布鞋

（2）在亲子远足运动中，家长不适宜的行为是（　　）。

　　A. 关注孩子的生活需要　　　　B. 家长相互交流，让孩子自己去玩

　　C. 关注孩子的心理需要　　　　D. 不随意扔垃圾

（3）外出乘车时，以下不正确的做法是（　　）。
　　A. 幼儿不坐第一排　　　　　　　　　B. 幼儿头、手不伸出窗外
　　C. 行车时要开窗，保持空气流通　　　D. 保育员的座位要能观察到每个幼儿
（4）远足运动兼具（　　）等功能。
　　A. 游玩　　　　　B. 参观、走访　　　C. 增强幼儿体质　　　D. 以上都包含
（5）以下（　　）项不属于幼儿园远足运动前保育员要做的准备工作。
　　A. 提前将本次远足的地点、内容及要求告知幼儿家长，取得家长的支持和配合
　　B. 活动前对幼儿进行安全教育
　　C. 事先去目的地踩点，熟悉环境，试走并考察路线
　　D. 给幼儿准备丰富的玩具
（6）幼儿园的远足运动，除了可以锻炼幼儿身体，增强幼儿体质外，还可以（　　）。
　　A. 培养幼儿吃苦耐劳的精神　　　　B. 强化集体意识
　　C. 强化环保意识　　　　　　　　　D. 以上都是

3. 拓展题

如果请你做远足运动前的实地考察，你会考察哪些方面？为什么？

学习情况评价表

评分项目		评分标准或要求	配分（分）	评价方式			得分
				自评 权重 20%	互评 权重 30%	师评 权重 50%	
专业知识技能 60%	远足运动的含义与价值	• 说出幼儿园远足运动的含义（3分） • 说明幼儿园远足运动的价值（6分）	9				
	远足运动前的准备	• 说出幼儿园远足运动前的准备工作内容（每项2分，共6分） • 根据案例情境，具体说出幼儿园远足运动前的准备工作内容（每项3分，共9分）	15				
	远足运动中的保育	• 根据案例情境，具体说出远足运动中的保育工作（5分） • 根据案例情境，具体说出远足运动后的保育工作（8分）	13				
	远足运动中的安全工作	• 根据案例情境，识别远足运动中的安全隐患（5分） • 根据案例情境，说出远足运动中的安全保育工作（每项2分，共8分）	13				
	自测题	自测题得分×10%	10	—	—	—	

(续表)

评分项目		评分标准或要求	配分（分）	评价方式			得分
				自评	互评	师评	
				权重20%	权重30%	权重50%	
个人素养40%	专业精神（10分×70%）	认同保育工作的重要性，积极投入专业学习（3分）；在实践中切实履行保育责任，精益求精（4分）；不断反思改进，提高专业水平（3分）	7				
	人文关怀（10分×70%）	关注和尊重他人（教师、同学、幼儿）的想法和感受，设身处地为他人着想（5分）；充分表达对他人的关心、理解和爱护（5分）	7				
	团队合作（10分×70%）	乐于承担小组分配的任务（2.5分），积极寻求同伴合作（2.5分），乐于分享自己的经验（2.5分），对小组学习问题的解决有贡献（2.5分）	7				
	沟通表达（10分×70%）	善于倾听（2分），正确理解（2分）；围绕主题表达（2分），语言清楚简洁（2分），文明礼貌，应人应时应景（2分）	7				
	问题解决（10分×70%）	解决问题逻辑清晰（2.5分），能举一反三（2.5分），善于批判质疑（2.5分），勇于创新（2.5分）	7				
	信息获取（10分×50%）	熟悉信息源，善于利用搜索工具快速、准确地获取所需信息（5分）；能根据需要对信息进行挖掘、甄别、筛选（5分）	5				
总分			100	总得分			

反思与收获：

学习任务小结

　　幼儿园其他运动保育主要介绍了幼儿园运动会和幼儿园远足运动。在这类丰富多彩、富有乐趣的运动形式中，幼儿收获了成功的喜悦，家长收获了和谐的亲子关系，保育员也收获了工作的成就感。这两项运动虽然不是日常运动，但对幼儿的健康发展同样重要，其中的保育工作比日常运动保育的要求更多，保育员投入的时间和精力也更多。例如，保育员需要提前几周就开始做准备工作，除了准备常规的器材、生活用品等物品以外，还要熟悉完整的活动预案。对于远足运动，保育员要去活动场地踩点，熟悉场地。同时，由于这两项活动常常是亲子活动，所以与家长的沟通也是保育员工作的一部分。这两项运动因其特殊性，如涉及的活动、场地、人员都和日常幼儿园运动不一样，所以对幼儿的安全保障工作也较日常有更高的要求，保育工作要更加细致。总之，只有保育员耐心、细致地工作，才能保证幼儿安全、快乐地开展活动。

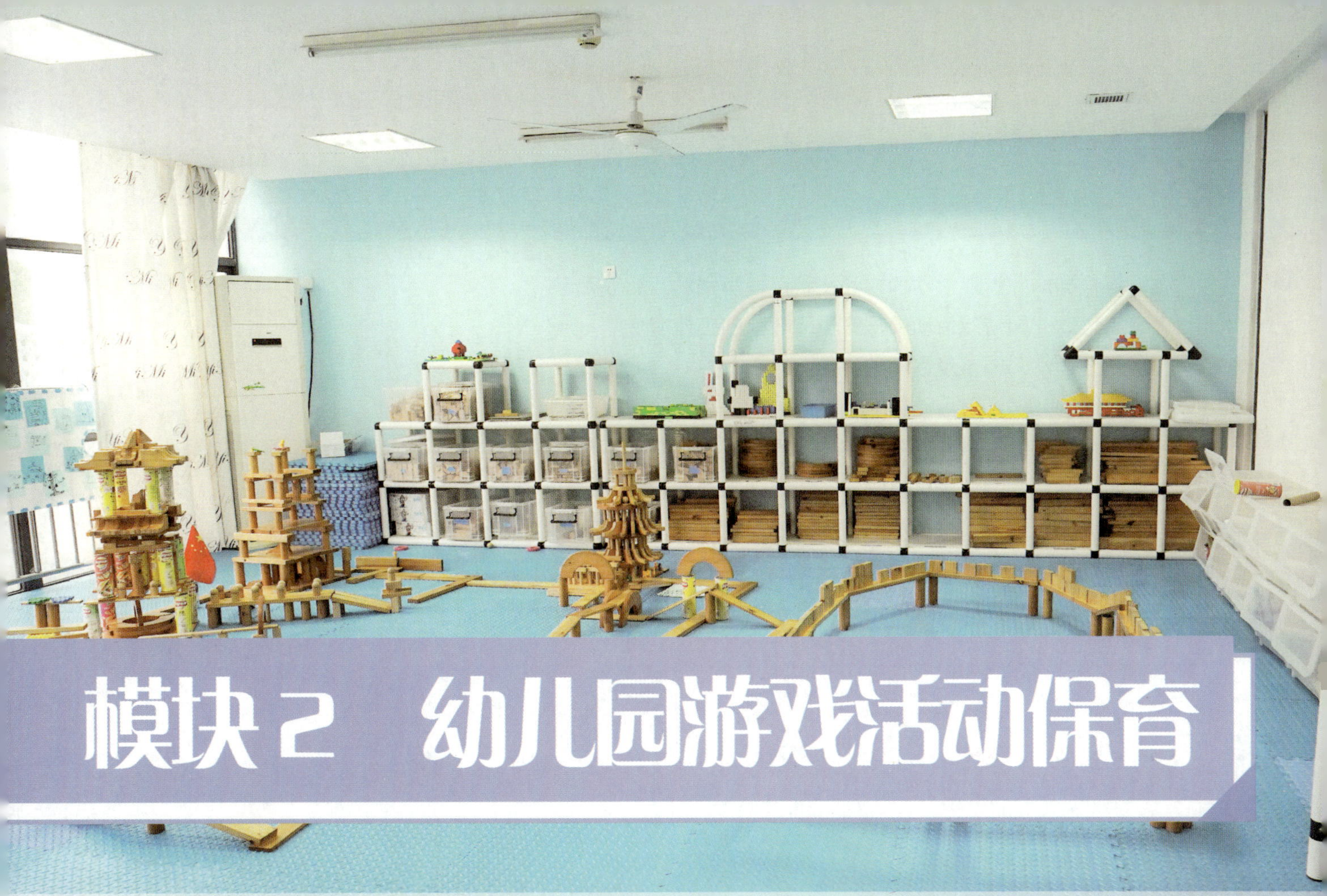

模块 2　幼儿园游戏活动保育

学习任务 1　幼儿园游戏活动认知

工作情境描述

黄老师是幼儿园的保育员，配合教师开展游戏活动是她的工作职责之一。游戏前，黄老师配合教师一起进行幼儿游戏区的环境创设与材料投放。在幼儿游戏的过程中，黄老师注意观察幼儿的游戏情况，适时给予幼儿支持与引导；同时注意游戏材料的安全及卫生状况，及时排除安全隐患。游戏结束时，黄老师组织幼儿一起收整材料。在平时的定期检查和保养游戏材料的工作中，黄老师除负责清洁与消毒工作外，还特别注意及时修补已破裂或分离的玩教具，保证其无破损、断裂、锈蚀。

任务目标

- 能根据幼儿游戏活动的内涵及特点,辨别幼儿游戏活动。
- 简述幼儿园游戏活动中保育员及教师的工作职责。
- 能分辨幼儿园游戏活动的种类。
- 归纳幼儿园游戏活动环境创设的原则及基本要求。
- 能根据普通玩具及自制玩教具的安全与卫生要求,辨别游戏材料的适宜性。
- 能根据幼儿园游戏材料的保管要求,妥善保管游戏材料。
- 能根据各类游戏材料清洁与消毒的规范要求,对游戏材料进行正确的清洁与消毒操作。
- 总结并体会游戏活动对于幼儿身心发展的重要价值,增强游戏活动保育的责任感。
- 反思自身的操作过程,乐意改进,追求操作的规范性及高效率。

建议学时

6 学时。

任务实施过程

学习活动 1:幼儿园游戏活动概述(2 学时)。
学习活动 2:幼儿园游戏材料的安全与卫生维护(4 学时)。

任务实施准备

- 阅读文件:《3—6 岁儿童学习与发展指南》《上海市幼儿园装备指南(试行)》。
- 阅读图书:《保育员(中级)》,中国劳动社会保障出版社。
- 查找:互联网中的相关资料。

在线阅读

学习活动 1 幼儿园游戏活动概述

学习目标

- ☑ 说明幼儿游戏活动的定义，能根据其内涵及特点，辨别幼儿游戏活动。
- ☑ 能根据幼儿园游戏活动中保育员及教师的工作职责，辨析保育员的游戏保育履职情况，强化游戏保育责任意识。
- ☑ 能分辨幼儿园游戏活动的种类。
- ☑ 能根据幼儿园游戏活动环境创设的原则及基本要求，分析视频案例游戏环境创设的合理性，并提出改进意见。
- ☑ 总结并体会游戏活动对幼儿身心发展的重要价值，提升游戏活动保育认同感。

学习准备

- ☑ 调研材料：照相机、录音笔等设备，走访调研表。
- ☑ 展示用材料：彩色纸若干、水笔若干、磁铁若干。
- ☑ 预习"幼儿园游戏活动概述"，完成本活动的在线自测题。

📄 关键词释义

幼儿游戏活动　　游戏环境创设

- **幼儿游戏活动**：本书中的幼儿游戏活动是指幼儿园中幼儿自主、自发、自愿的活动，特指幼儿发起的游戏，即自主游戏。
- **游戏环境创设**：主要是指教育者根据幼儿园游戏活动的性质和幼儿身心发展的规律、需要，合理、有效地规划和利用游戏活动空间，并根据幼儿的发展和需要创设相应的活动区，提供丰富、适宜的游戏材料，从而引发和促进幼儿游戏活动的开展。

学习导语

游戏是幼儿最喜爱的活动。幼儿园的游戏有多种类型，本书中的幼儿游戏活动是指幼儿园中幼儿自主、自发、自愿的活动，特指幼儿发起的游戏，即自主游戏。而由教师发起的游戏，不是本书所探讨的游戏。游戏是幼儿园教育的一种基本活动，是对幼儿进行全面发展教育的重要形式，对幼儿的生长发育具有十分重要的价值，主要体现在以下几点：

▲ 在角色游戏中交流互动

首先，游戏能影响幼儿运动能力的发展。在游戏中，幼儿与自然环境中的阳光、空气和水充分接触，增强了机体对疾病的抵抗能力。同时，通过多种多样的游戏活动，幼儿的肢体动作能力也能得到发展。

其次，游戏有利于幼儿社会认知的发展。大量研究表明，游戏和许多复杂的认知活动及能力之间存在联系，这些认知活动及能力包括记忆、自我调节、保持距离和去情境化，以及口头表达能力、符号概括能力、良好的入学适应能力和更强的社会技能等。

再次，游戏有利于幼儿亲社会行为的形成。亲社会行为是指人们在社会交往中对他人有益或对社会有积极影响的行为，包括帮助、合作、分享、安慰等。幼儿在游戏的过程中，有很多机会体验并践行各种亲社会行为，特别是角色游戏和表演游戏。他们在游戏中扮演角色，以角色的身份来游戏，在游戏中体验角色的喜怒哀乐，在与同伴的交往中逐渐懂得分享、学会合作。

最后，游戏有利于幼儿良好道德品格、良好个性和积极情感的形成。幼儿伴随着积极愉快的情绪情感，在游戏中自由选择玩伴、玩具，进入自己假想的世界，在游戏中充分放松自己，因此，游戏能够使幼儿体验到积极的情绪情感。

幼儿游戏活动的顺利开展，需要保教人员的协同配合。由此，作为保育员，应该准确把握游戏的内涵与特点，履行好游戏保育的职责，从而促进幼儿游戏活动的有效开展。

探索 1　幼儿游戏活动有什么特点？

游戏是幼儿自主、自发的活动。请小组合作，根据本书对幼儿游戏活动的定义，辨析以下两个活动是否属于幼儿游戏活动，并说明原因。

活动1：幼儿园的集体教学活动。教师为每个小朋友准备了一个小筐，筐里放着五颜六色的塑料片。教师对小朋友说："下面老师请小朋友一起做个游戏。请小朋友把相同颜色的塑料片放在一起，看谁放得又快又好。"随着教师一声令下，小朋友立即开始动手操作起来。

以上案例是否属于幼儿自主游戏，并说明原因。

_____
_____
_____

活动2：幼儿园的活动区活动。在娃娃家、绘画区、图书角、积木区等活动区中，小明选择去积木区搭积木。积木区有4个小朋友。起初，他们各搭各的，小明搭了一个"停车场"，他还想搭一条"高速公路"，但是没有空余的地方了，于是就把旁边小红搭好的"楼房"推倒了。小红气得不搭了，去报告教师。教师在了解了事情的原委以后，引导小明换位思考：小红搭的"楼房"被你推倒后有什么感受？进而启发小明继续思考：还有什么办法获得更多的积木来搭建"高速公路"？

小明和小红商量后决定：一起搭建"高速公路"与"高架桥"。之后，另外两个小朋友也参加了进来，他们合作搭建了"公园""机场""高架桥"和"高速公路"等"建筑物"。

以上案例是否属于幼儿自主游戏，并说明原因。

....

....

....

学习支持 1

★ 幼儿游戏活动的内涵

1. 幼儿可以自由选择或者自愿参加游戏活动

游戏活动的特点是"我要玩"，而不是"要我玩"，是游戏者自主决定、自发自愿参加的活动，而不是被强迫、被要求参加的活动。

2. 幼儿自主决定活动的方式和方法

判断活动是否属于游戏的第二个标准是，幼儿是否能够自主决定活动的方式和方法。

3. 幼儿不寻求或担忧游戏以外的奖惩

玩即目的，游戏是"目的在自身"的活动。比如，幼儿可能是因为喜欢跳绳而去跳绳，也可能是因为想从教师那里得到一个五角星而去跳绳。前者是游戏，而后者则不是游戏。

▲ 幼儿自主地在活动区进行游戏

总之，如果一个活动是由幼儿自由选择或自愿参加，自主决定活动的方式和方法，且没有来自外部的评比或奖惩的压力，那么这个活动才是真正的游戏。

★ 幼儿游戏活动的特点

1. 想象和真实的统一

幼儿的游戏活动充满想象，幼儿可以借助于想象来"假装"，如把椅子当作火车，把积木当作电话等。但是，幼儿的游戏活动也从未脱离过"真实"，即幼儿是在假想的游戏情境中反映周围"真实"生活的。

2. 自由和约束的统一

自由往往被视作游戏活动的本质，然而，任何游戏其实都是"有规则"的。例如，当幼儿扮演母亲这一角色时，她就需要把自己想象成母亲，模仿"母亲"这一人物的行为。

3. 轻松和紧张的统一

游戏是轻松和紧张、嬉戏和认真的统一。幼儿往往以"工作"的精神来对待游戏，这也正是"游戏就是幼儿工作"的原因所在。

▲ 自主的游戏也有规则

探索 2　幼儿园游戏活动有哪些类型？

幼儿园的游戏有多种类型，各类游戏有其不同的特点，对于幼儿有不同的成长价值。请用表格的形式归纳幼儿园游戏活动的类型。

幼儿园游戏活动的类型

按认知分类	按创造性分类	按社会性分类

学习支持 2

★ 幼儿园游戏活动的分类

幼儿园游戏活动通常可从认知、创造性和社会性三个维度理解其特质。

1. 从认知维度看幼儿园游戏

按照认知的角度，可以把幼儿园游戏分为练习性游戏、象征性游戏、结构游戏和规则游戏四种。

（1）练习性游戏。这类游戏主要由简单的重复动作或运动组成，如摇铃、拍水、滚球、滑滑梯等。这种游戏的动因在于感觉运动器官在运用过程中所获得的快感。练习性游戏是儿童最早出现的一种游戏形式，一般出现在儿童出生到 2 岁这一阶段，之后比例逐步下降。

（2）象征性游戏。象征性游戏是 2—7 岁幼儿最典型的游戏形式，所占的时间也最长。幼儿从 2 岁开始，直到进入小学都会进行这类游戏，其中高峰期在 3 岁。象征性游戏是幼儿以模仿和想象来扮演角色，完成以物代物、以人代人为表现形式的象征过程，是反映周围现实生活的游戏形式。角色游戏是象征性游戏主要的表现形式之一。通过象征性游戏，幼儿可以脱离当前对实物的知觉，以象征物代替实物并学会用语言符号进行思维，体现着幼儿认知发展的水平。

（3）结构游戏。结构游戏是幼儿利用各种结构材料（如积木、积塑、沙、土、金属部件等）来构建、反映现实生活中的物体的活动，包括搭积木、插积塑、玩沙、玩泥等。它是游戏活动向非游戏活动

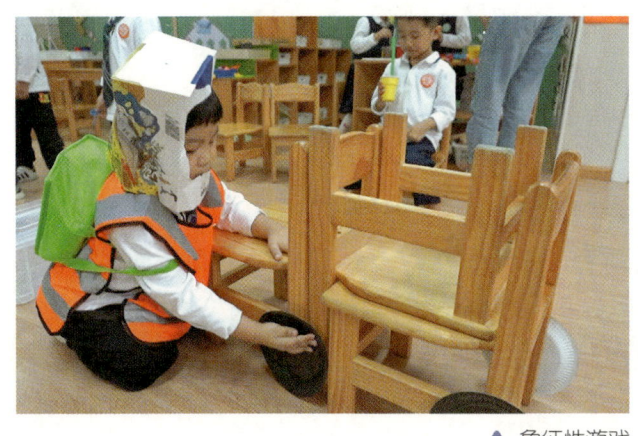
▲ 象征性游戏

▲ 结构游戏

的过渡，前期带有象征性，后期则逐渐成为一种智力活动。

（4）规则游戏。规则游戏是指由两个人以上参加、有明确规则和奖惩措施、以输赢为完结标志的游戏类型，包括智力游戏（棋类游戏）、体育游戏（也称活动性游戏，如老狼老狼几点钟）、音乐游戏（开火车、抢椅子）等。

2. 从创造性维度看幼儿园游戏

按照创造性的角度，可以把幼儿园游戏分为角色游戏、表演游戏、结构游戏三种。

（1）角色游戏。这类游戏是指幼儿借助于模仿和想象，通过扮演角色创造性地反映周围生活的游戏。这类游戏通常会围绕一定的主题进行，可以帮助幼儿认识周围的社会生活环境，体会和理解人与人之间的社会关系。

（2）表演游戏。这类游戏是指幼儿按照故事（自己创编的或来自文学作品的）中的角色、情节和语言进行创造性表演的游戏。

（3）结构游戏。创造性分类中的结构游戏与认知分类中的含义相同，即指幼儿按照一定的计划或目的来组织游戏材料或其他物体，使之呈现出一定的形式或结构的活动。结构游戏材料包括积木、积塑、胶粒、花片以及沙、水等自然物。

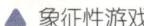
▲ 规则游戏

▲ 表演游戏

3. 从社会性维度看幼儿园游戏

按照社会性的角度，可以把幼儿园游戏分为以下六类，这反映了幼儿在游戏中与同伴的关系。

（1）偶然的行为（或称无所事事）。幼儿无所事事，独自发呆，或玩弄衣服，东游西荡，偶尔也会注意看一下他人，或随手玩弄碰到的东西。

（2）袖手旁观的行为。幼儿在近处观看同伴的活动，但不主动参与游戏。

（3）单独的游戏。专心地独自玩自己的玩具，不注意也不关心别人。

（4）平行游戏。在这类游戏中，幼儿相互之间虽然可能会玩相同的玩具或相似的游戏，会有相互模仿的现象和少量的交谈，但他们仍是在独自游戏，因为他们之间没有合作。

（5）联合游戏。幼儿相互之间一起游戏，谈论共同的活动，时常会有借、还玩具的行为，但幼儿关注的仍是自己的兴趣。例如，因为自己想玩雪花片，所以和大家一起玩。

（6）合作游戏。以集体共同的目标为中心，有组织、有分工地进行游戏。例如：大家在一起玩雪花片，目标是搭建一座小公园，玲玲负责插小桥、欢欢负责插小花、天天负责插树……最后将大家的作品组合在一起就成为一座小公园了。

本书在具体介绍各类游戏活动保育时，采用的是游戏的创造性分类方式。其中沙水游戏因其保育的特殊性，所以将其作为独立的游戏活动进行介绍，详见本模块的学习任务2。

探索 3　幼儿在进行游戏活动时，保育员应当做什么？

请阅读以下案例，评析保育员是否完整履行了游戏活动的保育职责，并思考：什么样的爱，才有利于幼儿成长？

张老师是小一班的保育员。游戏活动前，张老师主动配合主班教师投放了游戏材料。游戏活动中，张老师巡视幼儿的游戏表现，并热情参与到幼儿的游戏活动中；注意观察幼儿的表情神态，及时发现了一位需要排便的幼儿，并主动带她上盥洗室。活动结束后，张老师将玩具材料整齐归位。

学习支持 3

★ 保育员在游戏活动中的工作职责

1. 做好游戏活动前的准备工作

（1）根据幼儿的年龄特点做好游戏活动前的准备工作，如准备好玩具及材料。

（2）根据游戏的内容和要求投放玩具和材料。具体的要求有：品种齐全，数量充足，要根据不同年龄班幼儿的特点提供和配置相应的玩具、材料和辅助物，让幼儿自由选择。

（3）场地的安排要安全、宽敞、互不干扰。游戏场地的安排及区角的设置都要注意安全、宽敞，做到地面平坦，橱柜、玩具柜的摆放要平稳，分隔形式要合理，要留有活动空间，以便于幼儿游戏玩耍。

2. 做好游戏活动中的保育工作

（1）保持游戏环境的安全与卫生。

（2）在幼儿游戏的过程中，配合教师对有特别需要的幼儿进行个别照顾，如身体不舒服、情绪不佳、有疾病的幼儿，以及体弱儿童、特殊儿童等。

（3）注意积极观察，当幼儿的游戏行为或游戏材料存在安全隐患，或者幼儿在游戏中出现过激行为时，应及时介入，以防安全事故的发生。

（4）当幼儿主动邀请成人或向成人寻求帮助时，可通过平行游戏、合作共同游戏及提出建议等方式引导幼儿。

（5）协助教师解决幼儿在游戏中的问题。在游戏活动中，保育员要协助教师观察幼儿的游戏过程，照料幼儿在生活上的需求，如需要什么玩具和材料，要小便、喝水等。

（6）协助教师引导幼儿取放玩具，逐渐帮助幼儿养成自主取放玩具的习惯。

▲ 保育员准备游戏材料

3. 做好游戏活动结束后的收整工作

游戏活动结束时，指导幼儿一起分类整理好玩具，帮助他们养成整理玩具的好习惯。

★ 教师在游戏活动中的工作职责

（1）创设符合幼儿兴趣需要、年龄特点和发展目标的游戏条件。

（2）充分利用并合理设计游戏活动空间，提供丰富、适宜的游戏材料，支持、引发和促进幼儿的游戏。

（3）鼓励幼儿自主选择游戏内容、伙伴和材料，支持幼儿主动地、创造性地开展游戏，充分体验游戏所带来的快乐和满足感。

（4）通过对幼儿游戏的积极观察来了解幼儿的发展水平，及时调整游戏材料的投放；当发现游戏中的问题时应适时介入，支持幼儿的游戏行为。

▲ 教师观察、支持幼儿游戏

（5）引导幼儿在游戏活动中获得身体、认知、语言和社会性等多方面的发展。

探索 4 如何创设幼儿游戏活动空间？

游戏是幼儿自发、自主地与空间、材料、玩伴相互作用的情境性活动，所以游戏环境就成为影响幼儿游戏行为的直接因素之一。游戏是幼儿园的基本活动形式，幼儿的游戏水平及在游戏中的发展直接取决于教师为其创设的游戏环境。因此，创设一个有利于引发幼儿多种经验、支持幼儿与之互动的游戏环境，是幼儿园教育的重要内容。

案例视频
游戏材料的投放

（1）观察班级游戏区的环境。请观看幼儿园游戏活动环境布置视频（也可根据实习经历），观察幼儿园游戏区的材料情况，并写下游戏材料名称。

....
....
....

（2）游戏活动环境创设。请观看幼儿园游戏活动环境布置视频（也可根据实习经历），完成游戏环境创设记录表。

案例视频
游戏空间的创设
（以中班为例）

游戏活动环境创设记录表

	实况记录	改进
游戏环境	安全性：	
	场地密度：	
	区域布置：	

学习支持 4

★ 游戏活动环境创设

1. 场地安全，密度、空间大小适宜

游戏活动的场地要整洁、宽敞、安全，各个活动区之间互不干扰、不拥挤。一般托、小班活动室内的各游戏区域应小一些、多一些，以小组群空间为主。中、大班可增加大组群活动空间，包括容纳1—2人的私密空间，容纳3—5人的小组群空间，容纳5—7人的大组群空间，以及适合10人以上的团体性游戏空间。

2. 环境整洁、美观

创设的活动环境应整洁、美观，让幼儿有一个舒适的游戏活动空间。

▲ 幼儿园的游戏环境

3. 区域布置科学合理

区域布置要符合幼儿的年龄阶段特点，并基于幼儿的生活经验。托、小班活动区适宜让幼儿在想象性情景中摆弄实物；小、中班活动区可在让幼儿摆弄的物体中加入探索的元素，并强化角色游戏，增加结构游戏；中、大班活动区可继续保留角色游戏及表演游戏，强化结构游戏和美工表现活动，增加益智规则类游戏。

★ 游戏活动环境的创设要求

（1）环境内容要丰富，多为幼儿提供可选择的内容、材料。

（2）环境设置要符合现阶段幼儿的年龄特征，难度不宜过大或过小。

（3）环境内容要有利于幼儿创造力、想象力及动手能力的发展和提高。

（4）要有完整的幼儿活动观察记录，以便教师总结、发现问题，及时改进和提高。

课后复习

- ☑ **描述**：说出幼儿自主游戏活动的内涵及特点。
- ☑ **归纳**：归纳幼儿园游戏活动中保育员及教师的工作职责。
- ☑ **分享**：分享你在学习活动中的感悟和疑虑。

课后自测

在线自测

★ 上海市保育员初级、中级考工应知真题（带"*"号的除外）

1. 判断题（每题4分，共40分）

（1）游戏是幼儿最喜欢的活动形式，是幼儿的第二生命。（　　）

（2）保育员在幼儿园游戏活动中的主要职责是准备玩具。（　　）

（3）学前期是游戏期，游戏是幼儿的主要活动。（　　）

（4）创造性游戏是幼儿主动地、创造性地反映现实生活的游戏。（　　）

（5）游戏是对幼儿进行个别方面发展教育的重要形式。（　　）

（6）为幼儿创设游戏场地时，室内活动面积应尽可能小一些。（　　）

（7）玩具能够发展幼儿的感知觉及认识能力，促进智力发展。（　　）

（8）角色游戏是幼儿在一区域内自由地进行个别化学习的游戏。（　　）

（9）幼儿的游戏空间太大，会造成无人际互动的结果。（　　）

*（10）在幼儿游戏中，保育员既是游戏的观察者，又是游戏的支持者，还要做好对个体幼儿的保育工作。（　　）

2. 选择题（每题4分，共60分）

（1）游戏除了可以促进幼儿的生长发育，增进其身体健康之外，还具有（　　）的重要作用。

　　A. 促进认知发展　　　　　　　　B. 促进亲社会行为的形成

　　C. 发展积极情感　　　　　　　　D. 以上三项都是

*（2）幼儿游戏的特点是（　　）。

　　A. 自由和约束的统一、轻松和紧张的统一、想象和真实的统一

　　B. 轻松愉快、自愿自由、紧张激烈

　　C. 轻松愉快、规则规范、想象和真实的统一

　　D. 轻松和紧张的统一、自愿自由、想象和真实的统一

（3）创造性游戏是指（　　）。

　　A. 活动性游戏、安静性游戏、表演游戏　　B. 角色游戏、结构游戏、表演游戏

　　C. 角色游戏、集体游戏、个别游戏　　　　D. 智力游戏、结构游戏、体育游戏

（4）规则游戏是指由两个人以上参加、有明确规则和奖惩措施、以输赢为完结标志的游戏类型，包含（　　）。

　　A. 智力游戏、角色游戏、音乐游戏　　B. 角色游戏、结构游戏、表演游戏
　　C. 智力游戏、体育游戏、音乐游戏　　D. 智力游戏、结构游戏、音乐游戏

（5）游戏活动从（　　）开始。

　　A. 乳儿期　　　B. 婴儿期　　　C. 幼儿期　　　D. 学龄期

（6）在以下幼儿园游戏环境创设的要求中，不正确的叙述是（　　）。

　　A. 限制幼儿的游戏时间　　　　　B. 提供充足的游戏时间
　　C. 创设幼儿游戏场所　　　　　　D. 创设游戏环境，配备游戏材料

（7）保育员在幼儿游戏活动前需要做的工作有（　　）。

　　A. 根据幼儿的年龄特点做好准备工作　　B. 根据游戏的内容和要求投放玩具和材料
　　C. 场地的安排要安全、宽敞、互不干扰　　D. 以上都是

（8）关于幼儿游戏活动中的保育工作，以下错误的是（　　）。

　　A. 配合教师，在游戏中担任角色，参与游戏
　　B. 保持游戏环境的安全与卫生
　　C. 面向全体幼儿，不必照顾个别幼儿
　　D. 协助教师解决幼儿在游戏中的问题

（9）在幼儿游戏活动中，保育员不正确的做法是（　　）。

　　A. 担任角色　　　B. 参与角色　　　C. 擅自离开　　　D. 照顾个别幼儿

（10）要让幼儿在自由活动中真正体现出"自由"二字，以下措施不正确的是（　　）。

　　A. 自由选择游戏活动内容　　　　B. 指定游戏伙伴
　　C. 自由选择游戏活动玩具　　　　D. 自由选择游戏活动方式

（11）以发展幼儿基本动作，提高幼儿体力为主的游戏是（　　）。

　　A. 角色游戏　　　　　　　　　　B. 结构游戏
　　C. 活动性游戏（体育游戏）　　　　D. 智力游戏

（12）关于室内游戏空间的大小是否会影响幼儿游戏的社会品质，以下说法正确的是（　　）。

　　A. 会影响　　　　　　　　　　　B. 不会影响
　　C. 空间太大会影响　　　　　　　D. 空间太小会影响

（13）室内结构活动区的不同分隔形式将对幼儿游戏（　　）。

　　A. 产生不同影响　　B. 产生相同影响　　C. 没有影响　　D. 影响不大

（14）如果幼儿在选择玩具、分配角色时大声喧哗，那么保育员应（　　）。

　　A. 听之任之　　B. 批评、责怪　　C. 离开活动室　　D. 提醒幼儿保护嗓子，轻声讲话

（15）能有效地使幼儿心境放松，在心理上获得发泄、减少焦虑的活动是（　　）。

　　A. 盥洗　　　　B. 游戏　　　　C. 进餐　　　　D. 睡眠

3. 拓展题

在幼儿园，游戏是幼儿的基本活动形式，但为什么有文件规定"要保证幼儿每天至少拥有1小时的自由游戏时间"？这两个方面似乎有矛盾，你是如何理解的？

....
....
....
....

学习情况评价表

评分项目		评分标准或要求	配分（分）	评价方式 自评 权重20%	评价方式 互评 权重30%	评价方式 师评 权重50%	得分
专业知识技能 60%	幼儿游戏活动的内涵与特点	• 解释游戏活动的内涵（3分） • 列举游戏活动的特点（6分） • 辨别案例中的两个活动是否是幼儿游戏活动（6分）	15				
	幼儿园游戏活动的分类	• 说出三种游戏分类方法（每种1分，共3分） • 说出按照认知分类的游戏（每种1分，共4分） • 说出按照创造性分类的游戏（每种1分，共3分） • 说出按照社会性分类的游戏（每种1分，共6分）	16				
	保育员和教师在游戏活动中的工作职责	• 简述保育员在游戏活动中的工作职责（3分） • 根据案例评析保育员在游戏活动中的履职情况（5分）	8				
	幼儿园游戏活动环境创设	• 写下案例中游戏材料的名称（每个1分，共5分） • 正确填写游戏活动环境创设记录表（每项2分，共6分）	11				
	自测题	自测题得分×10%	10	—	—	—	
个人素养 40%	专业精神（10分×70%）	认同保育工作的重要性，积极投入专业学习（3分）；在实践中切实履行保育责任，精益求精（4分）；不断反思改进，提高专业水平（3分）	7				
	人文关怀（10分×70%）	关注和尊重他人（教师、同学、幼儿）的想法和感受，设身处地为他人着想（5分）；充分表达对他人的关心、理解和爱护（5分）	7				
	团队合作（10分×70%）	乐于承担小组分配的任务（2.5分），积极寻求同伴合作（2.5分），乐于分享自己的经验（2.5分），对小组学习问题的解决有贡献（2.5分）	7				
	沟通表达（10分×70%）	善于倾听（2分），正确理解（2分）；围绕主题表达（2分），语言清楚简洁（2分），文明礼貌，应人应时应景（2分）	7				
	问题解决（10分×70%）	解决问题逻辑清晰（2.5分），能举一反三（2.5分），善于批判质疑（2.5分），勇于创新（2.5分）	7				
	信息获取（10分×50%）	熟悉信息源，善于利用搜索工具快速、准确地获取所需信息（5分）；能根据需要对信息进行挖掘、甄别、筛选（5分）	5				
总分			100	总得分			

反思与收获：

幼儿园游戏材料的安全与卫生维护

学习目标

- ☑ 能根据普通玩具及自制玩教具的安全与卫生要求，分辨游戏材料的安全与卫生情况。
- ☑ 能根据各类游戏材料清洁与消毒的规范要求，对游戏材料进行正确的清洁与消毒操作。
- ☑ 能结合案例说出幼儿园游戏材料的保管要求。
- ☑ 总结和反思自身的操作过程，追求操作的规范性及高效率。

学习准备

- ☑ 清洁与消毒操作材料（每组）：塑料玩具若干、木制玩具若干、绒毛玩具若干、书籍若干、绒毛玩具悬挂架子1个、洗涤剂若干、250毫克/升的有效氯消毒液（模拟配制）若干、玩具消毒筐2个、清洁专用抹布2块、塑料篮子4个（盛放各类玩具）、消毒专用抹布2块、塑料水桶2个（其中一个带盖）、水池1个。
- ☑ 硬件设备：移动终端。
- ☑ 展示用材料：彩色纸若干、水笔若干、磁铁若干。
- ☑ 预习"幼儿园游戏材料的安全与卫生维护"，完成本活动的在线自测题。

关键词释义

- **游戏材料**：幼儿园供幼儿在游戏时所使用的各类材料，包括市场上销售的成品玩具、自制玩教具和替代物等。
- **游戏材料的安全**：指幼儿的游戏材料"没有危险"，可以诠释为不易破碎、结实、无毒无害且形状上没有棱和角等。游戏材料的安全包括玩教具本身的安全与玩教具使用中的安全。

学习导语

幼儿园游戏材料的安全与卫生直接关系到幼儿的安全与健康。2016年3月1日起开始实施的《幼儿园工作规程》（以下简称《规程》）中提出："幼儿园的设备设施、装修装饰材料、用品用具和玩教具材料等，应当符合国家相关的安全质量标准和环保要求。"保教人员在幼儿游戏之前要检查所投材料的适宜性和安全性，对材料的大小和高低都要进行相应的检查，及时排除有安全隐患的材料，让幼儿操作时无后顾之忧。

探索 1　什么样的游戏材料符合安全与卫生要求？

游戏材料是幼儿游戏的物质基础，游戏材料的安全、卫生至关重要。只有投放安全、卫生的游戏材料，才能真正发挥游戏促进幼儿健康成长的作用。

（1）请小组合作，从下列图片中选出不适合幼儿的游戏材料（在不合适的游戏材料图片下方打"√"），并说明原因。

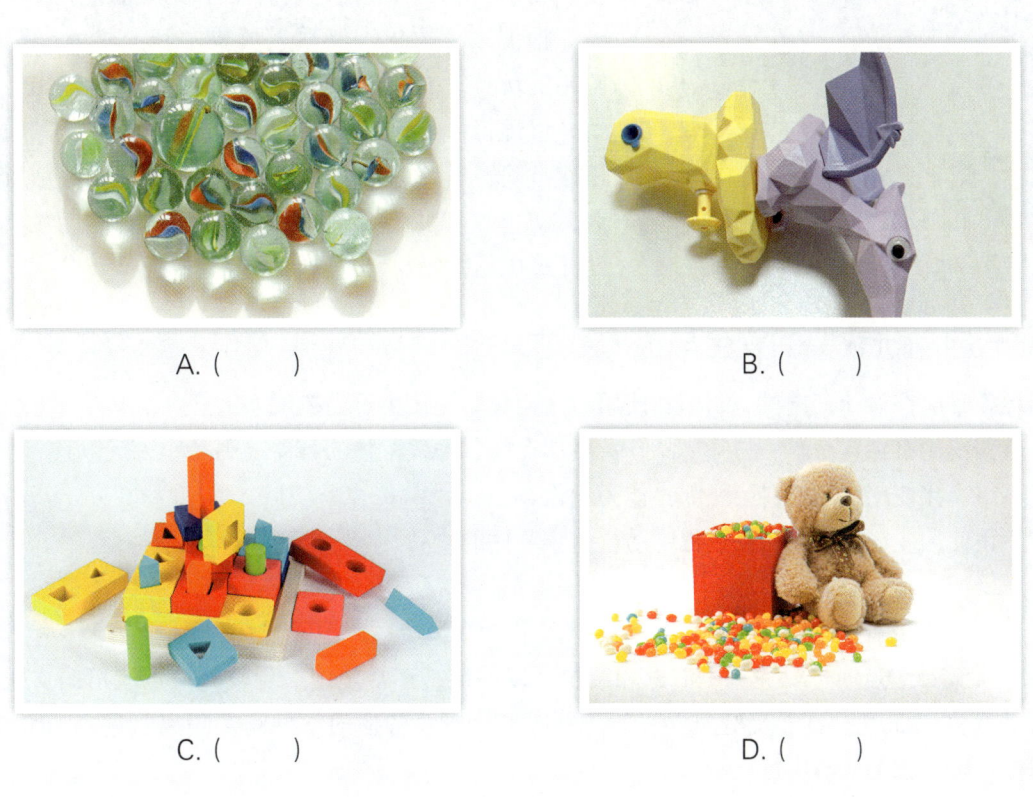

A.（　　）　　　　　　　　B.（　　）

C.（　　）　　　　　　　　D.（　　）

....
....

（2）根据玩具安全的国家标准及其他相关标准，检查本校实训室的玩具材料是否符合相关规定，并把评判标准写下来。

....
....
....
....

学习支持 1

★ 幼儿园普通玩具的安全与卫生要求

根据《国家玩具安全技术规范》要求,幼儿园在采购和配备普通玩具时,应当注意以下几点:

(1)具备3C标志(China Compulsory Certification,中国强制性产品认证),杜绝"三无"玩具入园。

(2)玩具的主要材质、成分、合格证,以及生产者的厂名、厂址、电话、售后服务保证等内容标注齐全。

(3)玩具的可迁移化学元素(如锑、砷、钡、镉、铬、铅、汞、硒)、机械和物理性能、燃烧性能、环保卫生等项目检验合格。

(4)确保质量和安全,特别是对于一些可能被啃咬、吞食,或者接触皮肤时间长的玩具要仔细检查,以免幼儿误食、勒伤、卡喉、夹指,或诱发呼吸道疾病等。

根据以上要求,保教人员要做到:避免选配颜色过于鲜艳的玩具,因为其中可能含有大量的重金属铅,容易造成幼儿慢性铅中毒;避免选配弹射类玩具,以免其中的弹射物造成危险;避免选用尺寸过小的玩具,包括毛绒玩具的眼睛等,防止幼儿误食;避免选配棱角过于锋利的玩具,以免对幼儿造成伤害。

▲ 有3C标志的合格玩具

★ 幼儿园自制玩教具的安全与卫生要求

自制玩教具应在设计、选材、制作和使用时,避免幼儿使用不当造成伤害。[①]

(1)严禁使用有毒、易燃、易碎物品,及可能存在各种残留物的容器、用品作为玩教具。

(2)不得直接使用泡沫塑料、海绵等作为玩教具。

(3)不得使用尖锐物或在玩耍过程中易产生小零件的物品。

(4)不得使用粮食作为玩教具。

(5)不得使用带有强烈光源的设备,如激光笔作为玩具。

此外,玩教具应定期进行检查、消毒和维护,以保证其正常使用。玩教具消毒应根据《托幼机构环境、空气、物体表面卫生要求及检测方法》(DB31/8),以及各地的学校消毒隔离管理、消毒技术规范、传染病防控管理等相关规定执行。

▲ 幼儿园的自制玩教具(1)

▲ 幼儿园的自制玩教具(2)

---

① 上海市教育委员会教育技术装备中心.上海市幼儿园装备指南(试行)[M].上海:华东师范大学出版社,2021:15—16.

> **知识小链接**
>
> **幼儿园自制玩教具材料的安全数据**
>
> （1）供托班使用的玩教具及零配件中的小零件直径不得小于 **31.75 毫米**；供小、中、大班使用的玩教具及零配件均不得小于幼儿的耳道和鼻孔。
>
> （2）玩具材料的绳索长度不可超过 **30 厘米**，绳索或弹性绳的直径应大于或等于 **1.5 毫米**，活套或固定环的周长应小于 **36 厘米**。
>
> （3）幼儿园自制、定制的家具高度如大于 **600 毫米**，要有固定装置与墙体连接，以防倾倒。为了防止幼儿手指被卡住，家具上孔的深度不超过 **10 毫米**，孔间隙、各家具之间的间隙应小于 **5 毫米** 或大于等于 **12 毫米**。在家具 **1.6 米** 以下的部分，不应使用玻璃部件，家具的抽屉、电脑桌的键盘托要有防拉脱装置，管状部件的外露管口端应封闭。
>
> （4）幼儿服装领口、帽边的绳带外露长度不得超过 **14 厘米**。

探索 2 如何确保幼儿在使用游戏材料时的安全？

除了关注游戏材料本身的安全外，幼儿在使用游戏材料过程中的安全也尤为重要。请结合案例，分析幼儿在使用游戏材料过程中可能存在的安全隐患，并商讨预防措施。

为了培养幼儿爱分享的良好品质，中三班的王老师同意孩子们可以在午餐后的自由游戏活动时间玩从自己家里带来的玩具。琪琪带来的玩具是一辆小拖车，拖车上本来就有一根短的绳子，但是孩子们在玩的时候觉得绳子太短了，就把另一根绳子接了上去。玩着玩着，有孩子把绳子系在了自己的脖子上来拖小车，其他几个孩子看见后也跃跃欲试。

安全隐患与预防措施记录表

序号	可能存在的安全隐患	预 防 措 施
1		
2		
3		
4		
5		

学习支持 2

★ 使用游戏材料过程中的安全事项

1. 玩具使用方法正确

要按程序标准正确使用玩教具；玩具上如有绳索，其长度不宜超过 30 厘米，以免勒住幼儿脖子。此外，玩具内的电池要定期更换，以免变质电池内的化学物质影响幼儿健康。

2. 定期检查和保养室内外的玩教具

除仔细清洁外，还需特别注意有尖锐边缘的及有裂痕的玩教具。要及时修补已破裂或分离的玩教具，保证其无破损、断裂、锈蚀。

3. 增强幼儿的自我保护能力

教师应通过让幼儿听故事、看图书、演木偶剧等各种生动形象的方式，引导幼儿理解、掌握安全知识及规则，使幼儿懂得：不应在游戏设施上开玩笑、哄闹，以免分散注意力；玩球时要注意旁人，不能向别人的头部扔球；跳绳时要和别人保持一定的距离；玩滑梯时不拥挤，要等前面的幼儿滑到底部起身离开后才能往下滑；玩跷跷板时要坐稳，并用双手抓牢扶手；玩游戏棍时，不能打别人的身体，特别是头部；玩小玩具时不能将其放入口、耳、鼻中等。此外，教师还应让幼儿加强体育锻炼，提高其灵活性和协调性，增强其自我保护能力，从而避免幼儿在使用玩教具时发生意外。

▲ 教师讲解游戏棒使用的注意事项

探索 3 如何清洁与消毒幼儿园的游戏材料？

保育员要定期对游戏材料进行清洁与消毒，这样才能保证材料的卫生。请小组合作查阅资料，完成以下表格，并小组合作进行相应的操作练习。

游戏材料的清洁与消毒方法

游戏材料	清洁方法	消毒方法

（续表）

游戏材料	清洁方法	消毒方法

学习支持 3

★ 游戏材料清洁与消毒的规范要求

1. 塑料玩具清洁与消毒的规范操作

（1）先清洗玩具，保证玩具表面无污物。

（2）把玩具倒入专用的消毒筐中，在消毒液中浸泡20—30分钟。在消毒过程中，消毒箱要加盖，水面应高于物体表面，使玩具完全浸没在消毒液中。塑料玩具每周消毒一次，预防性消毒应使用250毫克/升的有效氯消毒液消毒。

（3）用流动水将玩具冲净，去除表面残留的消毒液。

（4）沥干玩具上的积水，晾干后使用。

（a）清洗玩具

（b）晾干玩具

▲ 塑料玩具的清洁与消毒

案例视频
塑料玩具清洁与消毒的规范操作

2. 木制玩具清洁与消毒的规范操作

（1）先将抹布在洗涤剂水中搓洗并拧干，然后擦拭玩具，保证玩具表面无污物。

（2）将消毒专用抹布在250毫克/升的有效氯消毒液中搓洗，并拧至半干湿状，然后用其擦拭木制玩具表面。消毒作用时间为20—30分钟。木制玩具每周消毒一次。

（3）将抹布在清水中搓洗并拧干，然后擦拭玩具，去除玩具表面残留的消毒液。

（4）晾干后使用。

（a）擦拭玩具

（b）晾干玩具

▲ 木制玩具的清洁与消毒

3. 书籍或纸质玩具消毒的规范操作

将物品松散摆放，完全暴露在阳光下暴晒 4 个小时以上，定时翻动，使物品各面均能得到照射。每周消毒两次。此外，也可以使用紫外线灯或图书消毒机进行消毒。

▲ 书籍的消毒

▲ 绒毛玩具的消毒

4. 绒毛玩具消毒的规范操作

将物品松散摆放，完全暴露在阳光下暴晒 4 个小时以上，定时翻动，使物品各面均能得到照射。每周消毒一次。

探索 4　如何保管幼儿园的游戏材料？

开学了，新入职的保育员张老师积极与主班教师一起布置班级活动室的区角环境，她按照游戏材料的类型，将各类玩具材料整齐地归类放好。正当张老师得意地看着自己的"杰作"时，主班教师说道："张老师，对不起，怪我没有告诉你，游戏材料应该……"

请小组合作讨论，张老师在放置游戏材料时，有可能在什么地方做错了？对于新入职的保育员，在以后的班级游戏材料保管工作中，还需要做好哪些事情？注意哪些问题？

学习支持 4

★ **幼儿园游戏材料的保管要求**

（1）玩具应归类（如结构玩具、棋类、球类、娃娃家）摆放整齐，保证幼儿易拿易放；大型玩具放在最底层，中间放小一点的玩具，形象玩具（形象生动逼真的玩具）放在最上面。

（2）应按照规范操作要求定期清洁和消毒玩具。

（3）定期检查玩具是否有损坏，对于已损坏的玩具应及时修补，对于无法修补的应立即报废。

（4）合理地保管暂时不用的游戏材料是非常必要的，这可以延长游戏材料的使用寿命，如将暂时不使用的玩具放在规定的玩具柜中。

知识小链接

自制玩教具的管理建议

（1）监管回收材料的来源，明确责任、防范风险。为了幼儿的安全，我们要对回收材料的来源、种类加以限制，替代物的范围不可扩大，禁止家长带工业制品及其下脚料入园。

（2）对保教人员进行安全与卫生方面的教育。幼儿园应当采用安全知识讲座、微信公众号等多种形式，为保教人员提供国家标准、行业标准方面的培训。

（3）使用安全、卫生的加工材料。根据我国多个省市的教育装备部门的经验，为幼儿提供符合相关规定的加工材料既可以保证材料的安全与卫生，又可减轻教师的负担，还可以降低购置成本。这些加工材料有木夹、线轴等。

（4）对玩具材料进行清洗和消毒。保教人员应按规范要求清洗自制玩教具，定期对其进行检查，消除安全隐患。另外，要谨慎使用不曾接触过的材料。

除此以外，引导幼儿勤洗手也可以减少玩教具上的病菌和有毒有害物质对其健康的影响。

课后复习

- **描述**：说出普通玩具及自制玩教具的安全与卫生基本要求。
- **归纳**：归纳各类游戏材料清洁与消毒的方法。
- **实践**：按规范操作要求对各类游戏材料进行清洁与消毒。

课后自测

在线自测

★ **上海市保育员初级、中级考工应知真题（带"*"号的除外）**

1. 判断题（每题 4 分，共 60 分）

*（1）保教人员应根据幼儿的年龄特点投放适合该年龄段幼儿的材料。（　　）

*（2）游戏材料的安全仅指玩教具本身的安全。（   ）

*（3）幼儿玩具应每月消毒一次，用250毫克/升的有效氯消毒液消毒。（   ）

*（4）游戏材料的清洁是指清除物体表面的污秽。（   ）

*（5）幼儿书籍及纸质玩具的消毒方式是将其完全暴露在阳光下暴晒4小时以上，定时翻动，使物品各面均能得到照射。（   ）

*（6）合理地保管暂时不用的游戏材料是非常必要的，这可以延长游戏材料的使用寿命。（   ）

*（7）幼儿园应当采用安全知识讲座、微信公众号等多种形式，为保教人员提供国家标准、行业标准方面的培训。（   ）

*（8）图书如有破损应及时修补，残破严重或脏污的图书应及时废弃。（   ）

*（9）幼儿园的图书不属于玩具，因此不需要消毒。（   ）

*（10）游戏材料是指幼儿园供幼儿在游戏时所使用的各类材料。（   ）

*（11）供托班使用的玩教具及零配件中的小零件直径不得小于20毫米。（   ）

*（12）软塑料薄膜可黏附于幼儿口鼻，引起窒息危险，不宜作为游戏材料。（   ）

*（13）玩具材料的绳索长度不可短于10厘米。（   ）

*（14）教师应通过听故事、看图书、演木偶剧等各种生动形象的方式，引导幼儿理解、掌握安全知识及规则。（   ）

*（15）幼儿游戏的安全与卫生保育是指在游戏活动开始前做好游戏材料的安全及卫生检查。（   ）

2. 选择题（每题5分，共40分）

*（1）以下符合幼儿园普通玩具安全与卫生要求的是（   ）。
A. 产品具备"3C"标志　　　　　　　　　B. 玩具价格优惠
C. 选配颜色鲜艳的玩具　　　　　　　　D. 小年龄幼儿玩具直径小于2厘米

*（2）以下符合幼儿园自制玩教具安全与卫生要求的是（   ）。
A. 任何材料都可用于制作自制玩教具　　B. 喇叭、口琴、哨子等口动玩具也可以自制
C. 禁用易引起幼儿过敏的材料　　　　　D. 以上都是

*（3）以下符合游戏材料使用安全的事项是（   ）。
A. 引导幼儿正确使用玩具　　　　　　　B. 定期检查和保养室内外的玩教具
C. 增强幼儿自我保护能力　　　　　　　D. 以上都是

*（4）以下符合幼儿游戏材料保管要求的是（   ）。
A. 玩具应归类摆放整齐
B. 应按照规范操作要求定期清洁和消毒玩具
C. 定期检查玩具是否有损坏，对于已损坏的玩具应及时修补，对于无法修补的应立即报废
D. 以上都是

*（5）暂时不用的玩具应该放在（   ）。
A. 规定的玩具柜中　　B. 班里指定位置　　C. 园长室　　D. 储藏室

（6）塑料玩具的消毒方法是（   ）。
A. 清洗并浸泡在消毒液中，冲洗干净后晾干　　B. 用含有消毒液的抹布擦拭
C. 放在太阳下暴晒　　　　　　　　　　　　　D. 用蒸汽消毒

（7）为幼儿选择玩具的要求是（   ）。
A. 玩具只要好玩，不必考虑幼儿的年龄特点
B. 玩具只要有艺术性，不必考虑可变性
C. 玩具要符合安全卫生的要求
D. 玩具要逼真，价格越贵越好

（8）为幼儿选择玩具要符合幼儿的年龄特点，以下表述错误的是（　　）。

　　A. 小班玩具品种不必过多，但相同品种的玩具一定要多

　　B. 小班不宜选择很多未成型的玩具

　　C. 增多中、大班玩具的品种

　　D. 大班的玩具种类要少，数量也不必多

3. 上海市保育员初级、中级考工应会真题

玩具的保管（四项要求）（初级）。

4. 拓展题

在发生疫情的背景下，幼儿园玩具的清洁与消毒有哪些新的要求？

学习情况评价表

评分项目		评分标准或要求	配分（分）	评价方式			得分
				自评	互评	师评	
				权重20%	权重30%	权重50%	
专业知识技能60%	游戏材料的安全与卫生	● 正确说出游戏材料的定义（3分） ● 能辨认探索活动中玩具材料的安全性（2分） ● 说出玩具材料安全与卫生的国家标准文件名，并能分辨实训室中游戏材料的安全性（7分） ● 说出自制玩教具的10个安全数据（每条0.5分，共5分）	17				
	游戏材料的安全	● 找出案例中的安全隐患（2分） ● 说出游戏中可能存在的安全隐患（4分）	6				
	游戏材料的清洁与消毒	● 说出各类玩具及书籍的清洁与消毒方法（6分） ● 规范地对各类玩具进行清洁与消毒（9分）	15				
	游戏材料的保管	● 评析案例中保育员的游戏材料保管工作（6分） ● 说出游戏材料的保管要求（每个1.5分，共6分）	12				
	自测题	自测题得分×10%	10	—	—	—	
个人素养40%	专业精神（10分×70%）	认同保育工作的重要性，积极投入专业学习（3分）；在实践中切实履行保育责任，精益求精（4分）；不断反思改进，提高专业水平（3分）	7				
	人文关怀（10分×70%）	关注和尊重他人（教师、同学、幼儿）的想法和感受，设身处地为他人着想（5分）；充分表达对他人的关心、理解和爱护（5分）	7				
	团队合作（10分×70%）	乐于承担小组分配的任务（2.5分），积极寻求同伴合作（2.5分），乐于分享自己的经验（2.5分），对小组学习问题的解决有贡献（2.5分）	7				

（续表）

评分项目		评分标准或要求	配分（分）	评价方式			得分
				自评	互评	师评	
				权重20%	权重30%	权重50%	
个人素养40%	沟通表达（10分×70%）	善于倾听（2分），正确理解（2分）；围绕主题表达（2分），语言清楚简洁（2分），文明礼貌，应人应时应景（2分）	7				
	问题解决（10分×70%）	解决问题逻辑清晰（2.5分），能举一反三（2.5分），善于批判质疑（2.5分），勇于创新（2.5分）	7				
	信息获取（10分×50%）	熟悉信息源，善于利用搜索工具快速、准确地获取所需信息（5分）；能根据需要对信息进行挖掘、甄别、筛选（5分）	5				
总分			100	总得分			

反思与收获：

学习任务小结

　　游戏是幼儿园的基本活动形式，本书中的幼儿游戏活动指幼儿园中幼儿自主、自发、自愿的活动，特指幼儿发起的游戏，即自主游戏。自主游戏对幼儿的身心发展具有十分重要的价值。因此，保教人员应保证幼儿自主游戏活动的时间，履行好幼儿游戏中的保教职责，尤其注意确保幼儿游戏活动的安全与卫生。游戏活动前，检查所投放材料的适宜性、安全性及卫生状况，及时排除材料中的安全隐患，让幼儿操作时无后顾之忧。游戏活动中，关注幼儿使用游戏材料过程中的安全性，及时排除危险因素，制止危险动作。游戏活动后，做好游戏材料的清洁与消毒及保管工作。

学习任务 2 | 幼儿园各类游戏活动保育

工作情境描述

周一到了，保育员黄老师繁忙的一周又开始了。她不但要做好幼儿生活活动保育、环境的清洁消毒和物品保管等工作，还要根据需要积极配合教师开展游戏活动。张老师和保育员黄老师根据游戏活动的特点及幼儿的年龄特点在各活动区都投放了相应的游戏活动材料，并注意保证游戏材料的安全与卫生。幼儿自由游戏活动时间到了，张老师不断巡视，对幼儿的游戏活动进行观察，并适时给予支持。保育员黄老师也专注地观察着全体幼儿的游戏活动：她一方面关注幼儿在游戏过程中是否存在安全隐患，一旦发现及时排除；另一方面，她还要观察幼儿的身体、情绪及参与活动的情况，必要时给予个别照护。游戏活动结束后，黄老师组织幼儿进行游戏活动材料的收整和环境的初步整理，张老师组织幼儿进行游戏活动后的分享交流。

任务目标

- 总结各年龄班幼儿进行各类游戏活动的一般特点,强化观察幼儿、保护幼儿的意识。
- 能根据游戏活动的特点、幼儿的年龄特点与发展需要,配合教师进行游戏材料的投放,并懂得游戏材料的投放与幼儿游戏水平的提升息息相关。
- 能初步学会观察幼儿的游戏活动,并给予幼儿较适恰的支持,从中懂得保教人员观察与解读幼儿的能力是重要的专业基本功。
- 能敏锐地发现幼儿游戏活动的安全隐患,并采取适恰的应对与预防措施,强化安全保护责任意识。
- 能组织幼儿做好游戏活动后的收整工作,并能协助教师组织幼儿进行分享,从中懂得游戏分享的方法与价值。
- 认同游戏对于幼儿身心成长的价值,懂得自身的游戏保育专业素养对于幼儿游戏发展水平的影响,积极参与游戏活动保育的学习。

 建议学时

16 学时。

 任务实施过程

学习活动 1:角色游戏活动保育(4 学时)。
学习活动 2:结构游戏活动保育(4 学时)。
学习活动 3:表演游戏活动保育(4 学时)。
学习活动 4:沙水游戏活动保育(4 学时)。

 任务实施准备

- 阅读文件:《3—6 岁儿童学习与发展指南》《上海市学前教育课程指南(试行稿)》《上海市幼儿园装备指南(试行)》。
- 阅读图书:《保育员(中级)》,中国劳动社会保障出版社。
- 查找:互联网中的相关资料。

学习活动 1 角色游戏活动保育

学习目标

- ☑ 说出角色游戏、高结构材料、低结构材料的定义。
- ☑ 能分析角色游戏材料投放的情况,体会游戏材料与幼儿游戏水平之间的关系。
- ☑ 能根据角色游戏的观察要点,初步学会撰写观察记录并进行初步分析。
- ☑ 能说出各年龄班幼儿角色游戏的一般特点。
- ☑ 能根据角色游戏活动的特点、幼儿的年龄特点与发展需要,配合教师进行角色游戏准备。
- ☑ 能初步学会观察幼儿的角色游戏活动,给予幼儿较适恰的支持,并懂得观察与解读幼儿行为的能力是保教人员重要的基本功。
- ☑ 能敏锐发现幼儿角色游戏活动的安全隐患,并采取适恰的应对与预防措施,强化安全保护责任意识。
- ☑ 能组织幼儿做好角色游戏活动后的收整工作,并能协助教师组织幼儿进行分享,从中了解分享的方法与价值。
- ☑ 认同角色游戏对于幼儿身心成长的价值,懂得自身的角色游戏保育专业素养对于幼儿角色游戏发展水平的影响,积极参与角色游戏活动保育的学习。

学习准备

- ☑ 娃娃家游戏活动材料:模型娃娃 1 个,被子、毛巾、床、桌、椅、小柜子、奶瓶、餐具、各色彩泥和彩纸、废纸盒和瓶罐等。
- ☑ 展示用材料:彩色纸若干、水笔若干、磁铁若干。
- ☑ 预习"角色游戏活动保育",完成本活动的在线自测题。

📄 关键词释义

`角色游戏` `高结构材料` `低结构材料` `平行游戏`

- **角色游戏**:幼儿借助于模仿和想象,通过扮演角色创造性地反映周围生活的游戏。
- **高结构材料**:教师对材料附加了特定的任务,幼儿必须严格按照教师规定的方法进行操作,以便达成教师预期的目标,这种材料可称为高结构材料。
- **低结构材料**:指目标指向性不够强,简单、可变性强、可塑性高,没有特意限制玩法,幼儿可以创造出很多玩法的材料。
- **平行游戏**:两个或两个以上的幼儿一起玩,他们操作同样或相似的玩具,开展相同或相似的游戏,各玩各的,有时相互模仿,但相互间没有任何联系,没有合作行为,也没有一起玩的倾向。

学习导语

▲ 在角色游戏中相互交流

角色游戏是幼儿最主要的游戏活动类型之一，它对幼儿身心各方面的发展都具有积极的意义。幼儿玩角色游戏时，自由选择游戏主题、游戏伙伴、游戏材料，自由设计游戏情节，因此，幼儿在游戏中有充分的同伴互动机会，能够在此过程中学会协调不同的观点，解决人际冲突，最终促进自身的社会性发展。

在角色游戏中，幼儿要考虑玩什么（主题）、扮演什么角色、应当怎么做，以及用什么样的材料来代替生活中的物品等问题，从而促进幼儿的认知发展。此外，幼儿在角色游戏中扮演角色，模仿角色的语言，可以提高幼儿说话的积极性，丰富词汇，以此促进幼儿的语言发展。同时，角色游戏是幼儿自主选择的游戏，他们的情感需要得到充分满足，因而，可以发展幼儿的积极情感，促进幼儿情绪情感的发展。

在角色游戏进行的不同阶段，保教人员应根据幼儿游戏活动的实际需要支持其游戏。在角色游戏的开始阶段，保教人员创设游戏环境、投放游戏材料；在角色游戏进行过程中，保教人员是幼儿游戏的观察者和支持者；角色游戏结束阶段，教师通过组织讨论和提问来引导幼儿反思、总结自己的游戏活动，学习别人的游戏经验，发现需要改进的地方，或者提出新的游戏主题与内容。分享结束活动后，保教人员组织幼儿做好游戏材料的收整工作。

探索 1　不同年龄班的角色游戏材料投放有何不同？

游戏材料是幼儿游戏的物质基础，不同的材料会引发不同的游戏行为。模拟实物的形象玩具、具有特定功能的废旧日用品材料、没有规定玩法的低结构材料，这些材料的不同特征直接影响着幼儿的主动性、创造性、想象性，以及复合思维和发散思维在游戏中的不同发展。因此，要使幼儿在游戏中得到高质量的发展，关键在于游戏材料的投放。但是，有的教师缺少对游戏材料投放背后的深入思考，导致幼儿对新开展的角色游戏主题不感兴趣，出现玩一两次就不想玩的尴尬情境，有时还会出现"破坏"玩具的情况。

情境："娃娃家"里，妮妮翻炒着锅里的塑料玩具，并准备装盘，但因为玩具蔬菜太大，她根本放不

▲ 娃娃家游戏（小班）

进碗里。她环顾四周，没有发现教师的身影。她随即把塑料玩具扔在脚底下，竭尽全力地将玩具踩成碎片，然后把这些碎片重新放进锅里，翻炒了一会儿，倒进碗里。教师没有发现她的小动作，她的脸上洋溢着成功的快乐。①

你如何看待案例中幼儿的"破坏"行为？幼儿的这种游戏行为与保教人员的材料投放有何关系？请小组合作，查阅相关资料，写下你们的观点及依据。

学习支持 1

★ 角色游戏材料投放的基本要求

（1）游戏材料应该是常见的、安全的、卫生的。

（2）材料投放应数量充足、种类丰富全面，能满足每个幼儿的游戏需要。

（3）根据幼儿游戏发展水平及时更新和增减游戏材料。

（4）师幼应共同收集游戏材料；材料的摆放应方便幼儿取用、搭配和随意组合；材料应为幼儿的想象留有余地，能让幼儿多样化地使用。

（5）师幼可合作安排游戏空间，根据幼儿游戏的需要随时做更改和变动。同一空间可让幼儿自主地变化使用，以满足幼儿的多种游戏需要。空间的划分要使各种游戏，特别是安静的和活跃的游戏互不干扰。

（6）教师要与幼儿一起商定使用材料和空间的规则，并督促幼儿遵守。

★ 角色游戏材料投放的年龄特点

1. 为小年龄幼儿投放高结构的仿真玩具及游戏材料

小年龄幼儿在面对"熟悉的、缩小版的"逼真材料时会情有独钟，他们会在反复的摆弄过程中获得满足与发展。因此，要注意给他们提供各种形象的玩具和游戏材料，以引发他们开展游戏的欲望。为避免幼儿争抢玩具，所提供的玩具和游戏材料在种类上应适当少一些，而在同类物品的数量上应多一些。在此基础上，也应提供一定数量的低结构材料和辅助材料，鼓励幼儿积极想象，引发幼儿更多的替代行为。

▲ 小年龄幼儿喜爱玩仿真玩具

---

① 刘焱. 儿童游戏通论 [M]. 福州：福建人民出版社，2015：486.

2. 为大年龄幼儿投放低结构材料及自然物

随着生活经验的逐步丰富，中、大班幼儿思维的扩散性和想象能力不断增强，形象逼真的玩具已吸引不了幼儿太久的目光。因此，为大年龄幼儿提供的材料需要有更大的空间、更多的可能，可投放少量的形象玩具，以及更多种类和数量的低结构材料、自然物，从而更好地支持幼儿游戏的自主性和创造性。

探索 2　有些角色游戏区，幼儿为什么不爱玩？

暑假里，中一班的教师加班加点地为幼儿准备了很多角色游戏活动材料，他们在教室里设置了娃娃家、小商店、烧烤店，也搜集了各种材料。刚开学的一周，去角色游戏区玩的幼儿比较多，他们觉得很新鲜，可是一周后，很多区域就没有幼儿去玩了，教师费心准备的材料，也被幼儿冷落在了一边。

你如何看待游戏材料遭冷落的现象？教师进行角色游戏材料投放时有哪些注意事项？请小组合作，查阅相关资料，写下你们的观点及依据。

学习支持 2

★ 角色游戏材料投放的注意事项

1. 注意游戏材料的数量

材料投放的数量要适宜，而不是越多越好。教师只需提供游戏的"基本件"，让适宜数量的"基本件"来诱发、推进幼儿的游戏过程。

2. 在充分观察幼儿游戏的基础上添加游戏材料

教师应该在观察幼儿玩游戏的基础上及时补充、调整材料，随着游戏的开展和幼儿的需求持续加入和丰富角色游戏材料。比如在"小吃店"中，最先投放的材料是厨具、食品、厨师服装这些"基本件"。如果幼儿对"小吃店"有很大的兴趣，教师可以问问他们还可以怎样更好地延伸"小吃店"这个主题，幼儿就会根据生活中所见的情节来丰富主题材料，如增加食品宣传单，更多的桌子、椅子等有利于"小吃店"进一步开展的材料。

▲ 高结构材料

3. 注意新旧材料投放的比例

教师要根据幼儿游戏中出现的问题和需要适时地投放材料，否则会导致新旧材料比例失调，而难以引发幼儿的兴趣。当新材料与旧材料一样多的时候，幼儿互相商量交换材料的现象会较多，但创造性行为不多；当新材料比旧材料多的时候，幼儿会关注新材料而忽视旧材料；当新材料是旧材料的一半时，幼儿会创造性地使用新、旧材料。

▲ 低结构材料

在线阅读
角色游戏，为何总是"一条街"

小试牛刀

"娃娃家"活动的准备工作

请小组合作,利用实训房现有的材料完成"娃娃家"活动的准备工作。完成后,各小组互相参观,并进行互评。

项目＼组别	第一组	第二组	第三组
年龄班			
准备了哪些玩具			
玩具的品种、数量			
材料的结构性（低结构、高结构）			
活动场地情况			
美观度			

"娃娃家"活动的准备工作包含以下几点：

（1）准备"娃娃家"活动的玩具。根据幼儿年龄准备"娃娃家"活动的玩具：为小班幼儿准备娃娃、奶瓶、餐具；为中、大班幼儿准备娃娃，成套的服装、被子，以及家具、家用电器和炊具等。

（2）玩具品种齐全、数量充足。根据幼儿的年龄特点及"娃娃家"活动的内容来准备相应的玩具，注意品种齐全、数量充足。

（3）提供半成品材料。可提供各色彩泥、纸、废纸盒、瓶罐等材料，让幼儿捏捏、团团、撕撕；提供玩乐的机会，为幼儿游戏时的动手动脑创设条件。

（4）活动场地的要求。场地安排要合理、安全、宽敞、互不干扰。

探索 3　如何给予幼儿精准的角色游戏支持？

保教人员要通过对幼儿游戏行为的观察，分析幼儿的需要、经验背景，以及动作、语言、情感、认知和社会性等方面的现有发展水平，为设计教育环境、投放材料、组织教育活动收集信息。请小组合作，观察幼儿的任一角色游戏活动（可通过案例视频或实习经历），完成以下观察记录表的填写。

案例视频
小班角色游戏片段

案例视频
中班角色游戏片段

案例视频
大班角色游戏片段

×××班幼儿角色游戏观察记录表

观察区域：　　　　　　　　时　间：　　　　　　　　观察者：

材料投放：

观察要点：

活动实录	行为分析	教师后续的支持策略
	1. 表征行为： 2. 年龄特点：	

保育员配合教师的工作：

学习支持 3

★ 角色游戏的观察要点及发展提示

在幼儿顺利进行游戏并积极投入其中时，保教人员的主要任务是观察幼儿的游戏行为，了解幼儿的游戏动机，分析幼儿的行为水平，在幼儿的行为中反思材料的设计和投放问题，从而进行有针对性的回应与调整。切忌"蜻蜓点水"式的观察，保教人员要养成定点观察的习惯。幼儿角色游戏行为的观察要点及发展提示可见下表。

角色游戏的观察要点及发展提示[①]

类　别	观　察　要　点	发　展　提　示
表征行为	能否清楚地分辨自我和角色、真和假的区别	自我意识
	出现哪些主题和情节	社会经验范围
	动机出自物的诱惑、模仿、意愿	行为的主动性
	行为仅仅指向物还是指向其他角色	社会交往、语言表达
	行为指向哪些相对应的角色	社会关系认知
	行为与角色原型的行为、职责的一致性程度	社会角色认知
	同一主题情节的复杂性和持久性	行为的目的性
	行为是以物品为主还是以角色关系为主	认知风格

---

① 上海市教育委员会.上海市学前教育课程指南（试行稿）[M].上海：上海教育出版社，2004.

（续表）

类　别	观 察 要 点	发 展 提 示
表征行为	是否使用替代物进行表征	表征思维的出现
	同一情节中是否使用多物替代	想象力
	替代物与原型之间的相似程度	思维的抽象性
	用同一物品进行多种替代	思维的变通和灵活
	用不同物品进行同一替代	思维的变通和灵活
	对物品进行简单改变后再用以替代	创造性想象
合作行为	独自游戏、平行游戏、合作游戏	群体意识
	更多主动与人沟通还是被动沟通	交往的主动性
	更多指使别人还是跟从别人	独立性
	是否会采用协商的办法处理玩伴关系	交往机智
	是否会同情、关心别人和取得别人的同情、关心	情感能力
	交往合作中的沟通语言	语言与情感的表达与理解
	是否善于调整自己的行为以适应他人	自我意识
规则行为	是否能爱惜物品、坚持整理玩具、物归原处等	行为习惯
	是否使用一定规则解决玩伴纠纷	公正意识
	是否喜欢规则游戏	竞赛意识
	是否自觉遵守游戏规则	规则意识
	是否创造游戏规则	自律和责任
	游戏规则的复杂性	逻辑思维

★ 角色游戏的年龄特点

1. 小班幼儿角色游戏的一般特点

（1）游戏情节简单而零散。由于小班幼儿的生活经验少，所以游戏中反映出来的内容简单，情节单一、零散，常常对现实生活中某类角色的典型活动进行简单重复和模仿。例如，"妈妈"为了给娃娃做饭，反复地进行切菜、炒菜等在日常生活中常常接触的内容。

（2）游戏时角色意识不稳定。幼儿在游戏中扮演的角色是生活中经常接触到的，如爸爸、妈妈、奶奶、爷爷等。但是，幼儿经常会只满足于摆弄操作材料，而未意识到扮演的角色，有时也会转移扮演的角色。

（3）幼儿在游戏中的合作性水平低，多为单独游戏和平行游戏。因小班幼儿往往以自我为中心，所以其进行的大多为平行游戏，独自操作材料，如抱娃娃、喂娃娃，往往是默默无语。即使幼儿在一起玩时，也是各说各话，专心于自己的游戏，旁若无人，有时也有一些简单的对话，但仅围绕模仿的材料开展。

2. 中班幼儿角色游戏的一般特点

（1）游戏情节、内容趋向丰富。由于认知范围的扩大，中班幼儿的游戏内容与情节更丰富了，幼儿能边游戏边想象，游戏发展走向深入。

（2）游戏中的角色意识较强。游戏兴趣浓厚，能投入地扮演角色，角色行为逼真，体现了较强的生成游戏能力。幼儿有较强的角色意识，有了角色的归属感，会认真扮演一个角色，并以该角色的身份去做各种事。

（3）开始有合作游戏的趋势。中班幼儿有了一定的交往意识，交往范围扩大，乐意与同伴共同游戏，初步懂得与同伴协调关系，具有从联合游戏向合作游戏发展的趋向；能积极主动交往，语言交流明显增多，角色互动能流露真情实感。

3. 大班幼儿角色游戏的一般特点

（1）游戏主题广泛、丰富。大班幼儿的活动能力增强，会接触更多的事物，随着他们生活经验的积累，关注的内容会更多，游戏主题能反映社会生活中的各种事物和现象。例如，在"医院"游戏中，大班幼儿会想到开设不同的科室，他们还会想到接收病人时用的救护车等。

（2）角色扮演逼真，能反映角色与其主要职责之间的关系。幼儿能很投入地扮演自己的角色，恰当地处理好与游戏同伴的关系。

（3）反映出明显的目的性和计划性，体现较强的独立性和合作意识。大班幼儿在参与角色游戏时已有了很强的目的性，他们在刚开始游戏时就已经设想好玩什么角色、做什么事情，他们不满足于重复的游戏，会将新近发生的事情在游戏中重现。

（4）会自制玩具，并能充分运用玩具开展游戏。大班幼儿的动手能力增强了，他们思维较为敏捷，一些成品玩具已远远不能满足于他们的游戏需求，因此，他们会主动地自制玩具，以充实游戏情节。例如，幼儿用一个纸盒及塑料管做了一个水槽，将一些橡皮泥串在筷子上做成牛肉串。幼儿在游戏中不断地创造出相应的自制玩具，并在游戏中加以运用。

★ 角色游戏的介入与支持

华爱华教授曾经说过："尽管没有成人对游戏的介入，幼儿也能在游戏中自我发展，但是有没有成人的介入指导，幼儿的发展还是有区别的。成人的作用就在于用专业的眼光观察幼儿的游戏行为，在最适宜的时候推进幼儿的发展。"

当幼儿需要教师的支持和帮助时，教师应当以顺应幼儿的游戏意愿为前提，把握时机，适时地介入支持，以帮助幼儿实现自己的游戏构思。那什么时机才是最适宜的呢？专家在进行了大量的案例研究后得出结论，可以作为教师介入幼儿游戏时机的判断依据有：当幼儿主动寻求教师帮助时；当幼儿的游戏行为或游戏材料有安全隐患时；当幼儿在游戏中因遇到困难、挫折而难以实现自己的游戏愿望时；当幼儿在游戏中出现过激行为时。

教师介入游戏的方法有多种，均以不干扰和打断幼儿的游戏为前提。教师可作为玩伴参与到某一幼儿、某一主题的游戏中去，或在一旁与幼儿开展平行游戏以对其进行示范和暗示，也可作为游戏旁观者给予幼儿建议、欣赏和鼓励。保育员在幼儿游戏活动的过程中要敏锐发现并排除幼儿游戏时的危险因素，维护幼儿游戏活动的安全；协助教师支持个别幼儿顺利开展游戏活动，解除游戏障碍；协助教师及时、果断地处理偶发事情，保证幼儿游戏的顺利进行。

探索 4 角色游戏可能存在哪些安全隐患？如何应对与预防？

在幼儿游戏时，往往存在许多安全隐患。如果保教人员的安全意识不强、观察不细致、工作不细心，很可能会导致幼儿意外事故的发生。观看案例视频或根据实习经历，小组合作，列举幼儿角色游戏中存在的安全隐患，并商讨应对方法，将讨论结果填入表格内，并思考如何确保类似事情不再发生。

案例视频
角色游戏中的安全隐患

安全隐患记录表

幼儿角色游戏时的安全隐患	对幼儿健康可能造成的伤害	应对方法与预防措施

学习支持 4

★ 幼儿角色游戏时的常见安全隐患

（1）活动区因人数过多而拥挤，导致发生幼儿碰撞、被推倒等伤害事故。

（2）游戏材料带来的危险。当游戏中发生材料破损的情况时，如果不能及时发现和处理，会给幼儿的安全带来威胁。比如，沙包里的黄豆粒散落出来，幼儿可能误食或不小心踩到摔倒。

（3）幼儿的游戏行为存在安全隐患，如因争抢玩具而发生争执行为等。

（4）角色游戏材料未按照规范要求进行清洁消毒。

★ 幼儿角色游戏安全隐患的排除方法

（1）根据活动空间的大小，通过适宜的方法控制活动区的人数，避免活动区的幼儿人数过多。

（2）游戏活动要保持良好的秩序，准备的玩具、材料要充足，避免幼儿因抢玩具发生争执。如发现幼儿的争执行为，要适时介入，避免发生伤害事故。

（3）关注游戏活动中材料的安全状况，如破损要及时修理或替换。

（4）关注幼儿的游戏行为，当发现存在安全隐患时，应及时介入引导。

（5）关注幼儿在游戏中使用的材料，做到勤消毒。例如，每日消毒幼儿使用的角色游戏材料，特别是比较逼真的食物模拟物。

案例

不能爬，太危险了[1]

鸣鸣今天是修理工，当他接到娃娃家妈妈的"报修单"后，便去给娃娃家修水龙头。他带着工具箱到了娃娃家，对着水龙头上下前后地观察了一遍，非常自信地说："这个容易，我会帮你

---

[1] 徐则民，洪晓琴．走进游戏　走近幼儿［M］．上海：上海教育出版社，2010：109．

们修好的！"说着，他举起锤子开始敲打龙头，还拿出扳手拧了几下，一二分钟后，鸣鸣宣布："修好了！""你们还有什么要修的吗？"鸣鸣主动请命。"我也不知道！"娃娃家的妈妈回答。"那我来帮你找找吧！"热情的修理工鸣鸣东张西望地在娃娃家里寻找着需要修理的物品。他的目光最终停留在娃娃家上方的日光灯上。"你家的灯坏了，我来帮你修吧！"他的话引起了娃娃家的妈妈的注意，她抬头看看那并没有打开的灯心领神会地说道："是的，我家的灯坏了好几天了！"于是，修理工鸣鸣开始了他的行动。他搬来了许多大型积木，并把积木一块一块地垒高。当他把积木垒到超过他的身高时，他对娃娃家的妈妈说："这是我的梯子，你帮我扶好，我爬上去修灯哦！"此时，教师看出了他的意图，马上出来阻止："不能爬，太危险了，这灯没打开，打开还是亮的。"听教师这样一说，鸣鸣停止了他的攀爬，自己解围道："那我帮娃娃家修门吧！"

分析： 案例中的鸣鸣完全沉浸在模仿修理工的动作中，很显然，他的脑海里有修理工使用工具爬上钻下的情景，因此，他在娃娃家寻找各种物品"施展自己的才华"。然而，当年幼的幼儿沉溺于游戏的情景时，往往会将假想与现实混淆，鸣鸣在游戏中就把教室里高高悬挂着的日光灯也当作了自己的修理内容，看似大胆的想象却埋藏着安全隐患。此时，教师及时阻止了幼儿的行动，她明确地告诉幼儿"太危险了"，起到了保护的作用。

这个萝卜不能吃[1]

今天，铭铭做娃娃家的妈妈，多多做宝宝。她给多多穿好衣服，来到餐厅准备给多多用餐。

铭铭对多多说："你在这里坐好，我给你买好吃的东西！"多多很听话地说："好的，妈妈！"铭铭拿了胡萝卜、青菜、面条、鸡腿等好多好吃的（都是一些塑料玩具）。铭铭开始喂多多吃东西，只听见铭铭一个劲儿地说："你把嘴巴张开来呀！"只见多多真的张大了嘴巴，发出"啊——"的声音，铭铭拿起胡萝卜准备送进她的嘴里。

分析： 事实上，类似的事件在小年龄幼儿的游戏中时常会发生，特别是当游戏情节中出现假想的食物时，幼儿便会真的把它放入口中吮吸或咀嚼一下。虽然他会因为咬不下去而再吐出，但这样的过程既不卫生又不安全。

因此，保教人员在托、小班幼儿游戏时必须特别注意案例中发生的类似情况，及时介入并加以引导。有的教师在发现幼儿咀嚼玩具时，会直接告诉幼儿"这是玩具，放在嘴巴里吃不卫生"，以唤起幼儿的装扮意识，防止这一"以假当真的行为"可能带来的危险，这是很有必要的。同时必须注意的是，对于托、小班幼儿的玩具，尤其是某些比较逼真的食物模拟物，保教人员应当对其增加消毒次数，确保幼儿使用的安全与卫生。

探索 5 在角色游戏结束时，如何组织幼儿分享与收整？

请观看案例视频，小组合作，讨论分享活动中教师与幼儿交流了哪些问题，为什么围绕这些问题进行交流？还可以交流哪些问题？并说说案例中的收整工作是如何开展的，有哪些优点？如何做得更好？

---

[1] 徐则民，洪晓琴．走进游戏　走近幼儿[M]．上海：上海教育出版社，2010：109．

学习支持

★ 角色游戏的分享内容

游戏后分享交流活动的核心是"满足幼儿交流的愿望",它也是幼儿游戏的一部分。保教人员作为一个听众,能在倾听幼儿分享的过程中进一步了解其所思所想。

保教人员要鼓励幼儿与同伴交流自己的经历和体验。对幼儿来说,无论是和同伴说,还是和成人谈,只要能说一说刚刚经历的情景,再切实想一想明天如何继续,这样的分享都是适宜的。游戏分享一般包括三个方面的内容:一是让幼儿表达自己在游戏中高兴的事或得意之作。二是让幼儿分享他们的一些值得同伴学习的创造性行为。三是探讨幼儿游戏中碰到的"问题",如同伴交往、材料、角色、情节、生活常识等方面,一起商讨解决办法。

保教人员作为一名听众,不仅能帮助幼儿延伸游戏的快乐与精彩,还能知道许多未知的情节,这是了解幼儿、掌握游戏动态的一个窗口,同时还能引发师幼互动、幼幼互动,为推动第二天的游戏奠定基础。

▲ 角色游戏分享活动

★ 角色游戏后的收整

角色游戏后的收整是指游戏结束之后,幼儿对操作过的材料及使用过的环境进行分、拣、摆放、打扫等活动。它既是本次游戏的完整结束,也为顺利开展下次游戏提供了必要的物质基础和条件。游戏后的收拾整理能培养幼儿的责任感,使幼儿学习分工合作,体会劳动的快乐,让幼儿在游戏中证明自己的能力。

保教人员可根据幼儿的年龄来安排收整活动。小年龄幼儿可在保教人员的带领下,协助完成角色游戏材料的收整和环境的清洁卫生工作。大年龄幼儿可以在保教人员的组织下共同制定物品收整的规则,通过集体研讨物品的摆放位置及设置小小值日生的方式来保证游戏材料的有序收整,最终培养幼儿整洁、有序、美观的卫生习惯。

---- ○ **课后复习** ○ ----

- ☑ 归纳:角色游戏材料投放的基本要求及注意事项。
- ☑ 描述:各年龄班角色游戏的一般特点。
- ☑ 实践:找一找幼儿园角色游戏活动存在的安全隐患,并采取预防措施。

课后自测

1. 判断题（每题5分，共40分）

（1）角色游戏是指按幼儿意愿，借助模仿与想象，通过扮演角色创造性地反映幼儿生活经验的一种游戏。（ ）

（2）幼儿玩具要具有可变性，结构灵活多变，这是因为幼儿的思维简单、想象力不丰富。（ ）

（3）保育员要参与幼儿游戏活动，担任游戏中的重要角色，可以指挥和命令幼儿。（ ）

（4）玩具应归类摆放整齐，保证幼儿易拿易放。（ ）

（5）活动室内的玩具柜要每天擦拭，定期消毒。（ ）

（6）只有一种玩法的材料，属于低结构材料。可以有多种玩法的材料，属于高结构材料。（ ）

（7）幼儿在玩角色游戏时，保教人员的主要任务是观察并解读幼儿的行为，有针对性地回应幼儿，同时反思自己的材料设计与投放。（ ）

（8）小班幼儿的角色游戏内容比较简单，常常对现实生活中某类角色的典型活动进行简单重复和模仿。（ ）

2. 选择题（每题10分，共60分）

（1）保育员要根据角色游戏活动的内容和（ ）准备相应的玩具和材料。
A. 幼儿的智力水平　　B. 幼儿的年龄特点与发展需要　　C. 幼儿的偏好　　D. 幼儿的习惯

（2）教师提供的游戏材料及其种类对幼儿游戏主题的选择有着（ ）。
A. 暗示作用　　B. 帮助作用　　C. 指导作用　　D. 活动作用

（3）在角色游戏中，（ ）是幼儿最熟悉、最喜欢的家庭生活主题游戏。
A. 商店　　B. 医院　　C. 娃娃家　　D. 儿童乐园

（4）为了发展幼儿的思维能力和想象能力，保育员在选择玩具时，应该以（ ）为好。
A. 色彩鲜艳的玩具　　B. 一物多玩的玩具　　C. 新式玩具　　D. 电动玩具

（5）在幼儿游戏活动中，保育员应做的工作是（ ）。
A. 自制玩具　　B. 环境、玩具的准备　　C. 根据需要参与游戏　　D. 以上三项都是

（6）角色游戏对幼儿的身心发展具有（ ）的作用。
A. 促进幼儿认知的发展
B. 促进幼儿社会性的发展
C. 促进幼儿语言的发展
D. 以上都是

3. 上海市保育员初级、中级考工应会真题

"娃娃家"活动的准备工作（中级）。

① 准备好活动的玩具；

② 玩具品种齐全、数量充足；

③ 提供半成品材料；

④ 场地安排合理、安全；

4. 拓展题

在角色游戏活动的分享环节，小商店的营业员佳佳说出了今天她遇到的一个问题。原来今天来了一名小客人要买糖葫芦，可是小商店没有糖葫芦，她不知道该怎么办。如果你是这个班级的老师，你准备如何帮助她解决这个问题呢？

学习情况评价表

评分项目		评分标准或要求	配分（分）	评价方式 自评 权重20%	评价方式 互评 权重30%	评价方式 师评 权重50%	得分
专业知识技能60%	角色游戏材料的投放	• 说出角色游戏的定义（1分） • 评析案例中幼儿的游戏行为与材料投放的关系（3分） • 根据案例，说出角色游戏材料投放的注意事项（3分） • 分辨角色游戏材料适合的年龄班（3分） • 分辨高结构材料、低结构材料（2分）	12				
	角色游戏的观察与支持	根据案例视频或实习经历，填写观察记录表： • 幼儿在角色游戏中的表征行为（3分） • 幼儿在角色游戏中的合作行为（3分） • 教师后续的支持策略（3分） • 评析教师介入的合理性（2分）	11				
	角色游戏的年龄特点	根据案例视频或实习经历分析： • 小班幼儿角色游戏的一般特点（3分） • 中班幼儿角色游戏的一般特点（3分） • 大班幼儿角色游戏的一般特点（4分）	10				
	角色游戏安全隐患的识别与应对	• 发现角色游戏案例视频中的安全隐患（5分） • 说出角色游戏安全隐患的排除方法（5分）	10				
	角色游戏活动后的分享与收整	• 分析角色游戏活动后的分享活动（4分） • 说出各年龄幼儿角色游戏活动后的收整要求（3分）	7				
	自测题	自测题得分×10%	10	—	—	—	
个人素养40%	专业精神（10分×70%）	认同保育工作的重要性，积极投入专业学习（3分）；在实践中切实履行保育责任，精益求精（4分）；不断反思改进，提高专业水平（3分）	7				
	人文关怀（10分×70%）	关注和尊重他人（教师、同学、幼儿）的想法和感受，设身处地为他人着想（5分）；充分表达对他人的关心、理解和爱护（5分）	7				
	团队合作（10分×70%）	乐于承担小组分配的任务（2.5分），积极寻求同伴合作（2.5分），乐于分享自己的经验（2.5分），对小组学习问题的解决有贡献（2.5分）	7				
	沟通表达（10分×70%）	善于倾听（2分），正确理解（2分）；围绕主题表达（2分），语言清楚简洁（2分），文明礼貌，应人应时应景（2分）	7				
	问题解决（10分×70%）	解决问题逻辑清晰（2.5分），能举一反三（2.5分），善于批判质疑（2.5分），勇于创新（2.5分）	7				
	信息获取（10分×50%）	熟悉信息源，善于利用搜索工具快速、准确地获取所需信息（5分）；能根据需要对信息进行挖掘、甄别、筛选（5分）	5				
总分			100	总得分			

反思与收获：

 结构游戏活动保育

 学习目标

- 说出结构游戏、结构游戏平行示范策略的定义。
- 能根据各年龄班幼儿进行结构游戏的一般特点,分辨案例视频中幼儿的年龄。
- 能根据幼儿的年龄特点及结构游戏活动的特点做好结构游戏活动的准备工作。
- 能初步进行幼儿结构游戏活动的观察与支持,初步学会撰写观察记录并进行初步分析。
- 能敏锐发现幼儿结构游戏活动的安全隐患,并采取适恰的应对与预防措施,强化安全保护责任意识。
- 能做好结构游戏活动后的收整工作,并协助教师组织幼儿进行分享,进一步理解分享的方法与价值。
- 认同结构游戏对于幼儿身心成长的价值,懂得自身的结构游戏保育专业素养对于幼儿结构游戏发展水平的影响,积极参与结构游戏活动保育的学习。

学习准备

- 结构游戏活动环境布置材料:积木、接插构造材料、螺旋类材料、穿编类材料及其他辅助材料。
- 展示用材料:彩色纸若干、水笔若干、磁铁若干。
- 预习"结构游戏活动保育",完成本活动的在线自测题。

关键词释义

结构游戏　**结构游戏材料**　**结构游戏平行示范策略**

- **结构游戏**:指幼儿利用各种结构材料(如积木、积塑、沙、土、金属部件等)进行排列、拼插、穿编等的构造活动。
- **结构游戏材料**:由各种结构元件组成,用以进行结构游戏的玩具。结构游戏材料包括积木、积塑、胶粒、雪花片等专门的结构材料,沙、石、水、土、雪等自然的结构材料,以及瓶子、挂历、纸盒等废旧物品或半成品的结构材料。
- **结构游戏平行示范策略**:教师在空间距离上接近幼儿,并用与幼儿相同的材料从事同样的活动,但是不与幼儿直接发生言行交往,不直接介入幼儿的活动,而是利用自身行为的榜样示范作用,通过暗示的方式对幼儿的结构游戏活动进行指导。

学习导语

结构游戏包括多种类型,本学习活动涉及的结构游戏特指在幼儿园中开展得最为广泛的积木和积塑游戏。积木游戏是指幼儿利用积木进行建构和造型的游戏;积塑游戏是指利用积塑进行建构和造型的游戏。幼儿的玩沙、玩水游戏会以一类专门的游戏进行介绍。

▲ 幼儿正在进行结构游戏

结构游戏不仅能带给幼儿快乐,而且对幼儿的认知、审美、身体和非智力因素等方面的发展都具有重要价值。结构材料没有固定的模式,游戏的过程就是幼儿动手动脑的过程。在这种直接操作的活动中,幼儿能获得关于结构材料的性质、大小、颜色的知识;体会自己的动作和结构材料之间的相互作用和因果关系;积累有关空间方位的概念和组合、堆积、排列各种形体的感性知识,增强对数量和图形的理解和认识。在结构游戏过程中获得的这些经验,可以提升幼儿尝试解决问题的可能性,从而促进幼儿的认知发展。结构游戏能使幼儿获得丰富的造型艺术方面的知识和技能,增加他们感受美和表达美的情趣,是培养幼儿的审美能力,以及表现美、创造美的能力的一种重要手段。在结构游戏中,幼儿不停地对物体进行操作,如堆积、放置、抓握、拼接、整理等,这为幼儿发展感知运动技能提供了充分的机会。同时,幼儿经常通过结构游戏表现周围生活还有助于培养他们热爱自然、热爱生活的积极的人生态度。结构游戏是幼儿利用各种不同材料,经过创作反映周围现实生活的游戏,也是培养幼儿创造性思维的有效手段之一。幼儿在结构游戏中,通过动手动脑、手脑并用,自由建造物体,创造性地再现物体的形象,从而丰富幼儿的想象力,培养其创造性思维。

然而,据研究者的调查研究发现,幼儿园在实践结构游戏的过程中存在这样几个问题:第一,教师对结构游戏的重要性具有一定的认识,但对结构游戏的了解不够深入。第二,幼儿园开展结构游戏虽有场所保证,但游戏时间不足,特别是连续游戏的时间与频次不高。第三,教师在指导结构游戏和投放结构材料方面存在理念和实践的差异。大部分幼儿教师了解指导结构游戏的重要性,但在具体的指导策略上存在困惑。

综上所述,作为保教人员,在结构游戏进行的不同阶段,应根据幼儿游戏活动的实际需要扮演多种角色来支持幼儿的游戏。在结构游戏的开始阶段,保教人员需要创设游戏环境、投放游戏材料;在结构游戏进行的过程中,保教人员是幼儿游戏的观察者和支持者;在结构游戏的结束阶段,教师需要通过组织讨论和提问等形式来引导幼儿反思、总结自己的游戏活动,发现需要改进的地方,或者引发出新的游戏主题与内容。在分享活动结束后,保教人员要组织幼儿做好游戏材料的收整工作。

探索 1 如何投放结构游戏材料?

结构游戏材料既是结构游戏的物质基础,又会对结构游戏的性质、内容等产生影响。保教人员必须了解结构游戏材料的性质,为幼儿选择适宜的游戏材料并以合理的方式进行投放。

（1）请小组合作，通过各种信息源调研，了解幼儿园常用的结构游戏材料有哪些，并完成下表的填写。

幼儿园结构游戏材料统计表

材料种类	具体材料	材料功能	年龄班
积木类			
接插构造类			
螺旋类			
磁性构造类			
穿、编类			
辅助类			

（2）请小组合作模拟布置幼儿园某年龄班的结构游戏区（主要是环境和材料投放方面），讨论准备投放哪些材料，并说明原因。

（3）请写下模拟操作后的感悟。

学习支持 1

★ 结构游戏环境创设的基本要求

（1）幼儿进行结构游戏的空间要宽敞，可以设置在教室里，有条件的幼儿园也可以设置结构游戏专用活动室，或者设置户外结构游戏活动区。

（2）场地的安排应当远离通道，以使幼儿能够不受干扰地进行结构游戏，同时也能够避免幼儿的结构作品被其他幼儿碰倒。

（3）室内结构游戏活动区的地板应该平滑，没有裂痕，可适当地铺设地垫，以减少噪声。

（4）存放结构游戏材料的玩具柜要坚固且适合幼儿的身高。玩具柜宜做成开放式的，以方便幼儿取放材料。

（5）根据形状和种类分类存放游戏材料。为了保证安全，较大、较重的材料应该放在玩具柜的底部，

▲ 结构游戏专用活动室

多种颜色的小积木可以放在配有图片或照片的篮子或积木桶里,大型空心积木可以直接靠墙摆放在地上。

★ 各年龄班结构游戏材料投放的基本要求

(1)托、小班幼儿双手的精细动作尚未发展完善,并且不太会有目的地选择结构元件进行造型活动,只是处于无意堆积、接插的阶段。因此,结构玩具的投放总量应满足每班3—4名幼儿同时玩耍的需要;以配备木制积木为主,辅以结构件较大且接插较容易的接插结构和螺旋结构类玩具。

(2)小、中班幼儿已有一定的造型意识,但目的性不强,作品简单,对颜色的选择不敏感。因此,宜投放原色积木和单色插塑,或将彩色的结构材料按颜色投放(将相同颜色归在一起),以便幼儿对结构造型进行整体感知,同时可辅以少量的形象玩具,以增强幼儿造型的动机。

(3)中、大班幼儿的造型意识和探索意识强,会有目的地选择材料的种类和颜色来实现自己的构思,作品逐步复杂,且可能出现装置类或机械结构传动类的作品。因此,除了原色积木以外,可适当增加插塑材料的种类,彩色插塑的数量要满足作品造型对颜色的需要,并辅以纸、笔、盒、罐、绳等各种非结构材料,使造型目的更加容易实现。此外,投放结构玩具的总量应满足每班6名幼儿同时玩耍的需要。

探索 2 在幼儿玩结构游戏时,保教人员为何要细心观察?如何观察?

保教人员通过观察幼儿的结构游戏,一方面有助于更准确地分析游戏情景,为教学决策提供依据;另一方面有助于了解幼儿的个体特点,读懂幼儿思维中的细节,找到支持、帮助、指导幼儿学习与发展的依据。

案例视频
结构游戏片段

(1)请小组合作观察幼儿的任一结构游戏活动,完成以下观察记录表。

×××班幼儿结构游戏观察记录表

观察对象:　　　　观察时间:　　　　记录者:

观察项目		观察记录	说 明
游戏兴趣	建构目标不明确,只对材料感兴趣,不能坚持多久		
	比较专注,对建构活动较感兴趣,能根据图片或者实物较认真地建构		
	建构目标明确,游戏时专注、坚持,能根据作品的形态特征在头脑中建构搭建的过程和结果		
动作技能水平	建构作品体积小、简单、平面化,喜欢重复搭建		
	作品缺乏装饰,形象不是特别逼真,缺少固定支撑,建构作品缺少搭建技巧的运用		
	建构技巧多样,作品形态逼真、美观,结构牢固,有较多的细节装饰		
社会性水平	无法与同伴合作,时有冲突与矛盾		
	有合作、交往的意向,但比较被动;同伴关系融洽		
	能主动与同伴讨论分工和合作,一起解决在搭建过程中不断出现的问题		

(续表)

观察项目		观察记录	说 明
创造力水平	机械地操作摆弄材料，无任务意识		
	能根据图示，较灵活地运用材料开展活动		
	不仅能根据图示充分利用各种材料进行活动，而且能创造性地运用活动材料		

（2）小组合作讨论，不同年龄班幼儿的结构游戏活动有哪些特点？

....
....
....
....
....

学习支持 2

★ 结构游戏的观察要点及发展提示

在幼儿进行结构游戏并积极投入其中时，保教人员的主要任务是观察幼儿的建构行为，了解幼儿构造行为及合作行为的发展水平，通过幼儿的行为反思材料的设计和投放问题，并进行有针对性的回应与调整。幼儿结构游戏行为的观察要点及其发展提示可见下表。

结构游戏的观察要点和发展提示[①]

类 型	观 察 要 点	发 展 提 示
构造行为	对结构材料拼搭接插的准确性和牢固性	精细动作、眼手协调
	对造型是先做后想，还是边做边想，或先想好了再做	行为的有意性
	构造哪些作品	生活经验
	是否按一定规则对材料的形状、颜色有选择地进行构造	逻辑经验
	注重构造过程还是不同程度地追求构造结果	行为的目的性
	是否会用多种不同材料搭配构造	创造性想象力
	构造作品外形的相似性	表现力
	构造作品的复杂性	想象的丰富性
	是否能探索和发现材料特性并解决构造中的难题	新经验与思维变通

[①] 上海市教育委员会. 上海市学前教育课程指南（试行稿）[M]. 上海：上海教育出版社，2004.

（续表）

类型	观察要点	发展提示
合作行为	独自游戏、平行游戏、合作游戏	群体意识
	更多主动与人沟通还是被动沟通	交往的主动性
	更多指使别人还是跟从别人	独立性
	是否会采用协商的办法处理玩伴关系	交往机智
	是否会同情、关心别人和取得别人的同情和关心	情感能力
	交往合作中的沟通语言	语言与情感的表达与理解
	是否善于调整自己的行为以适应他人	自我意识

★ 结构游戏的年龄特点

1. 小班

小班幼儿的结构游戏缺乏明确的目的性和意向性，游戏形式往往是独自游戏和平行游戏，游戏中对搭建的动作、搭建的过程比较感兴趣。同时，小班幼儿受生活经验和认知能力所限，建构的内容通常是他们日常生活中经常接触的、熟悉的物品。在游戏的表征上，他们一般是将非常熟悉的经验转化为头脑中的表象，然后用材料较为清晰地表现其形态。因此，小班的搭建内容通常表现为结构简单、主题单一的特点。该阶段的幼儿逐渐能表现一定的自然认知经验，如大树、小花、太阳等，以及社会认知经验，如就餐用的桌椅、睡觉用的小床等。

▲ 小班幼儿在玩结构游戏

2. 中班

中班幼儿已具备一定的建构技能和经验，手部小肌肉动作控制能力逐渐加强，思维、想象、空间感知等能力也逐步发展。中班后期，他们逐渐可达到协作游戏或联合游戏的水平。同时，与小班幼儿相比，中班幼儿的生活经验更丰富，视野更开阔。因此，中班幼儿的建构内容从自然认知经验看，有可爱的小动物等；从社会认知经验看，有单一主题的建筑物，如塔、桥、高楼、迷宫、街道，以及机器人、滑梯、较复杂的交通工具等。

▲ 中班幼儿在玩结构游戏

3. 大班

大班幼儿的精细动作日趋成熟，已有良好的肌肉控制能力，他们的结构游戏目的性强，坚持性良好。他们的空间感知、想象、创造、思维能力得到快速发展。这个阶段的幼儿已具备合作游戏的水平。同时，大班幼儿的生活经验进一步拓展，他们甚至可以通过前阅读的方式认知离自己生活相对遥远的世界。因此，大班幼儿建构的内容更为复杂和开放，更具主题性，如美丽的公园、各国特色建筑、游乐场、地铁、汽车城等。此外，大班幼儿已经形成了一些初步的物理经验，如斜坡、轮子、杠杆等，在结构游戏中会搭建一些具有固定、连接、传动等特点的装置或机械作品，并能通过不断调整来达成自己搭建或探索的游戏目的。

▲ 大班幼儿在玩结构游戏

探索 3 如何基于观察给予幼儿合适的支持？

在幼儿游戏的过程中，保教人员的一个重要作用就是用专业的眼光观察幼儿的游戏行为，在最适宜的时候推进幼儿的发展。

阅读案例，分析教师是如何巧妙地介入幼儿游戏的，教师的介入是否有利于促进幼儿结构游戏水平的提升。

改装动物车[①]

大班的杰杰想为班里的"动物园"搭一辆运送动物的车。杰杰用"宇宙球"搭了一辆卡车，卡车的前面有梯形的驾驶室，后面是一个高高大大的正方体车厢，车厢四周用短棒将每个窗口对角拦住。

教师："这是什么车？为什么每个窗口都要拦起来？"杰杰回答："是给'动物园'运送动物的车。"教师问："是运送什么动物？"杰杰看着教师，眨着眼睛说："什么动物都送。"教师又问："那你把它们关在一起啊？"边说边指着杰杰身旁桌上的"老虎"与"兔子"。杰杰头也没抬："嗯。"

过了两天，杰杰从玩具柜上拿下之前搭的车子并拆开，在车厢的中间铺了一层板，使车厢分为上下两层。接着他又把下层的窗栏杆拆了，换上由五个小球连接的"X"形，显然这样窗栏杆看起来密多了。杰杰跑过去对教师说："老师，我把温顺的动物放在上面一层，凶猛的动物放在下面一层。你看，窗口都拦得死死的，老虎、狮子怎么也跑不出来。"教师认真地看了看车子说："真好！现在小兔不害怕了。"杰杰边比画边兴奋地告诉同伴自己的改造成果。

学习支持 3

★ 幼儿园结构游戏的支持策略

1. 平行示范策略

平行示范策略是指教师在空间距离上接近幼儿，并用与幼儿相同的材料从事同样的活动，但是不与幼儿直接发生言行交往，不直接介入幼儿的活动，而是利用自身行为的榜样示范作用，通过暗示的方式对幼儿的结构游戏进行指导。

当幼儿在建构过程中遇到困难，或搭建技能在原地踏步没有提升时，教师可以使用平行示范策略帮助幼儿获得成功，并使其在经验技巧上有所突破。

[①] 上海市中小学（幼儿园）课程改革委员会. 游戏活动（3—6岁）[M]. 上海：上海教育出版社，2009.

2. 干扰排除策略

干扰排除策略是指在活动中尽可能地排除与活动主题不相关或者可能影响活动的因素，让幼儿在游戏中目标明确、专注地探索与主题一致的搭建行为。

3. 试误策略

在结构游戏中，教师要适度等待，让幼儿充分地去尝试一些错误的动作。随着不断地尝试，幼儿错误的动作会逐渐减少，成功的动作会不断增多，直至最后完全获得成功。在游戏过程中，教师要给幼儿学习的空间，尝试让幼儿独立面对问题、解决问题。

4. 技能预备策略

结构游戏与其他游戏最不同的显著特征之一就是需要技能的支撑。教师需要通过科学的、适宜的途径"给予"幼儿一定的建构技能。根据有关专家对结构游戏的研究，学前阶段的幼儿需要掌握的主要建构技能有平铺、叠高、架空、盖顶、交叉、转向等。针对这几种最为基本的建构技能，教师可以设计一些好玩的游戏，将技能巧妙地隐含于游戏情境，或者在游戏后的分享交流中让幼儿相互观摩学习，让幼儿在游戏中潜移默化地习得这些建构技能。

5. 表象积累策略

在结构游戏开始前，教师应有目的地引导幼儿对建构物体进行观察和比较，包括对建构物体比例、结构、空间位置的感知与理解，从而帮助幼儿储备丰富的表象，提高其建构水平。

探索 4　结构游戏中可能存在哪些安全隐患？如何应对？

观看幼儿结构游戏案例视频或根据实习经历，小组合作找一找游戏中可能存在的安全隐患，并商讨应对方法及预防措施，将讨论结果填入表格内。

案例视频
结构游戏中的安全隐患

安全隐患记录表

幼儿结构游戏时的安全隐患	对幼儿健康可能造成的伤害	应对方法与预防措施

学习支持 4

★ 幼儿园结构游戏的常见安全隐患

（1）游戏材料带来的危险。幼儿在游戏过程中乱放积木，导致其他幼儿绊倒；小积木直径小于2厘米，游戏材料有尖角或玻璃配件。

（2）幼儿在游戏中出现因争抢结构材料、相互丢掷积木、用积木打人，或推倒、踢倒别人的建构物等而发生的争执行为，从而造成身体伤害。

（3）幼儿在游戏过程中做出危险动作，如在积木上行走，引发摔跤。

★ 幼儿园结构游戏安全隐患的排除方法

（1）提高幼儿的自我保护能力。通过日常教育和活动前的提醒，不断提高幼儿的自我保护能力。

（2）形成游戏规则。在活动前，幼儿要学会协商和制定游戏规则，分配场地、材料和人员。在活动中，保教人员要提醒幼儿遵循安全事项，如在搬运时不能横放积木，放置积木的时候要观察身旁有无同伴等。

（3）密切关注幼儿的游戏行为，及时制止幼儿的危险行为。

（4）密切关注游戏空间的安全，及时整理散落在地的结构游戏材料物件，避免意外伤害的发生。

▲ 游戏材料散落在地存在安全隐患

案例

我的积木被抢了

田田一早来到班级就赶紧脱了鞋，到结构游戏区里开始今天的"搭建工作"。多多也走了过来，说道："我想进去搭房子！"说完便脱了鞋，进入了活动区。田田选用了各种颜色鲜艳的积木，先是拼搭出了一圈围墙，还在围墙外铺设了几片"草地"，接着选用了很多橡塑积木，搭出了高高的楼房。多多看着田田搭的房子越来越高，而自己却刚刚开始搭，手边的材料也已经要用完了，便着急说道："多多也想用这个！"说完就拿走了田田的积木。田田用手围起房子，可是多多却一脚把所有的房子都踢倒了。"哇——"看到自己搭建的楼房变成了一片废墟，田田大哭起来。

分析：在结构游戏活动的开始阶段，幼儿往往表现为独立或者平行建构。随着幼儿对积木形状、数量及建构空间需求的增加，幼儿之间易发生争抢积木的纠纷。这时，保教人员要多留意活动区内幼儿的游戏情况，避免发生意外伤害。

乱七八糟的"小工地"

小班的豪豪进入"小工地"准备搭建。他看了一会儿"小工地"，对老师说："老师，你看小朋友把这搞得乱七八糟的，我都找不到地方造房子，刚走过来的时候还踩到了积木，脚有点痛呢。"老师马上回应道："是很乱，你的脚还疼吗？"豪豪听完马上回答道："有一点点。"老师接着说：

"你可以帮我一起把这里整理一下吗?"豪豪说:"好的。"老师点点头说:"谢谢你。"

分析:结构游戏的开始阶段难免会出现混乱的景象,如积木到处散落,建构物只搭建了一半或是倒塌在那里没有人关心。如果幼儿正全身心地投入结构游戏中,那么保教人员可在暂时不打扰幼儿游戏的情况下,及时收拾好散落的积木,避免幼儿绊倒磕到。

知识小链接

减少幼儿间纠纷的方法

在幼儿进行结构游戏时,由于空间相对有限,游戏材料也是共有的,所以结构游戏区是幼儿最容易产生纠纷的地方之一。以下游戏小规则有助于减少幼儿间的纠纷,保证结构游戏的安全。

- 需要多少块积木就拿多少块。
- 在离开材料柜有一定距离的地方进行游戏。(教师可以在地板上画或者粘上一条线来帮助幼儿明确游戏的范围)
- 积木(尤其是大的空心积木)不能搭得过高,以免倒塌下来压着人。应根据幼儿的年龄和实际能力做出相应的引导,在鼓励幼儿积极探索、努力搭高的同时,做好相应的防护措施和安全教育。
- 任何时候都不能乱放积木,将不用的积木放在箱子(筐子)里。
- 不能相互丢掷积木或用积木打人。
- 不要在积木上行走。
- 拿同伴跟前的材料要经过允许。
- 小心行走,注意不要撞倒、推倒或者踢倒别人的建构物。
- 当撞倒别人的建构物时要道歉。
- 玩好之后要收拾积木,把积木放回原来的地方。

探索 5　在结构游戏结束时,如何组织幼儿分享与收整?

结构游戏是幼儿特别喜爱的一种游戏活动,中三班的教师对结构游戏是既爱又怕。爱是因为结构游戏对幼儿身心发展的重要价值;怕是因为结构游戏结束时候的收整工作特别烦琐,且由于幼儿的建构观念还不成熟,游戏活动结束时的分享环节也很难组织。

观看案例视频或根据实习经历,小组合作讨论,结构游戏交流分享的内容有哪些,还可以分享哪些内容?如何做好结构游戏后的收整工作?如何做得更好?

案例视频
结构游戏分享活动片段(以大班为例)

案例视频
结构游戏后的收整(以大班为例)

学习支持

★ 结构游戏的分享内容

结构游戏的分享一般包括三个方面的内容：一是让幼儿自由表达自己在建构过程中发生的高兴事或得意之作。二是让幼儿分享自己的创意设计。三是提出在游戏中碰到的"问题"，请大家一起想办法解决。

★ 结构游戏后的收整

收拾和整理是组织结构游戏的重要环节。收整结构游戏材料应当成为一种

▲ 结构游戏后的交流分享

快乐而有益的活动。整理材料的工作不仅可以使幼儿熟悉各种积木和辅助材料在玩具柜上的位置，增强幼儿对环境的熟悉感、控制感和责任感，而且也可以使幼儿获得其他有益的经验，如练习分类、排序等。

保教人员对收拾和整理活动的周密计划、积极参与和对幼儿明确的期望是组织好材料收拾和整理活动的重要因素。注意事项有：① 保证幼儿有足够的时间进行收拾和整理。② 在玩具柜上贴好标签，使幼儿了解不同材料的摆放位置。③ 组织幼儿在活动前观察各类材料摆放的位置和方法。④ 可以采取不同的方法组织不同年龄的幼儿收拾和整理材料，如小年龄幼儿可在保教人员的带领下协助完成结构游戏的收整和环境的清洁卫生工作；大年龄幼儿可以在保教人员的组织下完成游戏材料的收拾和整理工作，从而培养幼儿整洁、有序、美观的卫生习惯。⑤ 审慎对待幼儿的"作品"。由于室内空间有限，通常不能长久地保存幼儿的建构物。然而，有的幼儿可能会强烈地要求保留他的建筑物。此时，保教人员可通过谈话的方式了解幼儿的想法，以决定是否保留幼儿的建构物。如果幼儿的想法是今天没有搭完，明天想接着搭下去，或是想围绕建构物进一步开展游戏活动，且幼儿的建构物确实比较复杂，难以重新建构。那么，保教人员可以想办法帮助幼儿把建构物保留下来。这种处理方式传递的是保教人员对幼儿结构游戏及其成果的尊重和欣赏。此外，如果幼儿园是安排幼儿在专用活动室里进行游戏，那么应安排同一个班级连续在该活动室游戏一段时间（如两周）。

---- ● 课后复习 ● ----

- ☑ **归纳**：归纳结构游戏材料投放的基本要求及年龄特点。
- ☑ **描述**：说出结构游戏的年龄特点。
- ☑ **实践**：找一找幼儿园结构游戏活动存在的安全隐患，并采取预防措施。

课后自测

★ **上海市保育员初级、中级考工应知真题（带"*"号的除外）**

1. 判断题（每题 4 分，共 40 分）

（1）结构游戏是一种创造性游戏，运用各种玩具或材料进行排列、拼插、穿编的构造活动都称为结构游戏。（　　）

*（2）结构游戏属于幼儿的自主游戏。（　　）

*（3）保育员在结构游戏中的保育工作主要是准备好结构游戏的玩具和材料。（　　）

*（4）保育员指导幼儿结构游戏的要求之一是培养幼儿喜欢结构活动，喜欢想象和创造。（　　）

（5）游戏活动结束后，保育员要先将幼儿搭建好的结构玩具全部拆开，然后再进行收拾整理。（　　）

*（6）结构游戏对幼儿的生理与心理发展都有积极的促进作用。（　　）

*（7）幼儿结构游戏的场地应当远离通道，以使幼儿能够不受干扰、全身心地进行建构活动。（　　）

*（8）小班结构游戏材料应以木制积木配备为主，辅以结构件较大，且接插较容易的接插结构和螺旋结构类玩具。（　　）

*（9）中班幼儿的结构游戏缺乏明确的目的性和意向性，游戏中对搭建的动作和过程比较感兴趣。（　　）

*（10）结构游戏与其他游戏最不同的显著特征之一就是需要技能的支撑。（　　）

2. 选择题（每题 10 分，共 60 分）

*（1）日常生活中的很多材料都可以作为结构游戏的材料，但（　　）不能作为结构游戏材料。

A. 牛皮筋　　　　B. 麦秸秆　　　　C. 面团　　　　D. 毛线

*（2）幼儿园结构游戏可以发展幼儿的（　　）。

A. 观察力　　　　B. 小肌肉动作　　　　C. 创造力和想象力　　　　D. 以上都是

*（3）幼儿在进行结构游戏时，保教人员一般不会去打扰幼儿，只在一旁观察，这是因为（　　）。

A. 幼儿不需要时，保教人员的介入反而会影响幼儿游戏的专注力

B. 保教人员偷懒

C. 保教人员要写观察记录表，没时间介入

D. 保教人员对幼儿没有感情

*（4）（　　）是幼儿教师进行指导和评价的最基本的方法，是分析游戏行为的基本方法。

A. 鼓励　　　　B. 评价　　　　C. 观察　　　　D. 示范

*（5）以下不属于大班结构游戏特点的是（　　）。

A. 活动目的性强　　　　　　　　　B. 建构的内容比较复杂、开放

C. 搭建内容通常表现为结构简单、主题单一　　　　D. 活动坚持性良好

*（6）利用自身行为的榜样示范作用，通过暗示的方式对幼儿的搭建活动进行指导，这是结构游戏的（　　）。

A. 平行示范策略　　　　B. 干扰排除策略　　　　C. 试误策略　　　　D. 技能预备策略

3. 拓展题

在日常生活中，哪些自然物或者废旧材料可以作为幼儿的结构游戏材料？使用时如何确保它的安全与卫生？

学习情况评价表

评分项目		评分标准或要求	配分（分）	评价方式			得分
				自评 权重 20%	互评 权重 30%	师评 权重 50%	
专业知识技能 60%	结构游戏活动的准备	• 说出结构游戏的含义（1分） • 调研结构游戏常用材料的种类、功能及适合的年龄班（6分） • 布置某年龄班的结构游戏区（5分）	12				
	结构游戏活动的观察与支持	根据案例视频，完整填写观察记录表： • 幼儿结构游戏观察记录及发展水平分析（8分） • 结构游戏年龄特点分析（6分） • 根据案例视频，分析教师介入结构游戏的合理性（5分） • 正确说出结构游戏平行示范策略的定义（1分）	20				
	结构游戏安全隐患的识别与排除	• 找出案例视频中结构游戏的安全隐患（5分） • 说出结构游戏安全隐患的预防措施（4分）	9				
	结构游戏活动后的分享与收整	• 说出案例视频中结构游戏分享活动的内容（4分） • 根据幼儿年龄组织其进行结构游戏活动后的收整（5分）	9				
	自测题	自测题得分×10%	10	—	—	—	
个人素养 40%	专业精神（10分×70%）	认同保育工作的重要性，积极投入专业学习（3分）；在实践中切实履行保育责任，精益求精（4分）；不断反思改进，提高专业水平（3分）	7				
	人文关怀（10分×70%）	关注和尊重他人（教师、同学、幼儿）的想法和感受，设身处地为他人着想（5分）；充分表达对他人的关心、理解和爱护（5分）	7				
	团队合作（10分×70%）	乐于承担小组分配的任务（2.5分），积极寻求同伴合作（2.5分），乐于分享自己的经验（2.5分），对小组学习问题的解决有贡献（2.5分）	7				
	沟通表达（10分×70%）	善于倾听（2分），正确理解（2分）；围绕主题表达（2分），语言清楚简洁（2分），文明礼貌，应人应时应景（2分）	7				
	问题解决（10分×70%）	解决问题逻辑清晰（2.5分），能举一反三（2.5分），善于批判质疑（2.5分），勇于创新（2.5分）	7				
	信息获取（10分×50%）	熟悉信息源，善于利用搜索工具快速、准确地获取所需信息（5分）；能根据需要对信息进行挖掘、甄别、筛选（5分）	5				
		总分	100	总得分			

反思与收获：

 表演游戏活动保育

○ 学习目标 ○

- 说出表演游戏的定义。
- 能根据表演游戏作品选择的原则,选择适合的作品。
- 能根据表演游戏材料投放的基本原则及作品内容投放表演游戏材料。
- 能根据幼儿表演游戏的年龄特点及指导策略,评析表演游戏的支持情况。
- 能敏锐发现幼儿表演游戏活动的安全隐患,并采取适恰的应对措施,强化安全保护责任意识。
- 能组织幼儿做好表演游戏活动后的收整工作,并协助教师组织幼儿进行分享,进一步领会游戏分享的价值与方法。
- 认同表演游戏对于幼儿身心成长的价值,懂得自身的表演游戏保育专业素养对于幼儿表演游戏发展水平的影响,积极参与表演游戏保育的学习。

○ 学习准备 ○

- 表演游戏故事:《三只蝴蝶》《小熊请客》《会动的房子》。
- 展示用材料:彩色纸若干、水笔若干、磁铁若干。
- 预习"表演游戏活动保育",完成本活动的在线自测题。

关键词释义

表演游戏　　表演游戏作品

- **表演游戏**:幼儿通过扮演文学作品中的角色来再现文学作品的内容,从而表达对文学作品的理解和情感体验的游戏活动。
- **表演游戏作品**:适合作为表演游戏"脚本"的文学作品故事,这类故事一般具有角色形象个性鲜明、情节夸张有趣、动作性强、语言朗朗上口和角色对话多次重复等特点。

○ 学习导语 ○

表演游戏对幼儿的身心健康发展具有重要意义。在故事表演的过程中,幼儿运用想象、自己制作的道具和表演技能来创造性地再现自己对于故事中角色的记忆、理解、想象,表达自己对于故事中角色的情感体验,这对幼儿的想象、创造和表演能力的发展具有重要作用。

表演游戏对于丰富幼儿词汇，提升语词理解和语言表达能力具有独特的意义，同时还能激发幼儿对于文学作品的兴趣和喜爱。表演游戏为幼儿提供了体验他人思想、情绪情感的机会，有助于丰富幼儿的情绪情感体验，培养幼儿良好的性格。在进行表演游戏的过程中，幼儿要学会与伙伴合作、协商、讨论、交流和沟通等社会交往技能，从而促进幼儿社会性的发展。

▲ 幼儿在进行表演游戏　　　　　　　　　　▲ 表演游戏区

在表演游戏进行的不同阶段，保育员应根据幼儿游戏活动的实际需要采取不同方式来支持其游戏。在表演游戏的开始阶段，保育员要协助教师创设幼儿表演游戏环境，制作游戏材料；在表演游戏进行的过程中，保育员要协助教师做好表演游戏活动的观察和指导；在表演游戏结束后，保育员要带领幼儿做好游戏材料的收整工作。

探索 1　什么样的作品适合开展表演游戏？

表演游戏通常是围绕一定的事件或文学作品开展的，因此，故事如同一种结构性的支柱，支撑和贯穿于游戏始终，它在很大程度上制约着表演游戏的质量和效果。保教人员应该重视表演游戏故事的选择。

请阅读幼儿文学作品《三只蝴蝶》《小熊请客》《会动的房子》，小组合作讨论，哪些作品最适合表演，为什么？如果幼儿要表演，应该为其准备哪些材料？如何才能获得这些材料？

在线阅读
幼儿文学作品

....
....
....

学习支持 1

★ 表演游戏作品选择的原则

保教人员应选择角色形象个性鲜明、情节夸张有趣、动作性强、语言朗朗上口、角色对话多次重复

的故事用于表演游戏。这样的故事更适合作为表演游戏的"脚本"。此外,表演游戏作品的选择还需要注意以下原则:

1. 年龄适宜性

一般来说,情节简单的故事适合小班幼儿表演;情节复杂、篇幅稍长的作品适合中、大班的幼儿表演。

2. 趣味性

表演游戏既是表演,又是游戏,是一种兼具娱乐性的活动。幼儿通过表演能宣泄情感,放松身心。因此,应该选择趣味性强的作品,以吸引幼儿参与。

3. 表演性

表演游戏之所以具有表演性,是因为它是基于故事作品的游戏,正是这种表演性构成了表演游戏区别于其他类型游戏的根本特征。因此,在选择作品时,教师要注意故事内容的可呈现性,要利于幼儿演绎。

★ 表演游戏材料投放的基本原则

幼儿园应配备手指木偶和布袋木偶,总量应该满足半个班级幼儿同时玩耍的需要。幼儿使用的木偶大小与开口应便于幼儿操作。全园应配备幼儿表演服饰(含民族特色服饰),总量应满足幼儿表演的需要。幼儿表演的服饰有:头饰、彩带、服装等,服饰应易穿脱、易清洗。特殊材质的服饰每周应暴晒消毒 4 小时。全园还需配备幼儿表演的道具和基本场景。

▲ 表演游戏材料

在表演游戏中,保教人员提供材料的目的是支持幼儿的活动,而不能仅仅把材料当作"道具"。因此,除了这些游戏材料的"基本件"外,保教人员还应当根据幼儿活动的实际需要进一步投放材料。当幼儿还没有产生对材料的需求时,保教人员不必立即呈现自己认为必要的材料或"道具"。因为在幼儿眼中,保教人员事先准备的精美道具并不比他们自己制作的道具更具吸引力。幼儿制作道具的过程本身就是一个可以给他们带来快乐,蕴含着丰富的学习机会的一种活动,保教人员不能为追求"表演结果"或节省时间而省略这个具有教育价值的环节。保教人员可提供如纸、笔、盒子、木板等原始材料,为幼儿的探究提供更多的机会和可能性。

探索 2 如何基于表演游戏的观察给予幼儿适恰的支持?

游戏是保教人员了解幼儿学习兴趣和需要的最好窗口。通过对幼儿学习特点、需要与兴趣的了解,保教人员可以与幼儿一起互动生成和发展课程。保教人员应该在日常活动中随机地对幼儿进行观察,敏锐地发现幼儿的学习兴趣和需要,然后以此为依据,及时组织和指导幼儿开展相应的游戏活动。保教人员可在游戏时对班级整体进行扫描式观察,观察幼儿的表情、言行,判断他们此时是处于积极主动的活动状态还是无所事事的消极状态,判断空间材料是否适合幼儿活动需要。保教人员还可在游戏中有重点地进行个别观察,注意小组幼儿或个别幼儿的特定需要,适时适度地提供帮助。

请阅读以下案例,评析保教人员的指导行为。

一天晚上,心心妈妈给老师发来微信,说孩子这几天在家一直不开心,因为自己排的节目不好

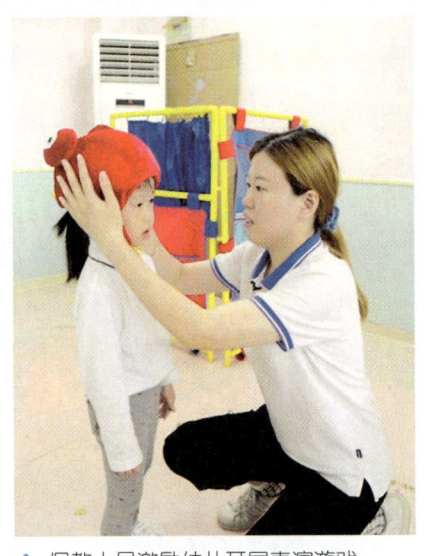

▲ 保教人员激励幼儿开展表演游戏

看，小朋友们都不喜欢，而且他们的节目没有挑战成功等。心心妈妈表示，孩子在家里脾气大，碰不得、说不得，还特别怕输，什么方法都试了，就是不管用，请老师想想办法。

第二天，老师找心心聊天。心心低着头，愁眉不展，轻声说："君君说我们的表演她都看腻了，每次都一样，不好看。"老师点头问她："你听了君君的话，有点难过是吗？其实你们排练得很努力。"心心想了想，回答道："嗯，我们哪里每次都一样啦？每次都有不一样的地方。"老师接着说："是的，我也觉得你们很努力，每次都有创新的地方。"心心看着老师，似乎感受到了老师对她的理解和支持。"可是，别人看腻了怎么办？"老师认真地回答："说的也是，要是看腻了，就不好玩了，表演起来也没意思了。"她认同地点了点头，老师接着说："你问过小伙伴的想法吗？或许他们会有办法呢？"

于是，表演游戏组的成员们聚在一起，商量起关于"看腻了怎么办"的话题……

评析：

学习支持 2

★ 幼儿表演游戏的年龄特点及指导策略

幼儿的表演游戏具有年龄特点，因此，要注意根据幼儿的年龄给予有针对性的指导。

1. 小班表演游戏的特点及指导策略

小班幼儿表演游戏的特点是：处于表演游戏的学习阶段，以模仿学习为主。游戏的目的不明确，只注意某一角色的动作、语言等；游戏的情节也非常简单，只反映作品的某一片段。

在小班幼儿的表演游戏中，保教人员要为幼儿提供形象生动、适合表演的材料，以简单、高结构的材料为主。保教人员可引导幼儿理解角色，帮助其分配角色，不强迫幼儿扮演他不喜欢的角色。因小班幼儿不会主动玩表演游戏，保教人员要热情地支持他们的表演意愿并给予帮助。保教人员可以加入游戏，通过带领幼儿共同游戏来为他们示范表演的方法，为幼儿

▲ 小班幼儿在进行表演游戏

以后的创造性表演游戏积累经验,同时以角色的身份提醒幼儿,帮助他们及时解决困难。保教人员应关注幼儿参与表演的乐趣,而不要过分强调表演效果。

2. 中班表演游戏的特点及指导策略

中班幼儿表演游戏的特点是:可以自行分配角色,但角色更换的意识不强;游戏的目的性不强,需要保教人员一定的提示才能坚持游戏主题;游戏的计划性较差,需要较长的时间开展游戏;以一般性表现为主,以动作为主要表现手段。

保教人员应为中班幼儿提供适宜的游戏空间和时间,并注意材料的结构化程度。幼儿的表演游戏需要一个安全、有趣的环境,因此要为幼儿准备封闭或半封闭的空间,这个空间最好在一定时间内是固定的,这样能给幼儿带来认同感和安全感。保证幼儿有不少于30分钟的游戏时间。为中班幼儿提供的材料要简单易操作,不能是那种需要幼儿花很长时间与很大精力才能够操作的材料。当给中班幼儿的材料种类过多时,会对其活动造成干扰,所以材料以2—4种为宜。

▲ 中班幼儿在进行表演游戏

在游戏最初的开展阶段,保教人员要和幼儿一起做好配组工作,讨论角色更换的原则。保教人员不要过多干预幼儿的游戏,不要急于示范,要耐心等待幼儿协商、讨论的结果,提醒幼儿坚持游戏主题。在游戏开展阶段,保教人员应注意提高幼儿的角色表现意识,可以参与幼儿的游戏,为幼儿提供适当的示范。

3. 大班表演游戏的特点及指导策略

大班幼儿表演游戏的特点是:能独立完成角色分配任务,并有很强的角色更换意识;游戏的目的性、计划性较强,能自觉表现故事内容;具有一定的表演意识,但有待提高;具备一定的表演技巧,能灵活运用多种表现手段,但表现水平仍有待提高。保教人员可以为大班幼儿提供较多种类的游戏材料,以鼓励和支持他们进行多样化的探索。

在游戏的最初阶段,保教人员除了提供不少于30分钟的游戏时间,以及游戏空间和基本材料外,还应尽可能少地干预幼儿游戏。随着游戏的开展,保教人员应该及时给予幼儿反馈,提高幼儿表现故事、塑造角色的能力。对于大班幼儿来说,保教人员反馈的侧重点应在如何塑造角色上,要引导幼儿注意运用语气、语调及夸张的动作、生动的表情来塑造角色。

▲ 大班幼儿在进行表演游戏

探索 3　表演游戏中可能存在哪些安全隐患？如何识别与应对？

观看幼儿表演游戏案例视频或根据实习经历，小组合作找一找游戏中可能存在的安全隐患，并商讨预防措施及应对方法。

案例视频
表演游戏中的安全隐患

学习支持 3

★ 幼儿园表演游戏的常见安全隐患

（1）区域空间因人均面积不足而拥挤，导致发生幼儿被推倒等伤害事故。

（2）游戏材料带来的危险。如表演游戏材料尖锐、小珠子等衣饰不牢固、材料边缘锋利等。

（3）幼儿因表演服装不合身而出现裤脚拖地等安全隐患。

（4）幼儿在使用剪刀、美工刀等工具制作道具时（如剪、裁厚纸板，在材料上钻洞等），可能存在夹伤、割伤等安全隐患。

（5）幼儿使用的带电池玩具（小话筒、电子琴等），可能存在电池老化、漏电等安全隐患。

★ 幼儿园表演游戏安全隐患的排除方法

（1）确保表演游戏场地宽敞，避免幼儿因场地拥挤而发生意外。

（2）密切关注游戏空间的安全，如在游戏过程中出现材料方面的问题，应及时处理，避免意外伤害的发生。

（3）关注幼儿服装道具及材料的安全，如裤脚拖地应及时处理。

（4）对幼儿进行工具使用方面的安全教育。在使用有一定风险的工具时，保教人员要在做好安全教育的前提下注意观察和提醒幼儿。

（5）定期对使用电池的玩具材料进行检查（对于长期不使用的玩具，可拆除电池），以保证电子玩具的正常使用，及时排除安全隐患。

案例

成功案例：热闹的"鹿鹿剧场"

9月初，面对"鹿鹿剧场"道具区里的新材料，孩子们特别兴奋，在和同伴们讨论好今天要表演的内容后，就一窝蜂地去道具区拿材料，并开始搭建表演场景。

画面1：《黑猫警长》剧组要搭房子、造围墙，孩子们一次次跑去材料库拿纸砖搭建房子，来回奔跑时有孩子摔倒了。

画面2：《小蝌蚪找妈妈》剧组需要一条小河，他们来来回回地去材料库拿蓝色的垫子，孩子们跑得也很快。

画面3：不同剧组的孩子们都到材料库去拿取材料，材料库挤满了人。

问题产生了：孩子们一味地沉浸于"奔跑，拿材料，搭场景……"的快乐中，却忽略了来回奔跑拿取材料时的危险——容易相互碰撞、拥挤。

分析：针对这个情况，教师主要采取了两条安全措施：第一，在游戏的分享交流环节，播放他们奔跑着来回拿取材料的视频，与他们一同探讨这种行为的危险性，并讨论解决的办法。第二，教师将小纸砖直接拼搭成围墙，将小垫子直接调整为大垫子，方便幼儿一次性拿取，减少他们来回奔跑的次数。这样，孩子们的安全意识提高了，游戏也变得更加有序了。

探索 4　在表演游戏结束时，如何组织幼儿分享与收整？

观看幼儿表演游戏分享与收整的案例视频，找出亮点并讨论：如何能做得更好？

案例视频
表演游戏分享活动片段（以中班为例）

案例视频
表演游戏后的收整（以中班为例）

学习支持 4

★ 表演游戏的分享内容

表演游戏结束后，教师可以组织幼儿讨论什么地方演得好，什么地方还需要改进，通过幼儿的讨论、评议、反思来促进幼儿表演技能的提升。

★ 表演游戏后的收整

表演游戏后的收整是指游戏结束之后，幼儿对用过的材料及使用过的环境进行收拾、整理的活动。它既是本次游戏的完整结束，也为顺利开展下次游戏提供了必要的物质基础和条件。

小年龄幼儿可在保教人员的带领下协助完成表演游戏的收整和环境的清洁卫生工作。大年龄幼儿可以在保教人员的组织下一同进行游戏材料的收整，培养幼儿整洁、有序、美观的卫生习惯。

--- 课后复习 ---

- ☑ **归纳**：归纳表演游戏材料投放的基本原则及年龄特点。
- ☑ **描述**：说出幼儿表演游戏的年龄特点。
- ☑ **实践**：找一找幼儿园表演游戏活动存在的安全隐患，并采取预防措施。

课后自测

1. 判断题（每题10分，共50分）

（1）表演游戏是幼儿通过扮演文学作品中的角色来再现文学作品的内容，从而表达对文学作品的理解和情感体验的游戏活动。（   ）

（2）表演游戏属于创造性游戏，所以教师不要介入幼儿游戏，以免影响幼儿的创造性。（   ）

（3）有个性鲜明的角色形象、情节夸张有趣、动作性强、语言朗朗上口、角色对话多次重复的故事，更适合作为表演游戏的"脚本"。（   ）

（4）表演游戏开始前，教师要准备好所有的游戏材料。（   ）

（5）要给大班幼儿提供不少于15分钟的表演游戏活动时间。（   ）

2. 选择题（每题10分，共50分）

（1）以下不属于表演游戏作品选择原则的是（   ）。
　　A. 年龄适宜性　　　　B. 趣味性　　　　C. 表演性　　　　D. 生活性

（2）中、大班幼儿表演游戏的时间大约为（   ）。
　　A. 20分钟　　　　B. 30分钟　　　　C. 40分钟　　　　D. 60分钟

（3）（   ）是小班表演游戏的指导策略。
　　A. 通过带领幼儿共同游戏来为幼儿示范表演的方法
　　B. 耐心等待幼儿协商、讨论的结果，提醒幼儿坚持游戏主题
　　C. 指导幼儿塑造角色
　　D. 引导幼儿注意运用语气、语调及夸张的动作、生动的表情来塑造角色

（4）（   ）是中班表演游戏的指导策略。
　　A. 通过带领幼儿共同游戏来为幼儿示范表演的方法
　　B. 耐心等待幼儿协商、讨论的结果，提醒幼儿坚持游戏主题
　　C. 侧重点在指导幼儿塑造角色
　　D. 引导幼儿注意运用语气、语调及夸张的动作、生动的表情来塑造角色

（5）表演游戏对幼儿的身心发展具有重要意义，表演游戏的意义包括（   ）。
　　A. 有利于促进幼儿的想象力、创造力与表演能力的发展
　　B. 有利于丰富幼儿的语言表达
　　C. 有利于丰富幼儿的情绪情感体验
　　D. 以上都是

3. 拓展题

张老师组织了一次表演游戏活动。首先，张老师一一出示早已准备好的道具，在介绍完道具后提问："谁愿意上来表演？"话音刚落，十几只小手举了起来。第一轮，张老师挑了4位没有举手且在平时语言活动表现欠佳的幼儿上来表演。表演时，张老师不停地提示幼儿对话、做动作。第二轮，张老师请了5位"坐得端正的幼儿"上来表演，他们表演的是同一个角色。张老师还不时地按照故事情节规范幼儿的语言，纠正他们的动作。好多幼儿因为忙着摆弄有趣的道具而忘了表演，张老师又不停地提醒他们。

请根据游戏的本质特征分析上述活动是不是真正意义上的游戏活动，为什么？

学习情况评价表

评分项目		评分标准或要求	配分（分）	评价方式 自评 权重20%	评价方式 互评 权重30%	评价方式 师评 权重50%	得分
专业知识技能 60%	表演游戏活动的准备	• 说出表演游戏的定义（2分） • 正确选择适合进行表演游戏的作品，列举表演所需的游戏材料（10分）	12				
	表演游戏的观察与支持	• 简述幼儿表演游戏的年龄特点（6分） • 合理评析表演游戏案例中教师的指导策略（6分）	12				
	表演游戏安全隐患的识别与应对	• 找出案例视频中表演游戏活动的安全隐患（6分） • 说出表演游戏安全隐患的预防措施（6分）	12				
	表演游戏活动后的分享与收整	• 分析案例视频中表演游戏的分享活动情况（8分） • 分析视频案例中表演游戏后的收整情况（6分）	14				
	自测题	自测题得分×10%	10	—	—	—	
个人素养 40%	专业精神（10分×70%）	认同保育工作的重要性，积极投入专业学习（3分）；在实践中切实履行保育责任，精益求精（4分）；不断反思改进，提高专业水平（3分）	7				
	人文关怀（10分×70%）	关注和尊重他人（教师、同学、幼儿）的想法和感受，设身处地为他人着想（5分）；充分表达对他人的关心、理解和爱护（5分）	7				
	团队合作（10分×70%）	乐于承担小组分配的任务（2.5分），积极寻求同伴合作（2.5分），乐于分享自己的经验（2.5分），对小组学习问题的解决有贡献（2.5分）	7				
	沟通表达（10分×70%）	善于倾听（2分），正确理解（2分）；围绕主题表达（2分），语言清楚简洁（2分），文明礼貌，应人应时应景（2分）	7				
	问题解决（10分×70%）	解决问题逻辑清晰（2.5分），能举一反三（2.5分），善于批判质疑（2.5分），勇于创新（2.5分）	7				
	信息获取（10分×50%）	熟悉信息源，善于利用搜索工具快速、准确地获取所需信息（5分）；能根据需要对信息进行挖掘、甄别、筛选（5分）	5				
		总分	100	总得分			

反思与收获：

学习活动 4　沙水游戏活动保育

学习目标

- 能根据沙水游戏环境创设的基本要求收集沙水游戏材料。
- 总结幼儿沙水游戏的年龄特点。
- 能根据沙水游戏活动的特点与幼儿的年龄特点，配合教师进行沙水游戏材料的投放。
- 能初步学会观察幼儿的沙水游戏活动，并给予幼儿较适恰的支持，从中体会观察与解读幼儿行为的能力是保教人员重要的基本功。
- 能敏锐地发现幼儿沙水游戏活动中的安全隐患，并采取适恰的应对措施，强化安全保护责任意识。
- 能引导幼儿做好沙水游戏活动后的收整工作，并能协助教师组织幼儿进行分享，进一步体会分享活动的价值。
- 认同沙水游戏对于幼儿身心成长的价值，懂得自身的沙水游戏保育专业素养对于幼儿沙水游戏发展水平的影响，积极参与沙水游戏活动保育的学习。

学习准备

- 沙水游戏材料：① 基本工具，如小桶、铲子、沙漏、喷雾壶、勺子、洒水装置；② 玩具，如积木、塑料小动物、空心模型、大小不同的容器。辅助物品：如假山、亭子、小树枝、彩旗；幼儿用的袖套和鞋套。
- 展示用材料：彩色纸若干、水笔若干、磁铁若干。
- 预习"沙水游戏活动保育"，完成本活动的在线自测题。

🔖 关键词释义

`玩沙游戏`　`玩水游戏`　`辅助材料`

- **玩沙游戏**：又称"沙土游戏"，是指幼儿借助玩沙的工具或材料，用泥沙进行构造的游戏活动。
- **玩水游戏**：是幼儿以水作为对象，运用多种工具发现、感受和探究水，并获得经验和享受快乐的游戏过程，是深受幼儿喜爱的一种活动。
- **辅助材料**：指在幼儿沙水游戏中，除基本的沙水工具（如铲子、勺子、小桶、洒水装置等）外所添加的其他类型的游戏材料。

学习导语

沙具有极高的可塑性和可创造性，无穷尽的玩法能够满足幼儿探索的欲望。幼儿在玩沙的过程中能获得建构的乐趣，尝试应对沙筑时所面临的挑战，体验不同沙质所带来的触感，用沙子实现无限的设想。幼儿对沙子有一种天然的喜爱，玩沙不仅可以给幼儿带来精神上的愉悦，而且对幼儿的认知发展、小肌肉锻炼、社会性发展等都有着不可替代的作用。

▲ 幼儿在玩沙

水具有流动性等多种特性，戏水是深受幼儿喜爱的一种活动。在戏水活动中，幼儿以水作为对象，运用多种工具发现、感受和探究水，从而获得经验、享受快乐。玩水游戏不仅可以锻炼和增强幼儿的体质，还可以使幼儿充分获得各种感官刺激，促进幼儿运动觉、视觉、听觉、触觉、平衡觉等多通道的统合协调，锻炼幼儿的视觉空间智能和手眼协调能力，这些能力都是幼儿形成学习能力的基础。

在幼儿园里，玩沙区通常会设置在玩水区的附近，以最大限度地实现沙水区的游戏场功能，所以通常将这两个区域合称为沙水区。

在沙水游戏进行的不同阶段，保教人员应根据幼儿的实际需要采取不同的方式来支持其游戏。在沙水游戏的开始阶段，保教人员应创设游戏环境，投放沙水游戏材料；在沙水游戏进行的过程中，保教人员是幼儿游戏的观察者和支持者；在沙水游戏结束阶段，教师可通过组织讨论和提问来引导幼儿反思、总结自己的游戏活动，发现需要改进的地方，或者提出新的游戏主题与内容。分享结束后，保教人员要组织幼儿做好游戏材料的收整工作。

探索 1　如何投放沙水游戏材料？

研究表明，游戏材料的提供对幼儿游戏有着重要影响。游戏材料和幼儿发展之间存在一种双向的关系。游戏材料可通过改变幼儿的游戏类型和游戏内容来对其发展产生间接影响，也可通过提供学习机会直接影响幼儿的发展。同时，幼儿的个体特征，如年龄、发展水平和所进行的游戏类型等，又会影响特定材料在游戏中的使用方式。

（1）请小组合作，利用各种信息源进行调研，了解幼儿园的沙水游戏材料，并完成以下表格的填写。

幼儿园沙水游戏材料调研表

材料种类	材料名称	材料功能

(续表)

材料种类	材料名称	材料功能

（2）王老师是新入职的保育员，当她看到幼儿园的玩沙池与玩水池比邻的时候开始纳闷了，于是与邻班的保育员张老师聊了起来。王老师说："我很不解幼儿园为什么把玩水池建在玩沙池附近。这样孩子玩沙的时候很可能会去水池玩，然后再回到沙池，水和沙混在一起容易黏附在孩子身上，很难清理干净。而且，地上的水和沙混合在一起，也很难打扫干净。"张老师却不这么认为，她说："我觉得水池就是要建在沙池旁边，这样孩子在玩好沙后，洗手、洗玩沙玩具都很方便。"

你觉得哪位老师说得有道理？幼儿园将玩沙池与玩水池比邻设置，其用意到底何在呢？

学习支持 1

★ 沙水游戏环境创设的基本要求[①]

（1）沙池的大小应满足半个班级幼儿同时活动的需要。

（2）沙池应具有良好的排水功能。沙池深度为30—50厘米，可在底部设大粒砾石或焦炭衬底，并设排水沟。

（3）沙池应使用细软天然黄沙，避免使用白沙、人工染色沙或石英砂。

（4）沙池上宜有遮盖物，并经常翻晒过筛、洒水，无尖锐物及其他杂物。

▲ 幼儿园沙水区

---
① 上海市教育委员会教育技术装备中心.上海市幼儿园装备指南（试行）[M].上海：华东师范大学出版社，2021.

（5）为增加幼儿玩沙的兴趣，可在沙池中设置活动区，并提供多种玩沙设备。尽可能在沙池的附近设置玩水区。

（6）应根据沙水场地的大小，配备充足的玩沙、玩水材料。

（7）沙水区的位置最好靠近水源，以方便水池的清洁和排水，并且最好设置在有树荫的地方，避免夏季因阳光直射而对幼儿皮肤造成伤害。

（8）在水池的规划方面，可以将水池设计成有一定坡度的斜坡或设计成阶梯状，可以针对不同年龄阶段的幼儿设置不同深度的水池。

★ 沙水游戏材料的主要类型

1. 基本的沙水工具

（1）基础材料：细黄沙、自来水等。

（2）防护衣物：罩衣、鞋套、袖套等。

（3）挖掘类材料：铲子、铁锹等。

（4）容器类材料：小桶、喷水壶等。

（5）滤器类材料：漏斗、筛子等。

（6）量器及观测类材料：天平、台秤、量杯、滑轮装置等，这些工具能帮助幼儿获得初步的测量、平衡、守恒等概念。

▲ 玩水游戏材料

（7）浮于水面的玩具：塑料娃娃、小鸭子。不浮于水面的玩具：不锈钢彩球等。

（8）装扮类材料：积木、饼干模型、玩具小人等，这些材料能帮助幼儿拓展游戏，将角色扮演引入玩沙游戏中，提升幼儿的游戏质量。

（9）天然材料及废弃物：瓶盖、废旧瓶子、管子等。

2. 辅助材料

辅助材料有皱纹纸、小树枝、小木棒、树叶等。

▲ 玩沙游戏材料

★ 玩沙游戏材料投放的年龄特点

（1）托、小班幼儿通常只满足于反复摆弄的机能性动作快感，因此适宜在沙池中投放各种容器，以及漏斗、筛子、铲子等材料。

（2）小、中班幼儿会在摆弄工具中加入想象的因素，因此可在沙池中增加小型形象玩具。

（3）中、大班幼儿的想象力更加丰富，探索欲也更为强烈，因此可在沙池中增加一些非结构材料，如添加科学探索材料（天平、滑轮装置、量杯等），以便幼儿进行结构游戏、想象性游戏及科学探究游戏，满足幼儿的各种需要。

小试牛刀

玩沙游戏活动的准备工作

请小组合作，讨论玩沙游戏准备工作的内容，并利用实训室现有的材料为玩沙游戏活动做准备。

（1）玩沙游戏准备工作的内容包括哪些？
....
....
....

（2）玩沙游戏投放的材料包括哪些？
....
....
....

★ 玩沙游戏的准备工作

（1）沙箱、沙坑的设置：沙箱、沙坑的边缘应高于沙面，防止沙子流失；最好设在向阳的地方，便于幼儿多晒太阳。

（2）沙箱、沙坑不使用时的保洁：沙箱、沙坑不使用时应盖上盖子或遮上油布，以保持沙子清洁（防杂草、碎石、腐败物等），防止猫、狗等动物在沙池中排便。

（3）沙子保洁：沙子要定期翻晒过筛，保持沙子的清洁松软；在气候干燥的季节要经常洒水，保持沙子的湿度，以免沙土飞扬。

（4）准备玩沙的用具：① 基本工具，如小桶、铲子、沙漏等；② 玩具，如积木、塑料小动物、空心模型等。准备辅助材料，如假山、亭子、小树枝、彩旗等。准备幼儿用的袖套和鞋套，夏天最好赤脚玩。

▲ 幼儿园玩沙区

（5）提前向幼儿说明游戏规则，培养幼儿的安全意识：在活动前先进行必要的安全教育，培养幼儿初步的自我保护意识，如出现流汗、眼睛不适、皮肤瘙痒等情况时不用手触碰；活动后立即组织幼儿洗手。

小试牛刀

玩水游戏活动的准备工作

请小组合作，讨论玩水游戏准备工作的内容，并利用实训室现有的材料为玩水游戏活动做准备。

（1）玩水游戏准备工作的内容包括哪些？
....
....
....

（2）玩水游戏投放的材料包括哪些？
....
....
....

★ 玩水游戏的准备工作

（1）准备玩水的用具：水池或数只大盆、勺子及各类容器，浮于水面与不浮于水面的玩具，有条件的可为幼儿围上防水兜。

（2）指导幼儿正确的玩法：教会幼儿正确的玩水方法，不做反面提示；提醒幼儿不把水洒在地上或溅到别人身上。

探索 2 如何基于沙水游戏的观察给予幼儿适恰的支持？

沙水游戏是幼儿喜爱的一种游戏活动。保教人员可通过对幼儿在沙水游戏中的构造和合作行为的观察，分析幼儿的动作、语言、认知和社会性等方面的现有发展水平，为设计沙水游戏环境、投放游戏材料、组织幼儿活动收集信息。

请小组合作观察幼儿的沙水游戏活动，完成以下观察记录表。

案例视频
沙水游戏片段

沙水游戏活动观察记录表

观察区域：　　　　　　时间：　　　　　　观察者：

材料投放：

观察要点：

活动实录	行为分析	教师后续的支持策略
	1. 行为表征： 2. 年龄特点：	

保育员配合教师的工作：

学习支持 2

★ 玩沙游戏的观察要点及发展提示

沙水游戏属于结构游戏，因此其观察要点及发展提示与结构游戏大致相同，具体可见下表。

玩沙游戏的观察要点和发展提示[1]

类　型	观　察　要　点	发展提示
构造行为	对造型是先做后想，还是边做边想，或先想好了再做	行为的有意性
	构造哪些作品	生活经验
	注重构造过程还是不同程度地追求构造结果	行为的目的性
	是否会用多种不同材料搭配构造	创造性想象力
	构造作品外形的相似性	表现力
	构造作品的复杂性	想象的丰富性
	是否能探索和发现材料特性并解决构造中的难题	新经验与思维变通
合作行为	独自游戏、平行游戏、合作游戏	群体意识
	更多主动与人沟通还是被动沟通	交往的主动性
	更多指使别人还是跟从别人	独立性
	是否会采用协商的办法处理玩伴关系	交往机智
	是否会同情、关心别人和取得别人的同情和关心	情感能力
	交往合作中的沟通语言	语言与情感的表达与理解
	是否善于调整自己的行为以适应他人	自我意识

★ 幼儿玩沙游戏的年龄特点[2]

1. 小班

在游戏的初期，小班幼儿主要的游戏形式是独自的练习性游戏，没有具体的游戏内容，通过嬉戏性的玩弄来体验玩沙的乐趣及对沙子进行认知，为以后玩沙游戏的进一步开展做好准备。随着游戏的发展，寻求同伴、对游戏材料的初步分配等行为开始出现，幼儿独自游戏的行为逐渐减少，而以两人共同游戏或合作游戏为主的行为增多，游戏的类型以结构游戏和象征性游戏为主。受小班幼儿发展水平的限制，游戏的内容仍然为单一内容，缺乏主题式的游戏，而幼儿之间的谈话则随着游戏的进行逐渐开始，但以游戏内容本身为主。为小班幼儿提供的游戏时间应为40分钟左右，因为从进入游戏的30分钟开始，游戏中的合作行为、内容的复杂性等才会上升到最高水平，而这个较高的水平会持续到40—45分钟。

2. 中班

中班幼儿在游戏的开始阶段也会经历像小班幼儿一样的"准备阶段"，即寻求同伴、分配游戏材料，通过练习性游戏体验玩沙的乐趣等，但明显频率低、时间短。中班幼儿在进行20分钟的游戏之

▲ 中班幼儿进行玩沙游戏

---

[1] 上海市教育委员会.上海市学前教育课程指南（试行稿）[M].上海：上海教育出版社，2004.
[2] 毕晓芬.幼儿园玩沙游戏环境创设与幼儿行为的研究[D].上海：华东师范大学，2008.

后就能够充分地投入游戏的情节和内容中,而且在游戏的 30 分钟之后进入一个较高的水平,并持续较长的时间,约 1 个小时。在此时间段中,他们游戏的兴趣、游戏中的合作行为、游戏内容的复杂性等并未明显下降。

3. 大班

相比小班和中班,大班幼儿的玩沙准备性行为的所需时间较短,即在游戏的一开始,有一个关于寻求玩伴、熟悉材料和场地的独自练习性行为的时段,但很快就能够进入游戏本身,且合作水平较高,能够围绕游戏内容进行玩沙游戏的环境创设及语言交流。大班幼儿的游戏兴趣主要在于从建构、角色扮演等合作游戏中体验玩沙的乐趣,这样的游戏状态能一直持续到规定的游戏结束时间。

★ 幼儿玩水游戏的年龄特点[①]

1. 小、中班

小、中班幼儿会经常出现舀水、撩水、泼水、倒水、脚踩水花等行为,且有重复性,活动缺乏一定的目的性和计划性;容易出现闹腾、秩序混乱等问题,缺少明确的规则意识;开始与同伴合作玩同一玩具或共同开展某一戏水活动,如共同修建水道、踩水车,但也会经常出现争抢玩具的现象;语言表达能力有限,通常不能完整地说出自己正在从事的活动。

▲ 幼儿在进行玩水游戏

2. 大班

大班幼儿的活动目的性和计划性增强,知道自己喜欢什么样的戏水活动,经常从事建隧道、大坝等活动;对戏水活动过程中蕴含的一些科学现象感兴趣并有进一步深入探究的欲望;对简单的玩水动作没有太大兴趣,不怕困难,喜欢从事有一定挑战和难度的活动,活动中也比中班幼儿更能坚持,很享受活动中克服困难所带来的满足感和自豪感;戏水活动内容更加丰富多样;喜欢与同伴通过分工合作来共同完成某一任务或从事某项活动,活动中也能完成自己所要承担的任务分工。

探索 3 在沙水游戏中可能存在哪些安全隐患?如何识别与应对?

沙水游戏可以培养幼儿的创造力和观察力,同时能给予幼儿无穷的快乐,但是沙水游戏中也存在许多安全隐患。

请小组合作,根据案例视频或实习经历,小组合作找出幼儿沙水游戏中存在的安全隐患,讨论沙水游戏活动过程中还可能存在的其他安全隐患,并商讨预防措施,确保以后不再发生类似事情。

案例视频

沙水游戏的安全隐患

[①] 杜新艳. 幼儿园的戏水活动现状研究 [D]. 南京:南京师范大学,2017.

安全隐患记录表

幼儿沙水游戏时的安全隐患	对幼儿健康可能造成的伤害	应对方法与预防措施

学习支持 3

★ 幼儿园沙水游戏的常见安全隐患

（1）因沙池人数过多而拥挤，导致发生争抢玩具等行为，易造成身体伤害事故。

（2）游戏材料带来的危险。当游戏过程中发生材料破损的情况时，如果不能及时发现和处理，会给幼儿的安全带来威胁，如因铲子、铁锹破损而使幼儿受伤。

（3）幼儿的游戏行为存在安全隐患。比如，幼儿扬沙子造成沙子入眼；挖沙时动作过大，工具碰到身旁的幼儿。又如，玩水区地滑，导致摔倒；幼儿因相互洒水而发生争执。

★ 幼儿园沙水游戏安全隐患的排除方法

（1）根据沙池空间的大小，控制玩沙区的人数，避免活动区内的幼儿人数过多。

（2）游戏活动要保持良好的秩序，准备的玩具、材料要充足，避免幼儿因抢玩具而发生争执。

（3）关注沙水游戏活动中材料的安全状况，如有破损应及时修理或替换。

（4）沙水活动前向幼儿重申游戏规则和安全事项，以提高幼儿的安全意识。例如：① 玩沙前穿好罩衣和鞋套,做好个人防护;不扬沙子,不可把沙子洒向同伴;玩沙时不揉眼睛,不争抢玩具;玩沙后要及时洗手,收拾好玩沙工具。② 玩水前要说明规则,做好穿防水衣等防护措施;在秋冬季,如有弄湿衣服的情况要及时更换,避免着凉。

(5)关注幼儿的沙水游戏行为,当发现存在安全隐患时,应及时介入引导。如发现幼儿的争执行为,应适时介入,避免发生伤害事故。

案例

沙池中的意外

玩沙是君君最喜欢的游戏。又到了玩沙活动的时间,在听完张老师总结的游戏规则后,君君就迫不及待地做好准备工作玩了起来。只见他和轩轩因为争抢一个沙漏而争吵了起来,君君抓起一把沙子洒向猝不及防的轩轩。轩轩的右眼进了一些沙子,立即哭了起来,同时开始揉眼睛。一旁的张老师看到了,迅速跑到轩轩身边,强行制止了他揉眼睛的行为,并带他到保健室处理。

分析:虽然在游戏之前,教师已和幼儿共同制定了游戏规则,但由于幼儿的自控能力较差,游戏中仍会出现扔沙子、争抢玩具的现象。这个时候,保教人员要及时介入,保证幼儿的安全。此外,保教人员要掌握异物入体的处理技能。在遇到沙子入眼的突发情况时,保教人员应安抚幼儿情绪,提醒幼儿不揉搓眼睛。然后洗净双手,用两个大拇指将幼儿患眼的上下眼睑轻轻分开,并让幼儿向上下左右看,仔细检查眼睛的每个部位,初步判断异物的位置。如果异物在眼睑上,可向眼内轻轻吹气,通过刺激眼泪分泌的方式将异物冲出,也可以用干净的湿棉签将异物轻轻地粘出来。如果异物在眼球上,建议用干净的水从眼内角冲洗眼睛。

▲ 玩沙中的安全隐患——扬沙

控制不住的混乱局面

吴老师带着班里的孩子玩打水仗的游戏。游戏刚开展10分钟不到,浩浩和明明就因争抢玩具而争吵起来。浩浩趁老师不注意一把抓住明明,把他推倒在了水里,明明"哇"地哭了起来。吴老师见水池里一片混乱,不得不暂停了游戏。

活动过后,吴老师有点抱怨地说:"孩子们在水池里太容易兴奋了,有的孩子一进水池就管不住,乱跑乱叫,部分调皮的孩子总是故意把别人的衣服弄湿。我们老师都是被孩子牵着鼻子走,他们就喜欢自己疯玩,一到水池里就把老师之前说的话忘得一干二净了。"

分析:案例中吴老师的话也许说出了许多教师的心声。戏水活动在给幼儿带来情绪愉悦的同时,也伴随着活动的规则与秩序问题,如规则模糊或被破坏、秩序混乱,以及幼儿情绪失控、争抢玩具等。如何使幼儿在遵守一定的戏水活动规则的同时学有所得,且保持对活动的热情与兴趣是每个教师必须面对与反思的问题。

此外,幼儿在戏水活动中时常会出现磕绊、碰撞、摔跤等现象,因玩具使用方法不当而造成的意外伤害事故也常有发生,因此,幼儿园应建立与活动相关的碰撞防护和跌伤应急制度。

探索 4　在沙水游戏结束时，如何组织幼儿分享与收整？

沙水游戏分享活动对幼儿的发展具有重要意义；沙水游戏结束后的收整环节，既是培养幼儿自主能力，又是培养幼儿良好习惯的重要环节。请观看案例视频或根据实习经历，找出亮点，并思考、交流如何做可以更好。

案例视频
沙水游戏分享活动片段（以中班为例）

案例视频
沙水游戏后的收整（以中班为例）

学习支持 4

★ 沙水游戏的分享内容

游戏后分享交流的核心目标是"满足幼儿交流的愿望""共享游戏中获得的经验"，它是幼儿游戏的一部分。保教人员可以在倾听幼儿分享的过程中进一步了解幼儿的所思所想和游戏行为。徐则民指出，游戏后分享交流的四种样态分别是：① 提供多名幼儿讲述的机会，鼓励幼儿讲述和谁玩、玩什么、怎么玩及游戏中的感受度等。② 教师根据幼儿讲到的某个话题，组织幼儿开展讨论，帮助幼儿回忆并梳理生活经验。③ 由教师提供游戏现场的照片或视频，鼓励幼儿一起回忆游戏经历，发现成功（或失败）的过程，充分讨论影响成功（或失败）的因素。④ 由教师主动提出问题，但未必是游戏中幼儿意识到的问题，从而引发幼儿新的思考与讨论。沙水游戏的分享活动可以根据当天实际的游戏情况，选择合适的样态进行组织。

★ 沙水游戏后的收整

沙水游戏后的收整是指游戏结束之后，幼儿对操作过的材料进行整理的活动。它既是本次游戏的完整结束，也为顺利开展下次游戏提供了必要的物质基础和条件。小年龄幼儿可在保教人员的带领下协助完成沙水游戏材料的收整。大年龄幼儿可以在保教人员的组织下共同制定物品的收整规则，合作完成游戏材料的收拾整理，将材料送回规定的地方。

在沙水游戏材料的整理收纳方面，应该尽量将其分类存放，避免乱堆乱放的现象。保育员要及时清洁材料，将其整理归位，并做好材料的定期消毒工作。此外，可以让大年龄幼儿自己设计玩具分类的标签，并贴在放置相应玩具的地方，还可以让幼儿轮流做值日生，负责提醒和监督其他幼儿及时将玩具整理归位。

▲ 幼儿在收整玩沙游戏材料

课后复习

- ☑ **归纳**：归纳沙水游戏环境创设的基本要求及游戏材料投放的年龄特点。
- ☑ **描述**：说出各年龄班沙水游戏的一般特点。
- ☑ **实践**：找一找幼儿园沙水游戏活动存在的安全隐患，并采取预防措施。

课后自测

★ 上海市保育员初级、中级考工应知真题（带"*"号的除外）

1. 判断题（每题 5 分，共 60 分）

（1）玩沙、玩水、玩雪是利用自然条件进行的综合性游戏。（　　）

*（2）玩沙不仅可以给幼儿带来精神上的愉悦，而且对幼儿的认知发展、小肌肉锻炼、社会性发展等都有着不可替代的作用。（　　）

*（3）玩沙区应设置在玩水区的附近，以最大限度地实现沙水区的游戏场功能。（　　）

*（4）沙池位置应尽可能选择在背阳、背风处，避免幼儿晒到太阳。（　　）

*（5）沙池应使用白沙及经工业加工的有色沙，以吸引幼儿。（　　）

*（6）玩水游戏是利用自然物进行的游戏，所以无须保育员做任何清洁消毒处理。（　　）

*（7）沙水游戏材料对幼儿游戏的开展有着重要的影响。（　　）

*（8）在沙水游戏进行的不同阶段，保教人员应根据幼儿游戏活动的实际需要采取不同的方式来支持幼儿的游戏。（　　）

*（9）沙池的大小应至少满足整个班级幼儿同时活动的需要。（　　）

*（10）大班幼儿的经验丰富了，想法也多了，所以玩水活动缺乏一定的目的性和计划性，容易出现闹腾、秩序混乱的问题。（　　）

*（11）沙箱、沙坑的保洁，就是不使用时尽量多晒太阳，进行杀菌消毒。（　　）

*（12）因沙水游戏材料较难收整，所以由保育员来完成收整工作。（　　）

2. 选择题（每题 8 分，共 40 分）

*（1）在以下关于小班幼儿沙水游戏特点的描述中，不正确的是（　　）。

　　A. 主要的游戏形式是独自的练习性游戏

　　B. 游戏的内容仍然为单一内容

　　C. 满足于反复摆弄的机能性动作快感

　　D. 游戏合作水平较高

*（2）中、大班幼儿的沙水游戏时间大约为（　　）。

　　A. 20 分钟　　　　B. 30 分钟　　　　C. 40 分钟　　　　D. 60 分钟

*（3）（　　）属于减少沙水游戏意外伤害的措施。

　　A. 关注沙水游戏活动中材料的安全状况，如破损后应及时修理或替换

　　B. 游戏活动要保持良好的秩序，准备的玩具、器械要充足

　　C. 在沙水活动前重申游戏规则和安全事项

　　D. 以上都是

*（4）以下属于沙水游戏环境创设基本要求的是（　　）。

　　A. 沙池的大小应至少满足半个班级幼儿同时活动的需要

　　B. 应根据玩沙、玩水场地的大小，配备充足的玩沙、玩水玩具

　　C. 沙水区的位置最好靠近水源

　　D. 以上都是

*（5）以下不属于沙水游戏中常见安全隐患的是（　　）。

　　A. 沙池因人数过多而拥挤，导致争抢玩具等争执行为的发生

　　B. 因铲子、铁锹破损而带来伤害

　　C. 幼儿扬沙子造成沙子入眼

　　D. 将水池设计成有一定的坡度或将水池设置成阶梯状

3. 上海市保育员初级、中级考工应会真题

（1）玩沙设施的准备（中级）。

　　① 沙箱、沙坑边缘设置：

　　② 沙箱、沙坑不用时的保洁：

　　③ 沙子的保洁：

　　④ 准备玩沙的用具：

（2）玩水设施的准备及收整工作（中级）。

　　① 玩水的准备：

　　② 指导幼儿正确的玩法：

　　③ 结束后的收整工作：

4. 拓展题

中班幼儿在进行玩水游戏，虽然保教老师提供了较为丰富的玩水游戏材料，可是幼儿依然只对水管、水桶、漏斗、鱼捞等材料感兴趣。这时候，作为保教老师的你该怎么办？为什么这么做？

学习情况评价表

评分项目		评分标准或要求	配分（分）	评价方式			得分
				自评 权重 20%	互评 权重 30%	师评 权重 50%	
专业知识技能 60%	沙水游戏活动的准备	• 说出玩沙游戏、玩水游戏的含义（1分） • 调研沙水游戏材料的种类、名称、功能（6分） • 分析案例中两位保育员的对话，说出将玩沙池与玩水池比邻设置的原因（4分）	11				
	沙水游戏的年龄特点、观察与支持	根据案例视频，完整填写观察记录表： • 幼儿沙水游戏观察要点及发展水平分析（8分） • 幼儿沙水游戏年龄特点分析（6分） • 根据案例视频，分析教师介入沙水游戏的合理性（5分）	19				

（续表）

评分项目		评分标准或要求	配分（分）	评价方式			得分
				自评	互评	师评	
				权重20%	权重30%	权重50%	
专业知识技能60%	沙水游戏安全隐患的识别与应对	• 找出案例视频中沙水游戏活动的安全隐患（5分） • 说出沙水游戏安全隐患的预防措施（5分）	10				
	沙水游戏活动后的分享与收整	• 分析案例视频中沙水游戏的分享活动情况（5分） • 分析案例视频中沙水游戏后的收整情况（5分）	10				
	自测题	自测题得分×10%	10	—	—	—	
个人素养40%	专业精神 （10分×70%）	认同保育工作的重要性，积极投入专业学习（3分）；在实践中切实履行保育责任，精益求精（4分）；不断反思改进，提高专业水平（3分）	7				
	人文关怀 （10分×70%）	关注和尊重他人（教师、同学、幼儿）的想法和感受，设身处地为他人着想（5分）；充分表达对他人的关心、理解和爱护（5分）	7				
	团队合作 （10分×70%）	乐于承担小组分配的任务（2.5分），积极寻求同伴合作（2.5分），乐于分享自己的经验（2.5分），对小组学习问题的解决有贡献（2.5分）	7				
	沟通表达 （10分×70%）	善于倾听（2分），正确理解（2分）；围绕主题表达（2分），语言清楚简洁（2分），文明礼貌，应人应时应景（2分）	7				
	问题解决 （10分×70%）	解决问题逻辑清晰（2.5分），能举一反三（2.5分），善于批判质疑（2.5分），勇于创新（2.5分）	7				
	信息获取 （10分×50%）	熟悉信息源，善于利用搜索工具快速、准确地获取所需信息（5分）；能根据需要对信息进行挖掘、甄别、筛选（5分）	5				
		总分	100	总得分			

反思与收获：

学习任务小结

　　在游戏进行的不同阶段，保教人员应根据幼儿游戏活动的实际需要扮演多种角色来支持其游戏。游戏活动前，保教人员应合作创设适宜幼儿游戏的环境，并根据游戏活动的特点及幼儿的年龄特点投放游戏材料，注意游戏材料的安全、卫生，并对幼儿进行安全教育。在游戏活动进行的过程中，保教人员要学会后退、欣赏和等待，在观察中了解幼儿的兴趣，分析幼儿的特点，站在幼儿的立场上去理解、思考和回应幼儿。同时，保教人员要关注游戏过程中幼儿的安全，及时排除安全隐患；关注幼儿的身体、情绪及参与活动的情况，必要时给予个别照料。游戏活动结束后，为幼儿提供"从做到说"的机会，支持幼儿在分享环节自由展现自己，表达自己的真实想法，使幼儿实现"从做到思"的飞跃。同时，为幼儿提供分类、整理的机会，让每一个幼儿都能参与到游戏后的物品整理活动中。

模块 3　幼儿园学习活动保育

学习任务 1　幼儿园学习活动认知

 **工作情境描述**

周一到了,中班保育员王老师又开始了繁忙的保育工作。她不但要做好幼儿生活活动保育、环境的清洁消毒和物品保管等工作,还要配合教师开展学习活动。学习活动前,王老师根据主班教师的要求和学习内容布置好学习场地,准备好相应的学习材料;学习活动中,王老师一方面协助主班教师开展学习指导活动,另一方面照顾生活上需要帮助的幼儿;学习活动结束后,王老师带领(指导)幼儿收拾整理场地和材料。

任务目标

- 概述幼儿园学习活动的内容、组织形式及幼儿在学习活动中的学习方式。
- 能评析保教人员在幼儿学习活动中的履职情况,强化学习活动保育的责任意识。
- 能根据学习活动中安全与卫生的工作要求,评析学习活动的安全与卫生情况,明确安全卫生责任。
- 体会学习活动保育对幼儿成长的重要价值,理解正确的儿童观、教育观,提升学习活动保育的认同感。

 建议学时

4学时。

 任务实施过程

学习活动1:幼儿园学习活动概述(2学时)。
学习活动2:幼儿园学习活动的安全与卫生维护(2学时)。

 任务实施准备

- 阅读文件:《幼儿园工作规程》《幼儿园教育指导纲要(试行)》《上海市学前教育课程指南(试行稿)》《上海市幼儿园办园质量评价指南(试行稿)》。
- 阅读图书:《保育员(四级)》,中国劳动社会保障出版社。
- 查找:互联网中的相关资料。

在线阅读

学习活动 1 幼儿园学习活动概述

学习目标

- 能分辨幼儿园学习活动的内容类型。
- 能说明幼儿在幼儿园学习活动中的学习方式。
- 能结合案例分析幼儿园学习活动的组织形式及幼儿的学习方式。
- 体会学习活动保育对幼儿成长的重要价值,初步理解正确的儿童观、教育观。

学习准备

- 硬件设备:移动终端。
- 展示用材料:彩色纸若干、水笔若干、磁铁若干。
- 预习"幼儿园学习活动概述",完成本活动的在线自测题。

关键词释义

幼儿园教育内容　　一日生活皆课程　　幼儿园学习活动　　综合主题活动

预设的学习内容　　生成的学习内容

- **幼儿园教育内容**:幼儿园的教育内容是全面的、启蒙性的,可以相对划分为健康、语言、社会、科学、艺术等五个领域,也可作其他不同的划分。各领域的内容相互渗透,从不同的角度促进幼儿情感、态度、能力、知识、技能等方面的发展。[①]
- **一日生活皆课程**:幼儿园的教育内容可以通过幼儿园的一日活动来实施。幼儿园的一日活动可以分为生活、运动、游戏、学习四类。各类活动都有各自的教育价值。
- **幼儿园学习活动**:主要指讨论、阅读、听赏、制作、表演、实地参观、收集信息等活动,旨在激发幼儿主动探索,积极体验,使幼儿在认知能力和态度上不断进步,为后续学习打下基础。[②]
- **综合主题活动**:指在一定的时间里,班级教师围绕某一个主题所组织的教育教学活动。其特点是打破了学科之间的界限,将各种学习内容围绕一个"主题"有机地连接起来,让幼儿通过该主题的学习,获得与主题相关的、比较完整的经验。组织形式包括集体教学活动、小组学习活动、个别化学习活动三类。教育内容以教师事先预设的为主,也包括幼儿在活动中生成的内容。

---

① 中华人民共和国教育部.幼儿园教育指导纲要(试行)[M].北京:北京师范大学出版社,2001.
② 上海市教育委员会.上海市学前教育课程指南(试行稿)[M].上海:上海教育出版社,2004.

- **预设的学习内容**：教师根据课程目标和幼儿的兴趣及已有经验，预先对环境布置、材料提供、活动内容和方式等进行有计划的设计和安排。
- **生成的学习内容**：幼儿依据自己的兴趣、经验和需要，在与环境和他人的交互作用中自主产生的活动内容。生成也指教师在幼儿游戏与其他活动中发现一些有意义的活动，及时介入，并进行随机教育，或者对该活动加以进一步的充实和扩展。

学习导语

《幼儿园工作规程》指出：幼儿园是对3周岁以上学龄前幼儿实施保育和教育的机构。幼儿园的一日活动一般分为四类，即生活活动、运动、学习活动、游戏活动。其中学习活动主要指讨论、阅读、听赏、制作、表演、实地参观、收集信息等活动，旨在激发幼儿主动探索，积极体验，使幼儿在认知能力和态度上不断进步，为后续学习打下基础。

幼儿园的学习活动主要由班级教师负责，它是教师有目的、有计划地引导幼儿进行学习和探索的过程。保育员应根据本班教师的需要，积极配合做好学习活动的相关工作。为此，保育员要掌握相关知识，了解学习活动的内容，知道学习活动的过程，体会学习活动的价值，明确自己的职责，以便更好地配合教师组织好学习活动。幼儿的学习过程，需要教师和保育员的共同关注，各自承担教育和保育的职责，协同促进幼儿的发展。

▲ 幼儿园在开展学习活动

探索 1　幼儿园学习活动的内容有哪些？

玲玲到幼儿园进行保育见习，保健员王老师对她进行了保育工作培训，介绍了幼儿园学习活动的内容及其归属的五大领域：健康、语言、科学、艺术、社会。下面是玲玲做的关于幼儿园学习活动内容的笔记，但是她不太清楚这些学习内容属于哪些领域。

你能帮助她把下面的幼儿园学习活动内容填入对应的领域吗？

幼儿园学习活动内容笔记

谈话、讲述、听说游戏；唱歌；社会行为规范；生活习惯、饮食与营养；打击乐器演奏；社会环境、人际关系；基本动作及游戏；分类、排序与对应；10以内的数及加减法；人体的认识与保护；保护自身安全；器械类活动及游戏；社会文化；几何形体、量；空间和时间；儿童文学作品；自然现象、物质世界及其相互关系；常用的科技产品及其对人类的影响；人体的奥秘及其保护；早期阅读；韵律活动；绘画；手工。

幼儿园五大领域中的学习内容

领　　域	学　习　内　容
健康	身心保健
	身体锻炼
社会	
科学	数学
	科学
语言	
艺术	音乐
	美术

学习支持 1

★ 幼儿园学习活动的内容与目标

《幼儿园教育指导纲要（试行）》指出，幼儿园的教育内容是全面的、启蒙性的，可以相对划分为健康、语言、社会、科学、艺术等五个领域，也可作其他不同的划分。各领域的内容相互渗透，从不同的角度促进幼儿情感、态度、能力、知识、技能等方面的发展。下面将以《指南》为例，对幼儿园的学习活动内容与目标做介绍。

在线阅读
基于基本经验的内容示例

《指南》从健康、语言、社会、科学、艺术五个领域对幼儿的学习与发展进行了描述。每个领域又按照幼儿学习与发展的最基本、最重要的内容划分为若干方面。

五大领域及其目标

领域	子领域	目　　标
健康	身心状况	（1）具有健康的体态 （2）情绪安定愉快 （3）具有一定的适应能力
	动作发展	（1）具有一定的平衡能力，动作协调、灵敏 （2）具有一定的力量和耐力 （3）手的动作灵活协调

（续表）

领域	子领域	目　标
健康	生活习惯与生活能力	（1）具有良好的生活与卫生习惯 （2）具有基本的生活自理能力 （3）具备基本的安全知识和自我保护能力
语言	倾听与表达	（1）认真听并能听懂常用语言 （2）愿意讲话并能清楚地表达 （3）具有文明的语言习惯
语言	阅读与书写准备	（1）喜欢听故事，看图书 （2）具有初步的阅读理解能力 （3）具有书面表达的愿望和初步技能
社会	人际交往	（1）愿意与人交往 （2）能与同伴友好相处 （3）具有自尊、自信、自主的表现 （4）关心尊重他人
社会	社会适应	（1）喜欢并适应群体生活 （2）遵守基本的行为规范 （3）具有初步的归属感
科学	科学探究	（1）亲近自然，喜欢探究 （2）具有初步的探究能力 （3）在探究中认识周围事物和现象
科学	数学认知	（1）初步感知生活中数学的有用和有趣 （2）感知和理解数、量及数量关系 （3）感知形状与空间关系
艺术	感受与欣赏	（1）喜欢自然界与生活中美的事物 （2）喜欢欣赏多种多样的艺术形式和作品
艺术	表现与创造	（1）喜欢进行艺术活动并大胆表现 （2）具有初步的艺术表现与创造能力

探索 2　幼儿园学习活动的组织形式与中小学一样吗？为什么？

某幼儿园中班近期的学习主题为"玩具总动员"。为了实施主题教学，教师开展了"我喜欢的玩具"集体教学活动，让幼儿描述自己喜欢的玩具及玩具的不同玩法。同时，教师在教室中创设了相关的活动区域：在美工区创设了"画出喜欢的玩具""做汽车"的活动内容，提供蜡笔、画纸、汽车折叠图示、手工纸、即时贴、双面胶、剪刀等材料，让幼儿画出自己喜欢的玩具，或根据图示折叠汽车；

▲ 教师创设的活动区域

在语言区创设了"我喜爱的玩具"语言讲述内容,收集了幼儿从家中带来的玩具,让幼儿说说自己的玩具是怎么玩的,它有什么功能,它是什么类型的玩具,如发条玩具、毛绒玩具等;在科学区创设了"玩具回家"的内容,提供了各种类型的玩具,如发条玩具、遥控玩具、毛绒玩具、塑料玩具等,让幼儿在玩具墙上进行分类。在早晨的区角活动中,幼儿可选择自己喜欢的内容进行操作和探索。

根据以上幼儿学习活动案例回答问题:

(1)分析以上案例中的学习活动采用了哪些组织形式。

......

(2)上述案例中,幼儿运用了什么学习方式?

......

(3)上述案例反映了幼儿学习活动的哪些特点?

......

学习支持 2

★ 幼儿园学习活动的组织形式

1. 学习活动内容的主要组织形式——综合主题活动

综合主题活动是指在一定的时间里,班级教师围绕某一个主题所组织的教育教学活动。教师根据主题活动的需要,共同商量和讨论,制定出一系列的相关活动,实现各领域的整合,并与幼儿一起根据主题的发展布置多样的环境,根据幼儿的兴趣和需要综合运用领域课程、建构式课程、综合主题课程等,预设和生成各种学习活动。最常见的综合主题活动是单元式综合主题活动。

在线阅读
综合主题活动网络图

2. 学习活动的具体组织形式——集体教学、小组学习、个别化学习

集体教学是指教师的组织指导下,全班幼儿共同参与的一种传统的学习组织形式。它能在短时间内提供大量共同经验,注重教育内容的逻辑性、条理性,幼儿能在活动中相互启发,发展自律、合作意识。但是,集体教学不能充分考虑每个幼儿的特点、兴趣和需要,幼儿的表现机会少,不利于有针对性地培养其各种能力。

小组学习是教师将全班幼儿分成若干小组,幼儿以小组为单位开展的学习活动。教师在其中提供环境和材料,发挥间接指导的作用。划分小组的方式有多种:① 按幼儿的发展水平分组,即把发展水平相近的幼儿分为一组,对各水平幼儿提出不同的教育要求。

案例视频
幼儿园的综合主题活动

▲ 小组学习

② 按幼儿的兴趣分组。③ 按操作材料的种类和数量分组，便于换组操作、轮流尝试。在小组学习中，可以同时开展多个组的活动，教师轮流指导，或以指导某一组为主，兼顾其他各组。幼儿在分小组进行活动时，其自主探索、协作的机会更多，可以充分表现自己，有利于独立、自主、协作等精神的培养。

个别化学习（区角活动）是幼儿独自活动，教师予以个别指导的组织形式。它有利于因材施教，发挥幼儿的主体性。个别化学习对教师及其教育技巧、设备的要求更高。

★ 幼儿在学习活动中的学习方式

1. 模仿式学习

模仿式学习是指幼儿对别人的行为和活动模式进行效仿的一种学习方式。它具有直观形象、效果明显的优点，是幼儿学习的主要方式之一。

2. 探究式学习

探究式学习是一种以幼儿自主发现、探究和解决问题为主要形式的学习方式。它具有更综合、更自主、更开放、更灵活的特点，是以让幼儿获取丰富的学习经验，满足和激发幼儿探索的好奇心与兴趣，发展幼儿的创造性表征能力和解决问题能力为目标的一种探究式学习活动。

探究式学习与探究型主题活动不同。幼儿园的探究型主题活动是指围绕着一个主题（可以是教师预设的，也可以是幼儿生成的）而展开的以幼儿的自主探索、自由表达、合作交流、质疑解惑为过程的活动。

▲ 探究式学习

3. 合作式学习

合作式学习是以"合作"为基点，旨在改善和促进活动的集体氛围，加强幼儿良好的非认知心理品质，为达成特定的共同目标而展开的一种高效的学习模式。合作式学习有三种方式：

（1）以师幼互动为主的合作式学习：在幼儿园学习活动中，教师作为一个合作者和参与者加入幼儿的学习和探究过程，并在活动进程中即时地、不断地与幼儿进行对话、协商，对幼儿提出疑问或建议，以推动和扶持的方式"指导"幼儿的学习。一般来说，这种形式的合作式学习指向的是幼儿个体，因而在幼儿的区角活动中比较多见。

（2）以幼幼互动为主的合作式学习：在幼儿园的教育活动中，教师创设一个以异质小组为单位的幼儿学习小组，鼓励小组成员积极交流、共同合作并完成一定的学习目标的教育活动形式。

▲ 合作式学习

它与前一种合作式学习模式相比，更强调的是幼儿间的互动和共同学习的过程，体现同伴间的经验共享和社会建构。

（3）以全员互动为主的合作式学习：在教育活动中，教师与幼儿组成一个学习者共同体，在这个共同体中的每一个成员都积极地互动、互助，共享经验、合作交流，以共同完成一定的学习目标和任务。

4. 体验式学习

体验式学习是让幼儿在亲身经历和体验中获得知识或概念的学习方式。它注重的是幼儿的亲身体验与实践，引导幼儿从体验中感悟、从实践中学习。情境设置是引发和生成这种学习的基本条件。

5. 接受式学习

接受式学习是指幼儿通过教师呈现的材料来掌握现成知识的学习方式。与探究式学习相比，接受式学习的内容是以确定的方式由教师传授给幼儿的，而不是由幼儿独立、自主地发现和探寻的。

▲ 体验式学习

知识小链接

幼儿园学习活动组织的注意事项

（1）教师要尽量创造条件让幼儿通过直接体验来学习，使他们充分感受到学习、探索，以及与人合作、交流的乐趣。

（2）教师应根据课程指南和本班实际，将幼儿在一日活动中自发生成的，具有发展价值的兴趣点与预设活动的内容有机结合。

（3）学习活动内容的选择和安排，既要符合幼儿的兴趣和现有水平，又要有一定的挑战性，这有助于幼儿经验、视野的扩展和潜能的发挥。

（4）学习活动应尊重幼儿的个体差异，鼓励并支持幼儿富有个性和创造性地学习与探索、表达与表现。对学习有特殊需要的幼儿尤应给予特别关注。

（5）学习活动的组织形式应强调个别化学习、小组学习。随着幼儿年龄的增长，可逐渐增加集体教学活动的比例，但要科学控制时间（大班每天不超过 1 小时，小年龄幼儿的集体教学活动时间应减少）。

课后复习

- ☑ **熟悉**：熟悉幼儿园五大领域学习活动的内容。
- ☑ **列举**：列举幼儿园学习活动的组织形式及幼儿在学习活动中的学习方式。
- ☑ **分享**：分享本学习活动中的感悟和疑虑。
- ☑ **反思**：反思本学习活动中自身及小组合作的学习情况，提出今后的改进办法。

课后自测

★ 上海市保育员初级、中级考工应知真题（带"*"号的除外）

1. 判断题（每题5分，共40分）

*（1）幼儿园学习活动是以教师为主的高结构活动形式，保育员只需旁观，承担保育职责即可。（   ）

*（2）在幼儿园学习活动中，保育员要配合教师重点帮助幼儿学好知识。（   ）

*（3）幼儿园一日活动可以分为生活活动、运动、游戏活动、学习活动四类。（   ）

*（4）幼儿园的教育内容可以划分为健康、语言、社会、数学、艺术五个领域，各领域的内容相互渗透，从不同的角度促进幼儿情感、态度、能力、知识、技能等方面的发展。（   ）

*（5）幼儿园学习活动主要指讨论、阅读、听赏、制作、表演、实地参观、收集信息等，活动内容都是教师事先预设的。（   ）

*（6）综合主题活动打破了学科之间的界限，将各种学习内容围绕一个"主题"有机地连接起来，让幼儿通过该主题的学习，获得与主题相关的、比较完整的经验。（   ）

*（7）幼儿园社会领域的学习目标之一是让幼儿具有基本的生活自理能力和良好的生活与卫生习惯，适应社会生活。（   ）

*（8）让幼儿通过种植大蒜来了解植物的生长，这是体验式学习方式。（   ）

2. 选择题（每题10分，共60分）

（1）幼儿园学习活动是（   ）。
　　A. 以教师为主，教师努力关注教育的过程
　　B. 由教师和保育员共同关注教育的过程
　　C. 以保育员为主，保育员努力关注教育的过程
　　D. 由教师做好教育工作，保育员做好保育工作的过程

（2）不属于幼儿园学习活动宗旨的是（   ）。
　　A. 激发幼儿主动探索，积极体验　　　　B. 使幼儿在认知能力和情感态度上不断进步
　　C. 为后续学习打下基础　　　　　　　　D. 让幼儿学习更多的知识，识更多的字

（3）由于幼儿存在个体差异，保育员在工作中要做到（   ）。
　　A. 统一要求，统一行动　　　　　　　　B. 因人而异，因材施教
　　C. 放开要求，自主发展　　　　　　　　D. 包办代替，避免麻烦

（4）幼儿园学习活动的基本形式有（   ）。
　　A. 个别化学习、小组学习、集体教学　　B. 集体教学、个别化学习
　　C. 小组学习、集体教学　　　　　　　　D. 个别化学习、小组学习

*（5）让幼儿学会遵守基本的行为规范，这是（   ）领域的学习内容。
　　A. 健康　　　　　B. 语言　　　　　C. 社会　　　　　D. 科学

*（6）在幼儿园的学习活动中，幼儿独自活动，教师予以个别指导，这样的组织形式称为（   ）。
　　A. 集体教学　　　B. 小组学习　　　C. 个别化学习　　D. 自主学习

3. 拓展题

一位教师用以下这段话描述了她对幼儿园学习活动的看法，请谈谈你对这段话的理解。

要给孩子一些时间，让他自己安排，学会科学地分配时间；要给孩子一个空间，让他自己去处理，让他学会独立行动；要给孩子一个条件，让他自己去干，主动实践，经受锻炼；要给孩子一个问题，让他自己寻找答案，学会思考，培养解决问题的能力；要给孩子一个困难，让他学会应对，培养他不怕困

难，敢于战胜困难的品质；要给孩子一个机遇，让他学会把握；要给孩子一个冲突，让他学会在矛盾中发展……

学习情况评价表

评分项目		评分标准或要求	配分（分）	评价方式			得分
				自评 权重 20%	互评 权重 30%	师评 权重 50%	
专业知识技能 60%	学习活动的内容	• 说出幼儿园学习活动的含义（1.5分） • 说出幼儿园各领域学习活动的名称（每类0.5分，共2.5分） • 说出五大领域学习活动的内容（每类2分，共10分） • 说出预设与生成的含义（2分），并举例说明（2分）	18				
	学习活动的组织形式	• 说出学习活动内容的主要组织形式（4分） • 说出学习活动的具体组织形式（每个1分，共3分） • 说出案例中幼儿园学习活动的组织形式（5分）	12				
	幼儿的学习方式	• 说出幼儿的学习方式（每个2分，共10分） • 说出案例中幼儿的学习方式（每种5分，共10分）	20				
	自测题	自测题得分×10%	10	—	—	—	
个人素养 40%	专业精神（10分×70%）	认同保育工作的重要性，积极投入专业学习（3分）；在实践中切实履行保育责任，精益求精（4分）；不断反思改进，提高专业水平（3分）	7				
	人文关怀（10分×70%）	关注和尊重他人（教师、同学、幼儿）的想法和感受，设身处地为他人着想（5分）；充分表达对他人的关心、理解和爱护（5分）	7				
	团队合作（10分×70%）	乐于承担小组分配的任务（2.5分），积极寻求同伴合作（2.5分），乐于分享自己的经验（2.5分），对小组学习问题的解决有贡献（2.5分）	7				
	沟通表达（10分×70%）	善于倾听（2分），正确理解（2分）；围绕主题表达（2分），语言清楚简洁（2分），文明礼貌，应人应时应景（2分）	7				
	问题解决（10分×70%）	解决问题逻辑清晰（2.5分），能举一反三（2.5分），善于批判质疑（2.5分），勇于创新（2.5分）	7				
	信息获取（10分×50%）	熟悉信息源，善于利用搜索工具快速、准确地获取所需信息（5分）；能根据需要对信息进行挖掘、甄别、筛选（5分）	5				
总分			100	总得分			

反思与收获：

学习活动 2　幼儿园学习活动的安全与卫生维护

学习目标

- ☑ 能梳理幼儿园学习活动中的安全与卫生工作要点。
- ☑ 能辨析幼儿园学习活动中保教人员的履职情况,强化学习活动保育的责任意识。
- ☑ 体会安全与卫生对幼儿健康成长的重要价值,提升学习活动保育工作的认同感。

学习准备

- ☑ 展示用材料:彩色纸若干、水笔若干、磁铁若干。
- ☑ 硬件设备:移动终端。
- ☑ 预习"幼儿园学习活动的安全与卫生维护",完成本活动的在线自测题。

📄 关键词释义

幼儿园学习活动安全　　幼儿园学习活动卫生

- **幼儿园学习活动安全**:指幼儿园为保障幼儿在学习活动中的生命安全和身体健康而采取各项措施,做到"没有危险",主要包括园舍建筑与场地安全,以及学习活动材料的安全和使用的安全等,引导幼儿形成安全意识并学会基本的安全防范与自我保护的方法,保证幼儿身心健康。
- **幼儿园学习活动卫生**:指学习活动要尊重幼儿身心发展的特点与规律,内容难度与学习方式符合幼儿的经验基础与认知特点;学习环境,如场地大小、桌椅高度、采光、音量等符合国家相关标准,环境设施与学习材料安全无毒;注意培养幼儿良好的卫生习惯与维护卫生的能力。

学习导语

保育员在幼儿的学习活动中,要树立保育和教育相结合的观念,尊重幼儿身心发展的特点和规律,严格执行幼儿园的安全与卫生保健制度,积极配合、协助教师组织学习活动。保育员要为幼儿提供安全、卫生的学习活动环境,创造安全、愉悦的心理氛围,保证幼儿学习活动的顺利开展。

▶ 保育员提醒幼儿正确使用剪刀

探索 1　幼儿园学习活动中的安全与卫生工作有哪些？

玲玲经保育员初级考试通过后，成为了一名新入职的保育员。保健员王老师在检查工作后发现，玲玲在学习活动环节的安全与卫生工作做得不够到位，要求玲玲改正，并告诉她安全与卫生工作一刻也不能忽视。但是玲玲有点犯难，她不知道幼儿园学习活动的安全与卫生工作包括哪些内容。你能帮她梳理一下吗？

请小组合作，利用资料和自身的实习经验，归纳幼儿园学习活动中安全与卫生工作的基本要求，并完成以下表格的填写。

幼儿园学习活动中的安全与卫生工作

幼儿园学习活动中的安全工作	幼儿园学习活动中的卫生工作

学习支持 1

★ 幼儿园学习活动中的安全与卫生工作

（1）为幼儿创设安全、愉快的心理环境，营造家庭式的保育氛围。保育员应该以亲切关怀的态度、和蔼可亲的语言、自然大方的表情、轻柔温顺的动作来对待每一个幼儿，帮助幼儿建立安全感和自信。保育员要尊重、了解每个幼儿，根据教师的要求，配合、协助和参与学习活动，积极鼓励和引导幼儿大胆表现，及时给予表扬和赞赏。

（2）为幼儿提供安全、卫生的物质条件。学习活动场地必须符合幼儿的年龄特点及安全、卫生的保育要求。学具和教具材料安全卫生、无毒无害，没有锐利尖角，不容易夹伤幼儿，也不易被幼儿塞入鼻腔。

▲ 保育员准备学习活动场地

桌椅高低适宜。幼儿书籍应干净整洁，纸张耐用，平滑不反光，色彩鲜明，文字、图片、符号等大而清晰，重量适宜。

（3）加强幼儿的自我保育意识。让幼儿了解正确使用玩具材料的方法，注意用电、用火的安全，按步骤对幼儿进行自我保护能力的培养。例如：阅读时，书本与眼睛要保持一定的距离，坐姿正确，注意光线；绘画和书写的时间不宜过长，采用正确的握笔姿势；唱歌时要保护声带，轻松愉快地歌唱；教会幼儿正确使用文具用品，培养幼儿使用文具的卫生习惯。

探索 2　保育员在幼儿学习活动中的保育职责有哪些？

请辨析以下案例中的保育员王老师是否完整履行了自己的工作职责，并思考：如果保育员履职不专业，对幼儿成长可能带来哪些不利影响。

在小班的美术活动前，保育员王老师摆放好了桌椅，准备好了蜡笔和绘画纸。在活动中，王老师让个别需要小便的幼儿去上厕所，指导、帮助个别落后的幼儿。在活动结束后，她让幼儿去洗手，和教师一起将桌椅归位，将蜡笔等材料放回原处。

学习支持 2

★ 幼儿园学习活动保育的工作内容

在学习活动开展前，保育员要与教师沟通，提前熟悉学习活动计划，了解学习活动的内容、桌椅的摆放形式、教学具的准备种类及是否需要制作新教具等。根据幼儿特点、学习活动内容、教师要求，协助做好活动前的各项准备工作，包括：准备学习活动需要的各种材料，并注意保证材料的数量充足及其安全性；布置好学习环境，做好环境的卫生工作，摆放好桌椅、教具、材料和学具等。

案例视频
美术活动片段（以小班为例）

▲ 保育员指导幼儿用正确的姿势握笔

在学习活动中，保育员要协助教师做好学习活动的组织工作，按教师的要求参与活动，及时、适时、适当地配合教师开展学习活动；协助教师运用适当的方式维持活动秩序，当发现不安全因素及幼儿的不当行为时要及时制止；指导幼儿正确、安全地使用教学具；关注幼儿的表现，观察幼儿的身体、情绪、活动等情况，注意幼儿的坐姿、用眼卫生习惯、书写姿势等；随时发现并适时处理幼儿在活动中的需要。

在学习活动结束后，保育员要做好整理收拾工作，将活动中使用的材料、幼儿作品收拾整理好，将桌椅摆放好，做好活动后的清洁工作；针对学习活动中出现的问题，及时与家长交流沟通。

探索 3　为何不能忽视幼儿园学习活动保育？

幼儿园学习活动是促进幼儿发展的必不可少的活动类型。如果离开了学习活动，幼儿的发展将受到严重影响，更无法实现幼儿全面发展的目标。幼儿园的学习活动不仅类型多，而且其实施方式、组织形式等也具有多样化的特点。因此，幼儿园的学习活动需要各方协调，真正贯彻保教结合的理念。那么，保育员在学习活动中为什么要做那么多的保育工作呢？如果忽视其中的某项工作会导致什么后果呢？

请小组合作探讨，完成以下表格的填写。

疏忽幼儿园学习活动保育工作的后果

保育项目	疏忽保育工作的后果
学习环境的卫生工作	
准备生活用品及学习活动所需材料	
摆放桌椅	
维持活动秩序	
关注个别幼儿的学习与生活需求	
指导幼儿正确、安全地使用教学具	
观察幼儿的坐姿、用眼卫生习惯、书写姿势	
场地的清洁	
物品的整理	

学习支持 3

★ 幼儿园学习活动中常见的安全隐患

（1）幼儿园电教、电器设备及教学具等安装或使用不当，如幼儿在使用剪刀、铅笔等锐利材料时，稍有疏忽就可能被划伤、刺伤。

（2）使用由有毒、有害物质制作的教学具。

（3）保教人员看护失职或不当，如幼儿拿着铅笔、剪刀等随意走动，意外扎伤他人。

（4）活动中的意外事故，如幼儿意外摔倒。

（5）幼儿相互拥挤，导致碰撞摔倒，或在争执过程中推倒对方。

在线阅读
幼儿园保育价值的失落与回归

在线阅读
隐性课程视角下，强化幼儿保育员角色定位

------ 课后复习 ○ ------

☑ 描述：说说保育员如何让幼儿知道玩火、玩电的危险。

☑ 收集：查找资料，完善幼儿园创造家庭式保育心理氛围的要求。

- ✓ **分析** 观看张以庆导演的纪录片《幼儿园》，分析其中涉及的学习活动内容及保教职责。
- ✓ **分享** 分享对本学习活动中的感悟和疑虑。
- ✓ **反思** 反思本学习活动中自身及小组合作的学习情况，提出今后的改进办法。

课后自测

★ 上海市保育员初级、中级考工应知真题（带"*"号的除外）

1. 判断题（每题 5 分，共 40 分）

（1）在学习活动前，保育员只要摆放好桌椅即可。（　　）

（2）将学习活动中的安全工作归纳起来，主要是指"为幼儿提供一个安全的环境"。（　　）

（3）幼儿参加学习活动的目的不在于其结果而在于其过程。（　　）

*（4）幼儿参加学习活动应强调以掌握知识、技能为主。（　　）

*（5）为幼儿创设安全、愉快的心理环境，加强幼儿自我保育意识，都属于幼儿园学习活动安全与卫生保育工作的内容。（　　）

*（6）在幼儿园学习活动中，要注意培养幼儿良好的卫生习惯与维护卫生的能力，因此可以让小班幼儿自己收拾整理玩具。（　　）

*（7）幼儿园学习活动的安全包括园舍建筑与场地安全，以及学习活动材料及其使用的安全。（　　）

*（8）保育员在学习活动中不仅要负责安全、卫生工作，也要及时、适时、适当地配合教师开展学习活动。（　　）

2. 选择题（每 10 题分，共 60 分）

（1）保育员在指导幼儿学习活动时，不可以（　　）。
　　A. 利用环境资源组织学习活动　　　　B. 让幼儿充分运用各感官参与学习活动
　　C. 一律采用全班性的学习活动形式　　D. 运用灵活多样的学习活动形式

（2）以下关于保育员在幼儿学习活动前要做的准备工作中，错误的是（　　）。
　　A. 打扫盥洗室，铺上防滑垫　　　　　B. 了解学习活动内容，主动配合教师
　　C. 摆放好桌椅、材料、教具和学具　　D. 做好活动室的环境卫生工作

（3）在学习活动前，保育员要做到环境整洁，同时注意采光，光线应该（　　）。
　　A. 明亮柔和　　　B. 强烈刺眼　　　C. 幽暗柔和　　　D. 明亮强烈

（4）保育员在环境创设上应该是（　　）。
　　A. 指挥者、命令者　　B. 灌输者、施教者　　C. 提供者、引导者　　D. 代劳者、包办者

（5）为了激发幼儿参与学习活动的兴趣，应（　　）。
　　A. 增加幼儿学习时间，树立其自信心　　B. 加强幼儿知识、技能的训练
　　C. 给予幼儿想学、会学、乐学方面的体验　　D. 增加幼儿的学习内容

（6）幼儿学习活动的内容应贯穿在（　　）。
　　A. 教育活动中　　B. 教育课程中　　C. 一日生活的各个环节中　　D. 作业中

3. 拓展题

很多幼儿园不要求保育员参与学习活动，其可能的原因是什么？你如何看待这个问题？

学习情况评价表

评分项目		评分标准或要求	配分（分）	评价方式			得分
				自评 权重20%	互评 权重30%	师评 权重50%	
专业知识技能 60%	学习活动中的安全与卫生	说出学习活动中的安全与卫生工作要点（每条5分，共15分）	15				
	学习活动中保育员工作的实施情况	• 说出学习活动中保育员的工作职责（6分） • 评析保育员在学习活动中的履职情况（10分）	16				
	学习活动中的安全隐患	• 说出学习活动中常见的安全隐患（每条2分，共10分） • 说出疏忽保育工作可能造成的后果（每条1分，共9分）	19				
	自测题	自测题得分×10%	10	—	—	—	
个人素养 40%	专业精神（10分×70%）	认同保育工作的重要性，积极投入专业学习（3分）；在实践中切实履行保育责任，精益求精（4分）；不断反思改进，提高专业水平（3分）	7				
	人文关怀（10分×70%）	关注和尊重他人（教师、同学、幼儿）的想法和感受，设身处地为他人着想（5分）；充分表达对他人的关心、理解和爱护（5分）	7				
	团队合作（10分×70%）	乐于承担小组分配的任务（2.5分），积极寻求同伴合作（2.5分），乐于分享自己的经验（2.5分），对小组学习问题的解决有贡献（2.5分）	7				
	沟通表达（10分×70%）	善于倾听（2分），正确理解（2分）；围绕主题表达（2分），语言清楚简洁（2分），文明礼貌，应人应时应景（2分）	7				
	问题解决（10分×70%）	解决问题逻辑清晰（2.5分），能举一反三（2.5分），善于批判质疑（2.5分），勇于创新（2.5分）	7				
	信息获取（10分×50%）	熟悉信息源，善于利用搜索工具快速、准确地获取所需信息（5分）；能根据需要对信息进行挖掘、甄别、筛选（5分）	5				
总分			100	总得分			

反思与收获：

学习任务小结

　　学习是人类前进的阶梯，它对幼儿的现在与将来都具有重要的影响。幼儿的年龄特点决定了他们的学习受兴趣和需求的直接驱动，同时只有通过他们的直接感知、亲身体验才能产生真正意义上的学习。因此，教师应尊重幼儿的人格和权利，尊重幼儿身心发展的规律和学习特点，以幼儿的生活为基础，最大限度地支持和满足幼儿通过亲近自然、实际操作、亲身体验等方式获取经验的需要，促进幼儿在健康、语言、社会、科学、艺术各方面的协调发展。这个年龄阶段的幼儿虽然先天禀赋与后天发展不一，身心发展各有特质，但是他们普遍对世界充满好奇、喜欢探索、富于想象，同时其独立生活能力、自我保护能力不强，往往约束了他们的大胆活动。为此，保教人员应创设宽松愉快的心理环境与安全卫生的物质环境，以游戏为基本活动形式，保教并重，关注个别差异，使幼儿获得有益于身心发展的经验，促进每个幼儿富有个性地发展。

　　家庭教育对幼儿的终身学习和发展也起着重要影响。与保教人员一样，家长对孩子言传身教和潜移默化的影响至关重要。因此，保教人员要在重视家园合作的同时，指导家长和孩子建立良好的亲子关系，创设平等、温馨的家庭环境。只有家长和幼儿园共同努力，才能有效地促进幼儿身心的健康成长，否则就会事倍功半。

学习任务 2 | 幼儿园集体教学活动保育

工作情境描述

贝贝幼儿园大班近期的学习主题为"我是中国人"。主班教师设计了一系列活动，分别为：快乐旅行、大中国、我爱北京天安门、欢腾的国庆节、了不起的中国人。今天，主班教师要进行的是集体教学活动——快乐旅行。

活动前，保育员王老师根据主班教师的要求，在活动室布置好旅游景区的情景，预留好幼儿展示的空间，准备好幼儿动手操作的美工及辅助材料（如彩色卡纸、硬纸板、彩条彩带等），整理好事先收集的由幼儿提供的旅游景点图片、门票、照片等。活动中，王老师配合、协助主班教师开展学习活动，关注幼儿在活动中的需要，适时地处理活动过程中的问题。活动后，王老师组织幼儿及时整理场地和物品，并就活动中发现的问题及时与主班教师沟通。

任务目标

- 能分辨幼儿园不同领域学习活动的任务和类型。
- 能分辨幼儿园五大领域学习活动的年龄段目标,提升学习活动保育责任感。
- 能合理评析案例中学习活动的保育工作实施情况。
- 认同学习对于幼儿身心成长的价值,懂得自身的保育专业素养对于幼儿学习发展水平的影响,增强责任感。

 建议学时

14学时。

 任务实施过程

学习活动1:健康学习活动保育(2学时)。
学习活动2:语言学习活动保育(2学时)。
学习活动3:社会学习活动保育(2学时)。
学习活动4:科学学习活动保育(2学时)。
学习活动5:数学学习活动保育(2学时)。
学习活动6:美术学习活动保育(2学时)。
学习活动7:音乐学习活动保育(2学时)。

 任务实施准备

- 阅读文件:《幼儿园工作规程》《幼儿园教育指导纲要(试行)》《上海市学前教育课程指南(试行稿)》《上海市幼儿园办园质量评价指南(试行稿)》。
- 阅读图书:《保育员(四级)》,中国劳动社会保障出版社。
- 查找:互联网中的相关资料。

在线阅读

学习活动 1 健康学习活动保育

学习目标

- ☑ 说出幼儿健康的含义及影响因素，列举幼儿园健康学习活动的内容及价值。
- ☑ 能分辨幼儿园健康学习活动的年龄段目标，明确保教人员在幼儿成长中的责任。
- ☑ 能合理评析健康学习活动保育工作的实施情况，提升健康保育责任感。
- ☑ 能敏锐发现幼儿园健康学习活动中的安全隐患，并进行有效预防，强化健康安全保育责任意识。
- ☑ 能与受伤幼儿家长进行有效沟通，安抚家长情绪。
- ☑ 认同幼儿园健康学习活动对于幼儿身心成长的价值，懂得自身的保育专业素养对于幼儿健康的影响，增强责任感。

学习准备

- ☑ 展示用材料：彩色纸若干、水笔若干、磁铁若干。
- ☑ 硬件设备：移动终端。
- ☑ 预习"健康学习活动保育"，完成本活动的在线自测题。

关键词释义

健康　　幼儿健康　　幼儿园健康学习活动

- **健康**：指人在身体、心理和社会适应方面的良好状态。
- **幼儿健康**：指幼儿各器官、组织的正常发育，能较好地抵抗各种疾病；性格开朗，情绪乐观，无心理障碍，对环境有较快的适应能力。
- **幼儿园健康学习活动**：指根据幼儿身心发展的特点，提高幼儿健康认识、改善幼儿健康态度、培养幼儿健康行为，保持和促进幼儿健康的系统学习活动。（特别说明：本模块中的健康学习活动指的是体育以外的活动，体育的相关内容见模块1）

学习导语

《幼儿园教育指导纲要（试行）》特别强调：幼儿园必须把保护幼儿的生命和促进幼儿的健康放在工作的首位。

▲ 幼儿园的早操活动

幼儿阶段是儿童身体发育和机能发展极为迅速的时期，也是形成安全感和乐观态度的重要阶段。幼儿期的健康不仅能提高幼儿的生命质量，而且在该阶段所养成的健康的生活信念和生活方式，对于提高幼儿一生的生活和生命质量都至关重要，因此，幼儿园健康学习活动对于幼儿一生的发展具有独特的价值和意义。

保育员要树立正确的健康观念，在重视幼儿身体健康的同时，高度重视幼儿的心理健康；要充分尊重幼儿生长发育的规律，配合教师根据幼儿的特点组织生动有趣、形式多样的健康教育活动，吸引幼儿主动参与；要高度重视和满足幼儿受保护、受照顾的需要，同时也要尊重和满足幼儿不断增长的独立性要求，避免过度保护和包办代替，鼓励并指导幼儿进行自理、自立方面的尝试。

探索 1　幼儿不生病就是健康吗？幼儿园健康学习活动的内容有哪些？

阅读以下案例，回答案例后的问题。

有一次，贝贝幼儿园开家长会，老师让家长共同交流关于孩子健康方面的想法。有家长说，我的孩子挺健康的，吃得好、玩得好、睡得好，也不生病；也有家长说，我家里就一个孩子，全家都十分爱护她，方方面面都照顾得很细致，所以孩子不大生病，但是自从进入幼儿园后，孩子便经常感冒咳嗽，如果幼儿园也对孩子照顾得细致一点，我孩子准健康，所以拜托老师们了。

（1）孩子不生病就是健康吗？

（2）列举你认为可能影响孩子健康的因素。

（3）请向家长介绍幼儿园健康教育。

学习支持 1

★ 幼儿健康的含义

健康指人在身体、心理和社会适应方面的良好状态。幼儿健康是指幼儿各器官、组织的正常发育，能较好地抵抗各种疾病；性格开朗，情绪乐观，无心理障碍，对环境有较快的适应能力。因此，幼儿健康包含身体健康和心理健康两个方面。

1. 身体健康

幼儿身体健康是指幼儿身体各个器官组织的构造正常，各个生理系统能发挥良好的作用，能有效抵御各种疾病。同时，这种组织结构的正常要与不同时期幼儿的身高、体重的增加速度成正比。虽然不同时期幼儿的发展水平不同，但总体发展水平必须保持在正常范围内。

2. 心理健康

幼儿心理健康是指幼儿的心理发展健全，能正常地对待外界的各种变化，从情绪到内心均能适应并调整。其重要标志是情绪反应适度，社会适应良好，能较快地适应幼儿园的新环境和新生活。

幼儿阶段是孩子身体发育和机能发展极为迅速的时期，也是形成安全感和乐观态度的重要阶段。因此，健康是幼儿幸福快乐的源泉，也是进行有效学习和促进各方面发展的重要基石。

▲ 教师组织幼儿进行保护牙齿的集体教学活动

★ 幼儿园健康学习活动的意义和内容

幼儿园的健康教育主要是通过幼儿园健康学习活动、日常生活的健康指导和健康实践及家园协助的方式进行的。本学习活动重点介绍的是幼儿园健康学习活动。幼儿园健康学习活动是指根据幼儿身心发展的特点，提高幼儿健康认识、改善幼儿健康态度、培养幼儿健康行为，保持和促进幼儿健康的系统学习活动。

▲ 保育员指导幼儿洗手

幼儿园健康学习活动有利于幼儿养成良好的饮食习惯和卫生行为习惯；能有效地促进幼儿身体发育，增强体质，发展基本动作和身体素质；能有效地促进幼儿智力的发展，以及幼儿良好个性和社会性的发展。因此，幼儿园健康学习是素质教育的重要组成部分，对幼儿的发展具有独特的价值和意义。

幼儿园健康学习活动的主要内容有：

（1）发展基本动作，包括走、跑、跳、钻、爬、攀登等；发展动作的协调性、灵活性。

（2）培养生活卫生习惯，包括良好的饮食、睡眠、盥洗、排泄等个人生活卫生习惯和爱护公共卫生的习惯。

（3）提高自我保护能力和自理能力，包括安全、保健等方面

▲ 发展基本动作

的学习；学习自我服务技能。

（4）培养良好情绪，包括体验幼儿园生活的愉快，形成良好的师幼、同伴关系，有安全感、信赖感；提高对自然环境和社会环境的适应能力。

探索 2　各年龄段幼儿健康领域的学习与发展目标是什么？

保健员王老师告诉新入园的保育员玲玲：幼儿的发展是一个持续、渐进的过程，同时也表现出一定的阶段性特征。每个幼儿在沿着相似进程发展的过程中，各自的发展速度和到达某一水平的时间不完全相同。因此，保育员要充分理解和尊重幼儿发展进程中的个别差异，支持和引导他们从原有水平向更高水平发展。她将健康领域的幼儿学习与发展的年龄段目标告诉了玲玲，但是玲玲只是记录了目标，忘了标注年龄班。

你能帮助玲玲分辨以下目标[①]分别是属于小、中、大班中的哪个年龄阶段吗？请将年龄班填在目标后的横线上。

（1）会穿脱衣服，初步学会整理衣服，学会整理玩具并保持玩具的清洁；有初步的生活自理能力。……………

（2）了解盥洗的顺序，初步掌握洗手的基本方法；懂得保持自身的清洁，会使用手帕；能及时排便；有良好的作息习惯。……………

（3）保持个人卫生，关心周围环境的卫生；进一步提高独立生活的能力，初步形成良好的学习习惯。……………

（4）进餐时保持情绪愉快，愿意独立进餐，进餐习惯良好；认识常见的食物，爱吃各种食物，能主动饮水。……………

（5）初步理解不同的食物有不完全相同的营养素，身体需要各种营养素；会使用筷子，进一步养成独立进餐的习惯。……………

（6）结合平时的经验，进一步认识各类常见的食物；在爱吃各类食物的同时，懂得科学合理地进食，逐步养成良好的饮食习惯。……………

（7）初步认识身体的器官，并懂得简单的保护方法；能配合成人接受疾病的预防与治疗。……………

（8）进一步认识身体的主要器官及其基本功能，逐步形成接受疾病预防与治疗的积极态度与行为；懂得快乐有益于健康。……………

（9）进一步认识身体的主要器官及其重要功能，懂得简单的保护方法；了解有关预防蛀牙和换牙的知识；注意用眼卫生。……………

（10）知道过马路、乘坐交通工具、玩大型运动器械时要注意安全，了解日常生活中的安全常识。……………

（11）获得应对意外事故的常识，具有粗浅的求生技能。……………

（12）认识常见的安全标志，能在成人的提醒下遵守交通规则；不接触危险物品；遇到危险时能告诉成人，有初步的自我保护意识。……………

---

① 幼儿园根据《3—6岁儿童学习与发展指南》及本园幼儿的实际情况制定的年龄段目标。

（13）愿意与父母分床睡眠。
（14）知道自己的性别。
（15）知道男女厕所，初步理解性别角色期待。

学习支持 2

★ 幼儿园健康领域幼儿学习与发展的年龄段目标

幼儿园健康教育活动的目标体系包括总目标、年龄段目标、具体活动目标三个层次。幼儿园健康教育活动的总目标为：幼儿身体健康，在集体生活中情绪安定、愉快；生活、卫生习惯良好，有基本的生活自理能力；知道必要的安全保健常识，学习保护自己；喜欢参加体育活动，动作协调、灵活。根据《指南》，幼儿园健康教育活动的年龄段目标如下：

1. 身心状况

目标1：具有健康的体态

3—4岁	4—5岁	5—6岁
身高和体重适宜。参考标准： 男孩： 身高：94.9—111.7厘米。 体重：12.7—21.2公斤。 女孩： 身高：94.1—111.3厘米。 体重：12.3—21.5公斤。 在提醒下能自然坐直、站直。	身高和体重适宜。参考标准： 男孩： 身高：100.7—119.2厘米。 体重：14.1—24.2公斤。 女孩： 身高：99.9—118.9厘米。 体重：13.7—24.9公斤。 在提醒下能保持正确的站、坐和行走姿势。	身高和体重适宜。参考标准： 男孩： 身高：106.1—125.8厘米。 体重：15.9—27.1公斤。 女孩： 身高：104.9—125.4厘米。 体重：15.3—27.8公斤。 经常保持正确的站、坐和行走姿势。

目标2：情绪安定愉快

3—4岁	4—5岁	5—6岁
（1）情绪比较稳定，很少因一点小事哭闹不止。 （2）有比较强烈的情绪反应时，能在成人的安抚下逐渐平静下来。	（1）经常保持愉快的情绪，不高兴时能较快缓解。 （2）有比较强烈情绪反应时，能在成人提醒下逐渐平静下来。 （3）愿意把自己的情绪告诉亲近的人，一起分享快乐或求得安慰。	（1）经常保持愉快的情绪。知道引起自己某种情绪的原因，并努力缓解。 （2）表达情绪的方式比较适度，不乱发脾气。 （3）能随着活动的需要转换情绪和注意。

目标 3：具有一定的适应能力

3—4 岁	4—5 岁	5—6 岁
（1）能在较热或较冷的户外环境中活动。 （2）换新环境时情绪能较快稳定，睡眠、饮食基本正常。 （3）在帮助下能较快适应集体生活。	（1）能在较热或较冷的户外环境中连续活动半小时左右。 （2）换新环境时较少出现身体不适。 （3）能较快适应人际环境中发生的变化。如换了新老师能较快适应。	（1）能在较热或较冷的户外环境中连续活动半小时以上。 （2）天气变化时较少感冒，能适应车、船等交通工具造成的轻微颠簸。 （3）能较快融入新的人际关系环境。如换了新的幼儿园或班级能较快适应。

2. 动作发展

这部分的目标1（具有一定的平衡能力，动作协调、灵敏）和目标2（具有一定的力量和耐力），详见本书模块1。

目标 3：手的动作灵活协调

3—4 岁	4—5 岁	5—6 岁
（1）能用笔涂涂画画。 （2）能熟练地用勺子吃饭。 （3）能用剪刀沿直线剪，边线基本吻合。	（1）能沿边线较直地画出简单图形，或能边线基本对齐地折纸。 （2）会用筷子吃饭。 （3）能沿轮廓线剪出由直线构成的简单图形，边线吻合。	（1）能根据需要画出图形，线条基本平滑。 （2）能熟练使用筷子。 （3）能沿轮廓线剪出由曲线构成的简单图形，边线吻合且平滑。 （4）能使用简单的劳动工具或用具。

3. 生活习惯与生活能力

目标 1：具有良好的生活与卫生习惯

3—4 岁	4—5 岁	5—6 岁
（1）在提醒下，按时睡觉和起床，并能坚持午睡。 （2）喜欢参加体育活动。 （3）在引导下，不偏食、挑食。喜欢吃瓜果、蔬菜等新鲜食品。 （4）愿意饮用白开水，不贪喝饮料。 （5）不用脏手揉眼睛，连续看电视等不超过15分钟。 （6）在提醒下，每天早晚刷牙、饭前便后洗手。	（1）每天按时睡觉和起床，并能坚持午睡。 （2）喜欢参加体育活动。 （3）不偏食、挑食，不暴饮暴食。喜欢吃瓜果、蔬菜等新鲜食品。 （4）常喝白开水，不贪喝饮料。 （5）知道保护眼睛，不在光线过强或过暗的地方看书，连续看电视等不超过20分钟。 （6）每天早晚刷牙、饭前便后洗手，方法基本正确。	（1）养成每天按时睡觉和起床的习惯。 （2）能主动参加体育活动。 （3）吃东西时细嚼慢咽。 （4）主动饮用白开水，不贪喝饮料。 （5）主动保护眼睛。不在光线过强或过暗的地方看书，连续看电视等不超过30分钟。 （6）每天早晚主动刷牙，饭前便后主动洗手，方法正确。

目标2：具有基本的生活自理能力

3—4岁	4—5岁	5—6岁
（1）在帮助下能穿脱衣服或鞋袜。 （2）能将玩具和图书放回原处。	（1）能自己穿脱衣服、鞋袜、扣纽扣。 （2）能整理自己的物品。	（1）能知道根据冷热增减衣服。 （2）会自己系鞋带。 （3）能按类别整理好自己的物品。

目标3：具备基本的安全知识和自我保护能力

3—4岁	4—5岁	5—6岁
（1）不吃陌生人给的东西，不跟陌生人走。 （2）在提醒下能注意安全，不做危险的事。 （3）在公共场所走失时，能向警察或有关人员说出自己和家长的名字、电话号码等简单信息。	（1）知道在公共场合不远离成人的视线单独活动。 （2）认识常见的安全标志，能遵守安全规则。 （3）运动时能主动躲避危险。 （4）知道简单的求助方式。	（1）未经大人允许不给陌生人开门。 （2）能自觉遵守基本的安全规则和交通规则。 （3）运动时能注意安全，不给他人造成危险。 （4）知道一些基本的防灾知识。

探索 3　保育员需要履行的健康学习活动的保育职责有哪些？

请阅读以下案例，小组合作，评析玲玲履行保育工作职责的情况，并思考：玲玲履行保育工作的不专业，可能给幼儿成长带来哪些不利影响。

小班要开展健康领域的集体教学活动"小医生"，让幼儿识别常见的医药用品，并理解人生病时需要医生治疗才能恢复健康，遇到打针、吃药的情况不害怕。保育员玲玲向主班教师了解了本次活动的安排，根据活动内容准备好了医药用品玩具、操作材料包"小药方"，在小药箱中装好文具、生活用具和医药用具等。在幼儿学习的过程中，玲玲配合主班教师进行故事表演，给幼儿发放图书。在学习活动结束后，玲玲让幼儿把图书、小药箱都交上来。

学习支持 3

★ 幼儿园健康学习活动保育的工作内容

1. 健康学习活动的准备工作

保育员要为幼儿创设安全、愉快的心理氛围，尊重和了解幼儿，以平等的态度关注、照顾每个幼儿，积极鼓励幼儿开展健康学习活动，及时表扬和赞赏，让幼儿产生学习的兴趣，体会成功的喜悦和自豪感。

同时做好活动前的物品准备和环境创设工作。

2. 健康学习活动的观察和照料

保育员要在学习活动的过程中观察幼儿身体、情绪及参与活动的情况，随时发现幼儿的需要并及时应对，如是否需要上厕所、情绪是否愉快等。

3. 健康学习活动的配合工作

配合教师做好活动中的示范、指导和维持秩序等工作。

4. 健康学习活动结束后的清洁与整理工作

活动结束后，保育员要组织幼儿整理好活动中所使用的玩教具，并完成活动场地的清洁工作。

5. 培养幼儿良好的收整习惯

保育员要配合教师组织幼儿做好个人物品的整理、归位工作，并适时帮助个别幼儿。

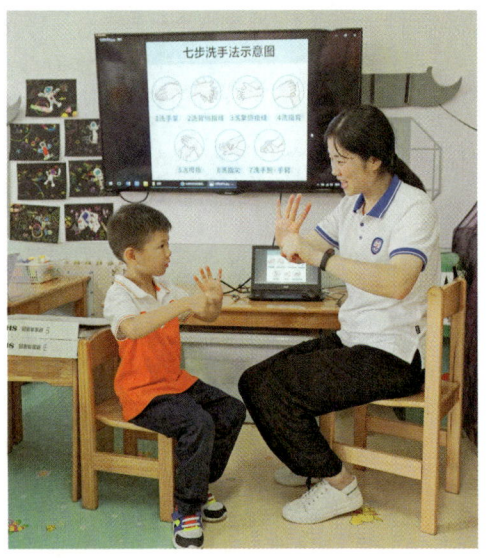

▲ 做好活动中的示范指导

探索 4　如何在健康学习活动中发现安全隐患并有效预防？

请结合案例，分析幼儿园健康学习活动中可能存在的安全隐患，并提出预防措施。

在小班的"好闻的气味"健康学习活动中，主班教师用透明的瓶子装了白酒、醋、白开水，把酸牛奶、橙汁、巧克力饮品装进有盖的深色瓶子里，还准备了花露水、风油精等，准备让幼儿闻一闻、尝一尝、抹一抹。活动时，幼儿兴奋不已，争抢着上前，一不小心，有人把瓶子打翻了……

安全隐患与预防措施记录表

序号	可能存在的安全隐患	预防措施
1		
2		
3		
4		
5		

学习支持 4

★ 幼儿园健康学习活动的安全建议

（1）为幼儿示范拿筷子、握笔的正确姿势，以及正确使用剪刀、锤子等工具的方法。

（2）为幼儿提供的塑料粒、珠子等活动材料要足够大（不小于2厘米），材质要安全，以免造成异物进入气管、铅中毒等伤害。此外，要为幼儿提供安全剪刀。

（3）提醒幼儿不要拿剪刀等锋利工具玩耍，用完后要放回原处。

（4）提醒幼儿要保持正确的站、坐、走姿势；发现有八字脚、罗圈腿、驼背等骨骼发育异常的情况，应及时让家长带幼儿就医矫治。

（5）桌、椅和床要合适。椅子的高度以幼儿写画时双脚能自然着地、大腿基本保持水平状为宜；桌子的高度以写画时身体能坐直，不驼背、不耸肩为宜；床不宜过软。

（6）把热水瓶、药品、火柴、刀具等物品放到幼儿够不到的地方；阳台或窗台要有安全保护措施；使用安全的电源插座等。

（7）帮助幼儿了解周围环境中不安全的事物，不做危险的事，如不动热水壶，不玩火柴或打火机，不摸电源插座，不攀爬窗户或阳台等。

▲ 保育员指导幼儿保持正确的看书姿势

探索 5 如何与发生伤害事故的幼儿家长进行沟通？

中班正在进行"身体的秘密"主题活动，李老师设计了"伙伴钻洞洞"的小游戏。在几个孩子合作造大洞洞让同伴钻过去的环节中，小天不小心摔了一跤。保育员王老师注意到了小天的表情不对，询问后发现，小天的手心被蹭破了点皮，便马上带他去保健室进行了处理。放学时间到了，家长来接小天了。

请小组合作，设计与小天家长沟通的情景并模拟表演，写下沟通感悟。

....
....
....
....
....

学习支持

★ 幼儿在园受伤后的处理策略

1. 幼儿方面

（1）及时为受伤者处理伤口。当幼儿受伤时，保教人员要马上判断幼儿受伤的大致程度，然后按严重程度采取相应的措施。如果伤情较重，幼儿园不能自行解决的，要马上送幼儿去医院做处理，不得延误治疗时机。

（2）保护幼儿的心理。保教人员应及时帮助受伤幼儿消除恐惧，给予更多的抚爱，鼓励他勇敢面对。有的事故是一个幼儿对另一个幼儿的伤害，保教人员千万不要一味地指责伤害他人者，要适度教育，以免让伤害同伴的幼儿背上沉重的心理负担。

2. 保教人员方面

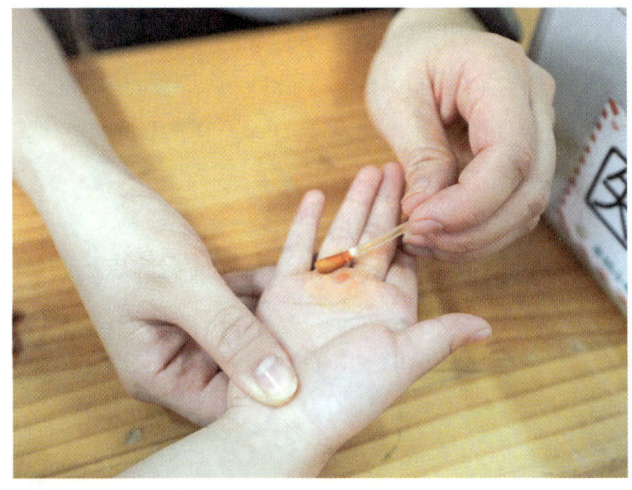

▲ 保教人员为受伤幼儿处理伤口

（1）抓住教育契机。保教人员应不失时机地引导幼儿讨论事故发生的原因及避免事故的做法，还应教育全班幼儿关心受伤的幼儿，渗透情感教育。

（2）对受伤者的身体护理。保教人员应懂得相应的护理知识，根据受伤者的身体状况、受伤程度、受伤部位，采取不同的护理方法。

3. 家长方面

（1）及时通知受伤幼儿的家长。

（2）做好受伤幼儿家长的安抚工作。不论家长的态度如何，都应换位思考，理解家长。如有必要，可主动上门诚恳地向家长致歉，并详细地叙述事故发生的经过，与家长交流幼儿日后护理的注意事项，协调好与家长的关系。

课后复习

- ☑ **整理**：整理幼儿园健康学习活动的保育要求。
- ☑ **收集**：收集有关幼儿性别教育的内容。
- ☑ **分享**：分享本学习活动中的感悟和疑虑。
- ☑ **反思**：反思本学习活动中自身及小组合作的学习情况，提出今后的改进办法。

课后自测

在线自测

★ 上海市保育员初级、中级考工应知真题（带"*"号的除外）

1. 判断题（每题 5 分，共 50 分）

（1）幼儿与外界的接触较多，免疫力较低，易患传染病。（　　）

（2）幼儿活动范围逐渐扩大，要谨防意外事故的发生。（　　）

（3）科学的健康保育观是指对幼儿身体机能的全面促进和提高。（　　）

（4）要让幼儿知道，遇到火灾、水灾、风灾、地震、车祸等时，不慌张哭叫，要紧跟家人寻求保护。（　　）

*（5）健康应包括身体、心理和社会适应三个方面的良好状态。（　　）

*（6）幼儿所养成的健康的生活信念和生活方式，对于提高幼儿一生的生活和生命质量都至关重要，因此，幼儿园健康学习活动对于幼儿一生的发展具有独特的价值和意义。（　　）

*（7）幼儿园健康学习活动是根据幼儿身心发展的特点，提高幼儿健康认识、改善幼儿健康态度、培养幼儿健康行为，保持和促进幼儿健康的系统学习活动。（　　）

*（8）获得应对意外事故的常识并具有粗浅的求生技能，这是中班健康学习活动的目标。（　　）

*（9）在健康学习活动中，保育员要注意观察幼儿的活动情况。如果发现幼儿有上厕所的需要，要适时安排他去。（　　）

*（10）能初步理解不同的食物有不完全相同的营养素，身体需要各种营养素，这是大班健康学习活动的目标。（　　）

2. 选择题（每题10分，共50分）

（1）身体姿势的正确与否，（　　）会产生极大的影响。
A. 对幼儿身体的正常生长发育　　B. 对幼儿的行为
C. 对幼儿的交友　　D. 对幼儿的习惯

（2）愿意与父母分床而眠是我国幼儿园健康学习活动（　　）目标中的内容。
A. 小班　　B. 中班
C. 大班　　D. 进入幼儿园前

*（3）幼儿园健康学习活动的主要内容是（　　）。
A. 发展基本动作　　B. 培养生活卫生习惯和良好情绪
C. 提高自我保护能力和自理能力　　D. 以上都是

*（4）幼儿在园受伤后，保教人员应立即（　　）。
A. 向领导汇报　　B. 联系家长
C. 及时处理伤者　　D. 教育其他幼儿

*（5）为保证幼儿在幼儿园健康学习活动中的安全，保教人员不应该（　　）。
A. 使用剪刀、锤子等工具　　B. 为幼儿创设安全、愉快的心理氛围
C. 在幼儿活动时及时打扫场地　　D. 在活动结束后及时组织幼儿做好清洁整理工作

3. 拓展题

"保育员要高度重视和满足幼儿受保护、受照顾的需要""同时也要尊重和满足幼儿不断增长的独立性要求，避免过度保护和包办代替，鼓励并指导幼儿进行自理、自立方面的尝试"，这两个方面矛盾吗？你是如何理解的？

学习情况评价表

评分项目		评分标准或要求	配分（分）	评价方式			得分
				自评 权重 20%	互评 权重 30%	师评 权重 50%	
专业知识技能 60%	幼儿健康的含义及影响因素	• 解释健康的概念（1分） • 解释幼儿健康的概念（1分） • 说出影响幼儿健康的因素（每条0.5分，共3分）	5				
	健康学习活动的内容及意义	模拟向家长进行健康教育宣传： • 解释幼儿园健康学习活动的含义（2分） • 介绍幼儿园健康学习活动的主要内容（6分） • 说明幼儿园健康学习活动的意义（3分）	11				
	健康学习活动的年龄段目标	• 说出幼儿园健康教育活动的年龄段目标（每个0.5分，共3.5分） • 辨识幼儿园健康学习活动目标对应的年龄班（7.5分）	11				
	健康学习活动保育的工作内容	• 说出健康学习活动保育的工作职责（5分） • 评析保育员在健康学习活动中的保育工作履职情况（5分）	10				
	健康学习活动中的安全工作	• 根据案例，分析幼儿园健康学习活动中可能存在的安全隐患（每条0.5分，共2分） • 说出健康学习活动安全隐患的预防措施（每条1分，共7分）	9				
	与家长沟通	模拟与受伤幼儿家长沟通（4分）	4				
	自测题	自测题得分×10%	10	—	—	—	
个人素养 40%	专业精神（10分×70%）	认同保育工作的重要性，积极投入专业学习（3分）；在实践中切实履行保育责任，精益求精（4分）；不断反思改进，提高专业水平（3分）	7				
	人文关怀（10分×70%）	关注和尊重他人（教师、同学、幼儿）的想法和感受，设身处地为他人着想（5分）；充分表达对他人的关心、理解和爱护（5分）	7				
	团队合作（10分×70%）	乐于承担小组分配的任务（2.5分），积极寻求同伴合作（2.5分），乐于分享自己的经验（2.5分），对小组学习问题的解决有贡献（2.5分）	7				
	沟通表达（10分×70%）	善于倾听（2分），正确理解（2分）；围绕主题表达（2分），语言清楚简洁（2分），文明礼貌，应人应时应景（2分）	7				
	问题解决（10分×70%）	解决问题逻辑清晰（2.5分），能举一反三（2.5分），善于批判质疑（2.5分），勇于创新（2.5分）	7				
	信息获取（10分×50%）	熟悉信息源，善于利用搜索工具快速、准确地获取所需信息（5分）；能根据需要对信息进行挖掘、甄别、筛选（5分）	5				
总分			100	总得分			

反思与收获：

学习活动 2　语言学习活动保育

学习目标

- ☑ 能介绍幼儿园语言学习活动的内容。
- ☑ 能分辨幼儿园语言学习活动的年龄段目标，明确保教人员在幼儿语言发展中的责任。
- ☑ 能小组合作评析语言学习活动前的环境创设和材料准备工作。
- ☑ 能合理评析语言学习活动保育工作的实施情况，明确语言学习活动的保育责任。
- ☑ 能与幼儿家长就语言学习活动进行有效沟通，体会家园合作的意义。
- ☑ 认同幼儿园语言学习活动对于幼儿身心成长的价值，懂得自身的保育专业素养对于幼儿语言学习发展水平的影响，增强责任感，积极参与语言学习活动保育的学习。

学习准备

- ☑ 阅读设施：适合托班、小班、中班、大班幼儿阅读的图书、卡片或图片若干（每个年龄班不少于8本），录音机一台，儿歌及故事录音若干。
- ☑ 展示用材料：彩色纸若干、水笔若干、磁铁若干。
- ☑ 预习"语言学习活动保育"，完成本活动的在线自测题。

关键词释义

幼儿园语言学习活动　　幼儿语言发展关键期　　早期阅读　　前书写

- **幼儿园语言学习活动**：通过谈话活动、讲述活动、听说游戏、文学活动、早期阅读、前书写等形式来培养幼儿听、说及前阅读、前书写能力的活动。
  （特别说明：本模块特指专门的幼儿园语言学习活动，其他领域的学习活动也渗透了语言学习，这里不再赘述）
- **幼儿语言发展关键期**：幼儿期是人一生语言发展最快的时期。如果在这个时期对幼儿施以正确的教育，可以获得事半功倍的效果，而一旦错过这一时期，幼儿的语言发展难以弥补，故称"关键期"。有研究者认为，2—3岁是口语学习的关键期，9—24个月（2岁）是理解语言的关键期。
- **早期阅读**：幼儿围绕成人提供的书面材料（包括符号标记、图画、文字等视觉材料）而展开的学习活动。
- **前书写**：幼儿在未接受正式的书写教育之前，根据环境中习得的书面语言知识，通过涂鸦、图画、像字而非字的符号及接近正确的字的形式所进行的书写。

学习导语

语言是交流和思维的工具。幼儿期是孩子语言发展的一个重要和关键的时期。幼儿语言的发展贯穿于各个领域，也对其他领域的学习与发展有着重要的影响，即幼儿在运用语言进行交流的同时，也在发展着人际交往能力、理解他人和判断交往情境的能力、组织自己思想的能力。幼儿通过语言获取信息，能使学习逐步超越个体的直接感知。

▲ 幼儿阅读绘本

▲ 幼儿园的早期阅读室（绘本馆）

幼儿的语言能力是在交流和运用的过程中发展起来的。因此，保教人员应为幼儿创设自由、宽松的语言交往环境，从幼儿身心和谐发展的角度出发，组织丰富多彩的活动，鼓励和支持幼儿与成人、同伴交流，让幼儿想说、敢说、喜欢说并能得到积极回应；为幼儿提供丰富、适宜的低幼读物，经常和幼儿一起看图书、讲故事，丰富其语言表达能力，培养阅读兴趣和良好的阅读习惯，提高幼儿学习语言的兴趣和敏感性。

探索 1　幼儿园语言学习活动学什么？

阅读以下案例，说一说如果你是保教老师，你怎么回答家长的问题。

在大班的家长会上，教师要求家长多和孩子聊聊，多和孩子进行亲子阅读，训练幼儿的语言表达能力，创造浓厚的家庭语言学习环境。有家长提出：幼儿园为何不教拼音，不教孩子认字？不教这些的话，以后怎么适应小学？

学习支持 1

★ 语言学习的关键期

奥地利著名的生物学家昆拉多·洛伦兹博士提出了著名的"关键期"理论，并因此荣获诺贝尔奖。人类心理发展"关键期"理论是指：人类的某种行为和技能、知识的掌握，在某个特定的时期发展最快，最容易受环境影响。如果在这个时期施以正确的教育，可以获得事半功倍的效果；而一旦错过这一时期，就需要花费很多倍的努力才能弥补，或者将可能永远无法弥补。关键期又称最佳期、敏感期、临界期、转折期。

人类习得语言有一个关键期，也就是说，人类在成长过程中的某段时期比其他任何一段时期都更容易习得语言。儿童理解语言的关键期是 9—24 个月（2 岁），儿童学习口语的关键期是 2—3 岁。如果错过了语言学习的这一教育时机，以后的语言学习难以弥补。

★ 幼儿园语言学习活动的内容

幼儿园语言学习活动是通过谈话活动、讲述活动、听说游戏、文学活动、早期阅读和前书写等形式来培养幼儿听、说及前阅读、前书写能力的活动。

1. 谈话活动

谈话活动创设的是日常口语交往的情境，要求幼儿调动自己已有的经验，围绕熟悉的话题，倾听他人的意见，表达自己的想法。谈话活动的主要目标在于帮助幼儿学习围绕某一话题进行现场交往的技能，包括：倾听、理解他人谈话内容的能力，清楚地表达自己经验或感受的能力，不跑题、轮流交谈等特殊的交往技能。谈话活动的重点是帮助幼儿学习流畅、熟练、灵活地使用语言，让幼儿说出自己已有的经验。

2. 讲述活动

讲述活动为幼儿创设了正式的口语交往的情境，要求幼儿在集体面前表达自己对某一图片、实物或情境的认识和看法。讲述活动的主要目标是培养幼儿按照一定的思路进行语言表达的技能，包括：感知、理解讲述对象的技能，在集体面前完整讲述的技能，对自己的讲述内容进行初步构思的技能。讲述活动的重点是帮助幼儿学习运用相对正式的语言来进行有条理的表达，让幼儿说出自己对讲述对象的现场感知经验。

▲ 讲述活动

3. 听说游戏

听说游戏为幼儿创设的是教学游戏情境，要求幼儿在游戏中按一定的规则使用口头语言。听说游戏的主要目标在于培养幼儿在口语交往活动中快速、机智、灵活的语言运用能力，包括：对发音和语言结构特点的敏感性，在游戏中灵活使用相关语言的技能，理解并快速运用游戏规则的技能。听说游戏强调将语言学习的目标渗透在游戏规则之中，在游戏中按照游戏规则无意识地使用语言。

4. 文学活动

文学活动为幼儿创设的是文学作品欣赏和学习的情境，要求幼儿在理解文学作品内容的基础上欣赏和学习运用文学语言。文学活动的主要目标是培养幼儿欣赏文学作品的能力，以及利用文学语言表达想象和生活经验的能力，包括：对文学作品和文学语言的兴趣，对文学作品的情节、主题和语言结构的理解能力，在作品的基础上创造性地运用文学语言的技能。文学活动强调在理解文学作品的基础上，学习运用作品中的语言来表达自己的经验。

5. 早期阅读

早期阅读为幼儿创设的是书面语言学习的情境，要求幼儿围绕成人提供的书面材料（包括符号标记、图画、文字等视觉材料）来展开活动。早期阅读的主要目标是帮助幼儿获得初步的运用书面语言的经验，包括：对书面材料的兴趣和敏感性，从书面材料中获取相关信息的技能，使用简单的书面材料表达自己的经验和想法的技能。早期阅读的重点是让幼儿通过"阅读"来理解书面材料的内容，运用书面形式（如绘画、涂写或模拟书写）来实现自己真实的目的。

▲ 听说游戏

6. 前书写

前书写是幼儿读写学习的一部分，主要指幼儿在未接受正式的书写教育之前，根据环境中习得的书面语言知识，通过涂鸦、图画、像字而非字的符号及接近正确的字的形式所进行的书写。早期的前书写经验对幼儿整体的语言发展具有非常重要的作用，幼儿应当在前书写过程中获得与汉字、纸笔互动的体验，建立书写行为习惯的经验，感知、理解汉字结构的经验，以及形成创意书写表达的经验。

▲ 阅读活动

探索 2 各年龄段幼儿的语言学习活动目标是什么？

保育员王老师已了解到幼儿园语言学习活动是培养幼儿听、说及前阅读、前书写能力的活动。通过实践，她发现小班、中班和大班教师在活动中对幼儿的要求也有一定的差异，但具体有哪些差异，她还不是很明白。王老师所在的幼儿园根据《指南》及本园幼儿的实际情况制定了语言学习活动的年龄段目标。

你能帮她把下面的目标与对应的年龄班匹配起来吗？请将年龄班填在目标后的横线处。

1. 谈话活动目标

（1）能耐心倾听别人谈话，不打断别人的话。........................
（2）学会安静地听同伴说话，不随便插嘴。........................
（3）能主动、积极、专注地倾听别人谈话，迅速掌握别人谈话的主要内容。........................
（4）能围绕话题谈话，会用轮流的方式交谈。........................
（5）逐步学习用修补的方法延续谈话，进一步提高语言交际水平。........................
（6）学会围绕一定的话题谈话，不跑题。........................
（7）学会用轮流的方式谈话，不抢着讲，不乱插嘴。........................

（8）在教师的引导下，学习围绕主题说话，能用短句表达自己的意思。

2. 讲述活动目标

（1）能主动地在集体面前讲述，声音响亮，句式完整。

（2）在集体面前讲话态度自然大方，能根据场合的需要调节自己讲述的音量和语速。

（3）能有重点地讲述实物、图片和情景，突出讲述的中心内容。

（4）能安静地听教师或者同伴讲述，并用眼睛注视讲述者。

（5）理解内容简单、特征鲜明的实物、图片和情景。

（6）能积极地倾听别人的讲述内容，发现异同，并从中学习好的讲述方法。

3. 听说游戏目标

（1）在游戏中能尝试遵守规则，运用简单句说话。

（2）养成在集体活动中倾听别人讲话的好习惯，能听懂并理解较简单的听说游戏规则。

（3）能听懂并理解多重游戏规则。

（4）养成积极倾听的习惯，迅速把握和理解游戏中较复杂的多重指令。

4. 文学活动目标

（1）能根据文学作品提供的线索扩展想象，仿编或续编一个情节或一个画面。

（2）能用语言、动作、表情等方式表达自己对文学作品的理解，仿编诗歌、散文中的一句或者续编故事结尾。

（3）依据文学作品提供的想象线索，联系个人已有经验扩展想象，并创造性地进行表述。

5. 早期阅读和前书写目标

（1）懂得爱护图书，知道图书的构成，有兴趣模仿制作图画书。

（2）能用口头语言将儿童图画书的主要内容说出来。

（3）知道图画书中画面与文字的对应关系，开始有兴趣阅读图画书中的简单文字。

（4）积极学认常见的汉字，并能注意在生活中运用已获得的书面语言。

（5）能在成人的提醒下认读简单的文字。

（6）喜欢描画图形，尝试用有趣的方式练习汉字的笔画。

（7）在活动中以描画图形的方式练习基本笔画。

（8）掌握基本的书写姿势，在有趣的图形练习中做好写字的准备。

学习支持 2

★ 幼儿园语言学习活动的年龄段目标

这里基于《指南》来介绍幼儿园语言学习活动的年龄段目标。

1. 倾听与表达

目标1：认真听并能听懂常用语言

3—4岁	4—5岁	5—6岁
（1）别人对自己说话时能注意听并做出回应。 （2）能听懂日常会话。	（1）在群体中能有意识地听与自己有关的信息。 （2）能结合情境感受到不同语气、语调所表达的不同意思。 （3）方言地区和少数民族幼儿能基本听懂普通话。	（1）在集体中能注意听老师或其他人讲话。 （2）听不懂或有疑问时能主动提问。 （3）能结合情境理解一些表示因果、假设等相对复杂的句子。

目标2：愿意讲话并能清楚地表达

3—4岁	4—5岁	5—6岁
（1）愿意在熟悉的人面前说话，能大方地与人打招呼。 （2）基本会说本民族或本地区的语言。 （3）愿意表达自己的需要和想法，必要时能配以手势动作。 （4）能口齿清楚地说儿歌、童谣或复述简短的故事。	（1）愿意与他人交谈，喜欢谈论自己感兴趣的话题。 （2）会说本民族或本地区的语言，基本会说普通话。少数民族聚居地区幼儿会用普通话进行日常会话。 （3）能基本完整地讲述自己的所见所闻和经历的事情。 （4）讲述比较连贯。	（1）愿意与他人讨论问题，敢在众人面前说话。 （2）会说本民族或本地区的语言和普通话，发音正确清晰。少数民族聚居地区幼儿基本会说普通话。 （3）能有序、连贯、清楚地讲述一件事情。 （4）讲述时能使用常见的形容词、同义词等，语言比较生动。

目标3：具有文明的语言习惯

3—4岁	4—5岁	5—6岁
（1）与别人讲话时知道眼睛要看着对方。 （2）说话自然，声音大小适中。 （3）能在成人的提醒下使用恰当的礼貌用语。	（1）别人对自己讲话时能回应。 （2）能根据场合调节自己说话声音的大小。 （3）能主动使用礼貌用语，不说脏话、粗话。	（1）别人讲话时能积极主动地回应。 （2）能根据谈话对象和需要，调整说话的语气。 （3）懂得按次序轮流讲话，不随意打断别人。 （4）能依据所处情境使用恰当的语言。如在别人难过时会用恰当的语言表示安慰。

2. 阅读与书写准备

目标1：喜欢听故事，看图书

3—4岁	4—5岁	5—6岁
（1）主动要求成人讲故事、读图书。 （2）喜欢跟读韵律感强的儿歌、童谣。 （3）爱护图书，不乱撕、乱扔。	（1）反复看自己喜欢的图书。 （2）喜欢把听过的故事或看过的图书讲给别人听。 （3）对生活中常见的标识、符号感兴趣，知道它们表示一定的意义。	（1）专注地阅读图书。 （2）喜欢与他人一起谈论图书和故事的有关内容。 （3）对图书和生活情境中的文字符号感兴趣，知道文字表示一定的意义。

目标2：具有初步的阅读理解能力

3—4岁	4—5岁	5—6岁
（1）能听懂短小的儿歌或故事。 （2）会看画面，能根据画面说出图中有什么，发生了什么事等。 （3）能理解图书上的文字是和画面对应的，是用来表达画面意义的。	（1）能大体讲出所听故事的主要内容。 （2）能根据连续画面提供的信息，大致说出故事的情节。 （3）能随着作品的展开产生喜悦、担忧等相应的情绪反应，体会作品所表达的情绪情感。	（1）能说出所阅读的幼儿文学作品的主要内容。 （2）能根据故事的部分情节或图书画面的线索猜想故事情节的发展，或续编、创编故事。 （3）对看过的图书、听过的故事能说出自己的看法。 （4）能初步感受文学语言的美。

目标3：具有书面表达的愿望和初步技能

3—4岁	4—5岁	5—6岁
喜欢用涂涂画画表达一定的意思。	（1）愿意用图画和符号表达自己的愿望和想法。 （2）在成人提醒下，写写画画时姿势正确。	（1）愿意用图画和符号表现事物或故事。 （2）会正确书写自己的名字。 （3）写画时姿势正确。

探索 3　如何为幼儿创设适宜的语言学习环境？

贝贝幼儿园是一所刚成立的幼儿园。保育员小王通过培训知道了幼儿学习的环境和幼儿学习的兴趣、情绪、专心度有极大关系，学习环境不仅指物理环境，它和幼儿读什么书、当时的心情、读书的时间及是否被打扰等因素都有很大的关系。小王很困惑，不知道怎样的环境能保证幼儿轻松愉快地进行语言学习活动。

请观看视频或查阅资料，帮助小王梳理创设温馨舒适的语言学习活动环境的具体要求，并分别为托班、小班、中班、大班幼儿选择合适的图书。

案例视频
语言学习活动环境

学习支持 3

★ 幼儿园语言学习活动的准备工作

1. 环境创设

活动室必须安静、宽敞、舒适、明亮，注意卫生，保持空气新鲜，减少或消除噪声；可配有适合幼儿取放图书的书架及供幼儿阅读的小桌椅，桌椅的高度必须适合幼儿的身高。

2. 材料准备

为幼儿提供的语言学习活动材料要做到安全、卫生、牢固，并且符合幼儿的年龄特点和语言学习活动的主题。其中，安全指材料的投放应健康、卫生，以及空间和条件要能使幼儿安全地进行活动。符合幼儿的年龄特点是指小年龄（托、小班）幼儿的图书或图片、卡片应主题单一、背景简单、画面大、角色少；而提供给大年龄（中、大班）幼儿的图书应主题明确、角色较多，有丰富的教育意义。

▲ 幼儿园的语言区

3. 注意要点

（1）注意采光。要有足够的、柔和的光线，且要从左前上方射下；提醒幼儿不在阳光直射下看书，阴天和雨天要开灯看书。

（2）学习正确的阅读坐姿。正确的阅读姿势应当是正坐在桌前，双脚与大腿平行，小腿与地面垂直，身体挺直，眼睛与书本的距离保持在30—35厘米。

▲ 正确的阅读姿势

（3）阅读材料丰富。可以提供多元素的语言资料及各种不同形态的书面材料（如图书、图片、卡片、报纸、杂志、书信等），还可以提供视听资料。

（4）阅读的时间不宜过长，一般20分钟左右。

知识小链接

提供多元化的图书

（1）图书题材多样化：从幼儿的生活到天文地理，从身边的亲情到环保教育等，都可以让幼儿阅读。

（2）图书文体多样化：如儿歌、故事、散文、谜语或科幻童话等。

（3）图书来源多样化：图书既可以由幼儿园购买、班级订阅，也可以由幼儿自带，还可以是师幼共同制作的。

（4）图书质地多样化：可以是各种大小、厚薄、质地的图书，如软纸图书、硬纸图书、布书或自制图书等。

（5）图书要符合幼儿的兴趣和年龄段特点，以图为主，图文并茂，角色形象活泼有趣，种类不必过多，并定期补充更换。同时，可为幼儿提供一些与当前所开展的学习活动主题相匹配的图书，并根据主题的变化而调整。具体可参考以下几点：

① 0—3岁：主体凸显且能让幼儿指物命名或贴近幼儿生活经验的玩具书、歌谣。

② 小班：内容简单、情节和句型重复、画面单纯，配有简单词句的一页单幅图画书。图书的尺寸尽量大，纸质厚韧一些，便于幼儿反复翻阅。

③ 中班：故事高潮迭起、角色相对增多、画面内容较为丰富的一页多幅图画书。一些具有鲜明的爱憎情感、夸张而富创造性的故事深受中班幼儿的喜爱。

④ 大班：故事情节较复杂、画面中有细节的图画书。

探索 4 保育员是否履行好语言学习活动的保育职责？

请小组合作，评析以下案例中小王履行保育工作职责的情况，并完善其工作内容。

中班语言学习活动前，保育员小王将活动室打扫干净，按照教师的要求排好座位，摆放好相应的教学材料。幼儿学习过程中，小王根据教师的要求播放音乐，给幼儿发放图书，并在旁对个别阅读有困难的幼儿给予帮助。学习活动结束后，小王将桌椅放回原处，收拾整理教具、学具。

幼儿园语言学习活动中的保育职责

学习活动阶段	小王的保育工作内容	你的评析	完善保育工作职责
语言学习活动前	（1）将活动室打扫干净。 （2）按照教师的要求排好座位。 （3）摆放好相应的教学材料。		
语言学习活动中			
语言学习活动后			

学习支持 4

★ 幼儿园语言学习活动的保育职责

1. 在语言学习活动中注意观察和照料

在学习活动的过程中，观察幼儿身体、情绪及参与活动的情况，关注个别幼儿的需要，做好生活照料。

2. 在语言学习活动中配合教师示范

在语言学习活动中，应及时、适时、周到地协助教师使用教具和学具，如使用电子屏幕等。

3. 在语言学习活动中配合教师指导

配合教师做好活动中的指导工作，按教师要求给予幼儿帮助和鼓励。例如，当个别幼儿阅读有困难时，保育员可以和幼儿一起阅读；配合教师注意幼儿的坐姿和用眼卫生。

▲ 保育员纠正幼儿的阅读姿势

4. 为幼儿创设安全、愉快的心理氛围

保育员要尊重幼儿的个体差异，了解他们的语言发展水平，公正、公平地关注、照顾好每个幼儿，并适时、适度地给予回应，让幼儿感受学习的快乐。

5. 语言学习活动结束后的保育工作职责

（1）将桌椅放回原处，摆放整齐。

（2）组织、指导幼儿将教具放回原位，将学具分类整理并摆放好。

（3）按时对环境进行清洁与消毒。

（4）定期（每周2次）对图书进行消毒；及时修补损坏的图书，不能修补的应及时清理。

（5）培养幼儿正确的阅读、书写姿势，以及爱护学习用品、爱护图书等良好的行为习惯。

探索 5　幼儿在语言学习活动中常见的不良用眼习惯有哪些？如何预防？

保育员小王发现班级里一幼儿最近看书经常揉眼睛。她记得保健老师曾经说过，孩子在视力欠佳时会出现这种现象。幼儿期如果注意眼保健，孩子的眼睛将会终身受益；如果不注意用眼卫生，可能会导致视力不良。于是，小王想把班级幼儿不良的用眼习惯整理一下，以便和同班教师一起及时提醒幼儿，让教师能有针对性地开展教育活动，也便于家园合作教育。

在幼儿学习时，往往存在许多不良的用眼习惯。如果保教人员的责任意识不强、观察不细致、工作不细心，很可能会导致幼儿视力受到损害的情况。

请你帮助小王一起总结幼儿在学习活动中的不良用眼现象，并完成下表的填写。

幼儿在语言学习活动中的不良用眼现象及预防措施

幼儿不良的用眼现象	可能导致的不良后果	预防措施

学习支持 5

★ 幼儿常见的不良用眼习惯

1. 近距离用眼

长时间地近距离用眼，会造成用眼过度，没有充足的调节力以供备用，使眼睛疲劳，形成假性近视。久而久之，会促使眼球前后径变长，形成真性近视，使视力严重减退，有的还会发展成高度近视。

2. 连续长时间用眼

连续长时间用眼，会使眼的视力负担过重，没有放松休息的时间，眼内外肌持续紧张，使眼睛因循环不良、眼压增高而发生痉挛，逐渐形成近视。

3. 走路、乘车时看书

走路时，人的手会时常晃动，乘车时，车会不时颠动，从而使书本与眼睛的距离不断发生变化。这时，人要看清书上的字，就得把书本靠近眼睛，使得眼内肌持续紧张，引起视疲劳和调节痉挛。

4. 在强光或日光下看书、写字

长期在强光下看书，会使眼内肌过度调节，促使近视的发生和发展；强光对视网膜尤其是黄斑区易造成损害，使视敏度下降，甚至引起永久性视力减退；强烈的紫外线辐射还容易损伤角膜和晶状体。

5. 长时间看电视

电视机显像管辐射出的射线，可大量消耗视网膜中的视紫红质。

6. 电子产品使用过度

电子游戏机屏幕上闪烁的图案极为刺眼，而且游戏画面变化速度通常都很快，为了看清楚，眼睛的睫状肌需要不断调节，这样很容易引起视疲劳，有的还会造成头昏眼花、视物模糊的情况，最终形成近视或加深近视度数。

7. 爱吃甜食、喝碳酸饮料

糖分摄入量过多会降低体内钙的含量。体内钙缺乏不仅会造成视网膜的弹力减退、晶状体内压力上升、眼球前后径增长，还可使睫状肌发生退行性病变，使眼球壁弹力减弱，助长近视。

探索 6　如何与家长就家园合作开展语言学习进行有效沟通？

请阅读以下案例，小组合作，运用身边的资料和自身的实习经历设计沟通内容，模拟表演沟通情节，然后在全班展示，并写下沟通感悟。

中二班正在进行绘本《猜猜我有多爱你》的学习活动。孩子们感知了可爱的小兔和兔妈妈之间真挚、深切的母子之情，纷纷在集体面前大胆地讲述自己对妈妈的爱。保育员王老师发现明明在活动的时候一言不发。活动后，王老师问明明为何不发言，明明低着头说，我感觉妈妈不爱我。王老师希望和家长沟通一下明明的学习情况，同时让明明正确理解妈妈对他的情感。

沟通感悟：

学习支持 6

⭐ 与家长有效沟通的策略

保育员对待家长要热情主动,充分展现个人魅力;在日常细节和行动上感动家长,赢得家长的信赖;善于运用语言与家长交流和沟通,了解一些必要的沟通技巧。具体的沟通技巧有:

(1)反映问题讲艺术。先说进步,后提要求;反映事实,不下结论。

(2)解决问题抓要害。真诚地与家长分析事情的原因,提供合理的建议和解决措施。

(3)沟通问题讲喜好。不同的家长对孩子在园生活的关注点不同。教师应了解家长的喜好和关注点,继而投其所好与其交流,让家长知道帮助教师的同时也能让自己及幼儿获益。

(4)安全问题求主动。孩子在园一旦发生安全问题,教师一定要及时、主动地告知家长,争取家长的理解和配合。平时也要利用家长接送孩子的时间,积极与家长交流孩子的情况,了解家长的教育需求,与家长达成共识,形成良好的家园协作关系。

▲ 与家长进行有效沟通

⭐ 语言学习活动中的家园合作

1. 学习内容的准备

教师可请家长带领幼儿共同收集信息,将家长提供的信息聚合起来变成丰富的学习内容,以促进幼儿的家庭教育。在幼儿参与信息收集的过程中,他们不但获得了认知方面的进步,还掌握了获取知识的方法,对于幼儿的终身学习来说,这是一项重要的技能。

2. 提供活动材料

家长为幼儿提供语言学习活动的材料,让幼儿在操作、认识不同材料的过程中增长智慧。

3. 创设语言学习环境

教师可利用家长提供的材料创设一定的语言环境,激发幼儿学习语言的兴趣。

4. 家长以身作则

家长在教育幼儿的过程中要确保自身语言表达的规范性,语音要标准,特别是要努力纠正一些有方言特点的发音,防止错误示范。教师要注意每个幼儿的语音错误,最好把它记录下来交给家长,让家长在掌握正确发音方式的基础上纠正幼儿的发音。

5. 良好学习习惯的培养

教师需要指导家长帮助幼儿养成良好的学习习惯。家长如果能帮助幼儿养成良好的学习习惯,可以有效弥补教师在园内学习活动过程中的个体忽视,减少幼儿学习过程中的认知努力,从而使幼儿的注意力更容易集中,形成良性循环。同时,由于每个幼儿的接受能力都

▲ 家长参与幼儿的语言学习活动

是不同的，因此，一定的复习可以给没有完全掌握学习内容的幼儿继续学习的机会，也可以给掌握了学习内容的幼儿拓展的空间。

6. 参与幼儿学习过程中的拓展活动

在拓展活动中，家长对自身知识的传承、对社会现象的态度及对社会行为的选择，都会通过亲子交往无声地传递给幼儿，这不仅让幼儿体验了爱和快乐，而且增长了他们的社会经验，为其发展带来积极的影响。

课后复习

- **思考**：思考幼儿园语言学习活动还可能存在哪些不安全的因素。
- **收集**：收集用眼卫生的素材（如故事、歌曲、绘本、短视频等）。
- **分享**：查找资料，分享幼儿良好收整习惯的培养方法。
- **反思**：反思本学习活动中自身及小组合作学习的情况，提出今后的改进办法。

课后自测

在线自测

★ 上海市保育员初级、中级考工应知真题（带"*"号的除外）

1. 判断题（每题 4 分，共 28 分）

（1）学习活动中的安全工作归纳起来主要是指为幼儿提供一个安全的环境。（　　）

（2）幼儿阅读时，要求其眼睛与书本的距离保持在 20—25 厘米。（　　）

（3）幼儿在进行语言学习活动时，保育员要注意保持环境的安静、舒适、明亮。（　　）

*（4）中班幼儿能在成人的提醒下，做到写写画画时姿势正确。（　　）

*（5）幼儿园语言学习活动是通过谈话活动、讲述活动、听说游戏、文学活动、早期阅读、书写等来培养幼儿听说及前阅读、书写能力的活动。（　　）

*（6）大班幼儿能在听不懂或有疑问时主动提问。（　　）

*（7）保育员要做好辅助教学工作，如发现个别幼儿阅读有困难时，要及时给予帮助，可以和他一起阅读。（　　）

2. 选择题（每题 8 分，共 72 分）

（1）幼儿阅读时的正确姿势是（　　）。
　　A. 躺着看书　　B. 斜靠床看书　　C. 站立看书　　D. 坐着看书，两臂平放在桌上

（2）保教人员要为幼儿创设良好的阅读环境，光线以从（　　）射下为宜。
　　A. 右后上方　　B. 右前上方　　C. 左前上方　　D. 左后上方

（3）看书、写字时，要有足够的照明，光线照明应在（　　）。
　　A. 上面　　B. 右侧　　C. 左侧　　D. 中间

（4）保教人员应根据幼儿年龄选择合适的图书，以下正确的做法是（　　）。
　　A. 为小年龄幼儿选择画面小、色彩鲜艳、主题单一的图书
　　B. 为小年龄幼儿选择画面大、色彩鲜艳、主题复杂的图书
　　C. 为大年龄幼儿选择角色少、主题明确、有教育意义的图书
　　D. 为大年龄幼儿选择角色多、主题明确、有教育意义的图书

（5）注意保护幼儿的眼睛，不宜让其疲劳用眼，中班看电视一次不超过（　　）。

    A. 10 分钟　　　　B. 20 分钟　　　　C. 30 分钟　　　　D. 60 分钟

*（6）幼儿口语学习关键期的年龄段是（　　）。

    A. 2—3 岁　　　　B. 3—4 岁　　　　C. 4—5 岁　　　　D. 5—6 岁

*（7）对幼儿进行早期阅读教育应（　　）。

    A. 迟一些进行　　B. 宜早不宜迟　　C. 在识字后进行　　D. 在出生后就进行

*（8）2—3 岁的幼儿对一个故事、一首儿歌会百听不厌，对一个游戏会百做不烦，这是幼儿（　　）的特点。

    A. 喜欢文学作品　　B. 喜欢重复　　C. 喜欢活动　　D. 喜欢学习

*（9）学会安静地听同伴说话，这是（　　）班幼儿（　　）活动的学习目标。

    A. 小；讲述　　B. 中；听说游戏　　C. 小；谈话　　D. 中；讲述

3. 上海市保育员初级、中级考工应会真题

幼儿阅读活动的准备工作（中级）。

① 分别选出托班幼儿和幼班幼儿适用的图书或图片、卡片；

② 会开关录音机和播放录音磁带；

③ 幼儿阅读环境创设的要求；

④ 幼儿阅读时用眼卫生的要求；

4. 拓展题

幼儿语言的发展深受成人语言的影响。请反思自己的语言状况，谈谈你准备如何为幼儿树立良好的榜样？

学习情况评价表

评分项目		评分标准或要求	配分（分）	评价方式			得分
				自评 权重 20%	互评 权重 30%	师评 权重 50%	
专业知识技能 60%	语言学习活动的内涵与内容	• 解释幼儿园语言学习活动的含义（1分） • 解释幼儿语言发展关键期的含义（1分） • 向家长介绍幼儿园语言学习活动的内容（每条0.5分，共3分）	5				
	语言学习活动的年龄段目标	• 说出幼儿园语言教育活动的年龄段目标（每个1分，共6分） • 辨识幼儿园语言学习活动目标对应的年龄班（7分）	13				

（续表）

评分项目		评分标准或要求	配分（分）	评价方式 自评 权重20%	评价方式 互评 权重30%	评价方式 师评 权重50%	得分
专业知识技能60%	语言学习活动的环境创设	• 根据案例视频，解释幼儿园语言学习活动的环境创设要点（每个1分，共3分） • 能为托、小、中、大班挑选适合的图书（5分）	8				
	语言学习活动保育工作的实施情况	• 说明幼儿园语言学习活动保育的工作职责（每条1分，共5分） • 合理评析保育工作的实施情况（5分）	10				
	幼儿用眼卫生	• 列举幼儿不良用眼的现象（每条1分，共7分） • 说出用眼卫生预防措施（3分）	10				
	与家长沟通	• 运用家园沟通策略，模拟与幼儿家长进行有效沟通（4分）	4				
	自测题	自测题得分×10%	10	—	—	—	
个人素养40%	专业精神（10分×70%）	认同保育工作的重要性，积极投入专业学习（3分）；在实践中切实履行保育责任，精益求精（4分）；不断反思改进，提高专业水平（3分）	7				
	人文关怀（10分×70%）	关注和尊重他人（教师、同学、幼儿）的想法和感受，设身处地为他人着想（5分）；充分表达对他人的关心、理解和爱护（5分）	7				
	团队合作（10分×70%）	乐于承担小组分配的任务（2.5分），积极寻求同伴合作（2.5分），乐于分享自己的经验（2.5分），对小组学习问题的解决有贡献（2.5分）	7				
	沟通表达（10分×70%）	善于倾听（2分），正确理解（2分）；围绕主题表达（2分），语言清楚简洁（2分），文明礼貌，应人应时应景（2分）	7				
	问题解决（10分×70%）	解决问题逻辑清晰（2.5分），能举一反三（2.5分），善于批判质疑（2.5分），勇于创新（2.5分）	7				
	信息获取（10分×50%）	熟悉信息源，善于利用搜索工具快速、准确地获取所需信息（5分）；能根据需要对信息进行挖掘、甄别、筛选（5分）	5				
总分			100	总得分			

反思与收获：

 # 社会学习活动保育

学习目标

- ✓ 能说明依恋的含义、类型及影响因素，列举应对新入园幼儿哭闹的方法。
- ✓ 能分辨幼儿园社会学习活动的年龄段目标，明确保教人员在幼儿社会性发展中的责任。
- ✓ 能结合案例说出幼儿园社会学习活动开展的途径和方法。
- ✓ 能合理评析专门化的社会学习活动保育工作的实施情况，强化社会学习活动保育责任感。
- ✓ 能根据案例提出培养幼儿亲社会行为的策略。
- ✓ 认同幼儿园社会学习活动对于幼儿身心成长的价值，懂得自身的保育专业素养对于幼儿社会学习发展水平的影响，增强责任感，积极参与社会学习活动保育的学习。

学习准备

- ✓ 硬件设备：移动终端。
- ✓ 展示用材料：彩色纸若干、水笔若干、磁铁若干。
- ✓ 预习"社会学习活动保育"，完成本活动的在线自测题。

关键词释义

社会性　　社会化　　幼儿社会性发展　　幼儿园社会学习活动　　亲社会行为

- **社会性**：指作为社会成员的个体，为适应社会生活所表现出的心理和行为特征。
- **社会化**：指个体在特定的人类社会和文化环境中，通过与环境的相互作用，逐渐形成适应于该社会所公认的行为方式，由自然人发展为能够适应社会生活的社会人的过程。
- **幼儿社会性发展**：幼儿在其生物特性的基础上，在与社会生活环境的相互作用下，掌握社会规范，形成社会技能，学习社会角色，获得社会性需要、态度、价值，发展社会行为，由自然人发展为社会人的社会化过程中所形成的幼儿心理特性，包括社会行为、社会情感、社会认知三个方面的内容。
- **幼儿园社会学习活动**：是幼儿园专门以发展幼儿的情感和社会性为目标，以增进幼儿的社会认知、激发幼儿的情感、培养幼儿的社会行为为主要内容的学习活动。人际交往和社会适应是幼儿学习的主要内容。
- **亲社会行为**：又称积极的社会行为，是指人们在社会交往中对他人有益或对社会有积极影响的行为。亲社会行为主要包括帮助、合作、分享、安慰等。

学习导语

人是社会的动物，人的生存一天也离不开社会。幼儿的成长也离不开社会，幼儿阶段是人社会性发展的重要时期。幼儿社会性发展是指幼儿在其生物特性的基础上，在与社会生活环境的相互作用下，掌握社会规范，形成社会技能，学习社会角色，获得社会性需要、态度、价值，发展社会行为，由自然人发展为社会人的社会化过程中所形成的幼儿心理特性，包括社会行为、社会情感、社会认知三个方面的内容。幼儿在这些活动中又表现出明显的个性特征。

孩子在幼儿期所形成的对人、对事、对己的态度，逐渐发展出的个性品质和行为风格，不仅直接影响其童年生活的幸福感，影响其身心健康，以及知识、能力和智慧的形成，更可能影响其一生的学习、工作和生活。因此，家庭、幼儿园和社会应共同努力，为幼儿创设温暖、关爱、平等的家庭和集体生活氛围，建立良好的亲子关系、师幼关系和同伴关系，让幼儿在积极健康的人际关系中获得安全感和信任感，发展自信和自尊，在良好的社会环境及文化的熏陶中学会遵守规则，形成基本的认同感和归属感。

▲ 引导幼儿愉快地合作

探索 1　朵朵在妈妈送她上幼儿园时为什么会哭？

9月是幼儿园的开学季。小一班的朵朵聪明漂亮，新入职的保育员小王很喜欢她，可是朵朵有一个问题让小王有点头疼。朵朵早上入园时，如果是她家阿姨送她到幼儿园，她能很开心地跟阿姨再见，高高兴兴地进班级。但如果是她妈妈送，她就又哭又闹，不愿进班级，而且在妈妈面前表现得很腼腆，不愿和小朋友玩。

请你帮助小王分析朵朵发生这种行为的原因，并列举可能的应对方法。

学习支持 1

大部分的幼儿都会有"依恋情结"。依恋表现为幼儿与主要照顾者特别亲近，不愿意分离，他们之间存在着强烈、持久、亲密的情感联结。依恋关系的产生是幼儿内在心理需求的表现，如幼儿依恋母亲或某一身边的物品是为了获得满足感和安全感。依恋是幼儿社会性发展中不可忽视的一个重要部分。朵朵的表现就是幼儿社会化的"小插曲"。

★ 依恋的类型

幼儿的依恋通常可以分为四种类型：

（1）A型：焦虑—回避型依恋，这类幼儿对母亲并没有形成特别的依恋，所以有人称之为"无依恋幼儿"。

（2）B型：安全型依恋，他们与母亲在一起时能舒心地玩玩具和做游戏，并不总是依附母亲。

（3）C型：焦虑—矛盾型依恋，他们非常在意母亲在与不在身边，又被称为"矛盾型依恋"。

（4）D型：紊乱型依恋，这种依恋是由A、B、C三种类型以非同寻常的方式复杂地结合起来的类型。

A型、C型和D型都属于不安全依恋，发展的结果常常是产生许多行为问题和心理障碍。

★ 依恋的影响因素

幼儿依恋的形成是多种因素作用的结果。影响因素可分为家庭等外界的外部因素和幼儿本身的内部因素。抚养质量尤其是母亲的敏感性（母亲对孩子需求信号的敏锐察觉）和反应性（母亲根据孩子所发出的需求信息，恰当、及时、一贯地予以满足）是影响幼儿依恋安全性的重要外因；幼儿自身的气质构成则是制约依恋质量的重要内因。依恋的发展总体上是内外因辩证运动的过程。

★ 安全型依恋关系的建立

安全型依恋关系的建立预示着幼儿以后对环境适应能力的顺利发展。3—6岁阶段幼儿的依恋对象会从父母逐渐转移到教师和同伴身上。尤其是对教师，这种依恋情感将逐渐产生，主要表现在更多地寻求教师的注意与赞许方面。因此，教师要根据不同的幼儿，有针对性地调节自身的交往行为，满足幼儿交往的需要；对幼儿的评价要公正、公平，选择不同的评价方式和评价标准，以赢得幼儿的信任、理解和热爱，建立起积极的师幼关系。

▲ 入园就哭，未与教师建立依恋关系的新入园幼儿

知识小链接

经典依恋实验——恒河猴实验

美国威斯康星大学动物心理学家哈洛（H. F. Harlow）用恒河猴做的"母爱剥夺"实验是心理学界的经典实验。他将刚出生的"幼猴"脱离母猴的哺乳，单独关在笼子里。笼子里装有两个"代理妈妈"：一个用铁丝编成，身上装有奶瓶；另一个用绒布做成，身上不设奶瓶。小猴饥饿时在铁丝猴妈妈身上吃奶，但当小猴歇息或恐惧时便趴到绒布猴妈妈身上去。研究发现，小猴不仅需要食物，还有一种先天的需要便是与母亲亲密的身体接触。哈洛称之为"接触安慰"。从这个实验可以推断，人类婴儿也具有接触安慰的先天需要。

▲ 恒河猴实验

探索 2　各年龄段幼儿的社会学习活动目标有哪些？

保健员张老师在给保育员培训时提到，《指南》把社会学习活动的目标分为不同的年龄阶段，但是保育员小王当时没有来得及记录完整。你能帮她把以下目标填写完整吗？

1. 人际交往

目标 1：愿意与人交往

3—4 岁	4—5 岁	5—6 岁

目标 2：能与同伴友好相处

（1）能想办法吸引同伴和自己一起游戏。 （2）活动时能与同伴分工合作，遇到困难能一起克服。 （3）与同伴发生冲突时能自己协商解决。 （4）知道别人的想法有时和自己不一样，能倾听和接受别人的意见，不能接受时会说明理由。 （5）不欺负别人，也不允许别人欺负自己。	（1）会运用介绍自己、交换玩具等简单技巧加入同伴游戏。 （2）对大家都喜欢的东西能轮流、分享。 （3）与同伴发生冲突时，能在他人帮助下和平解决。 （4）活动时愿意接受同伴的意见和建议。 （5）不欺负弱小。	（1）想加入同伴的游戏时，能友好地提出请求。 （2）在成人指导下，不争抢、不独霸玩具。 （3）与同伴发生冲突时，能听从成人的劝解。

目标 3：具有自尊、自信、自主的表现

	3—4 岁	
（1）能主动发起活动或在活动中出主意、想办法。 （2）做了好事或取得了成功后还想做得更好。 （3）自己的事情自己做，不会的愿意学。 （4）主动承担任务，遇到困难能够坚持而不轻易求助。 （5）与别人的看法不同时，敢于坚持自己的意见并说出理由。		（1）能按自己的想法进行游戏或其他活动。 （2）知道自己的一些优点和长处，并对此感到满意。 （3）自己的事情尽量自己做，不愿意依赖别人。 （4）敢于尝试有一定难度的活动和任务。

目标 4：关心尊重他人

（1）长辈讲话时能认真听，并能听从长辈的要求。 （2）身边的人生病或不开心时表示同情。 （3）在提醒下能做到不打扰别人。	（1）会用礼貌的方式向长辈表达自己的要求和想法。 （2）能注意到别人的情绪，并有关心、体贴的表现。 （3）知道父母的职业，能体会到父母为养育自己所付出的辛劳。	（1）能有礼貌地与人交往。 （2）能关注别人的情绪和需要，并能给予力所能及的帮助。 （3）尊重为大家提供服务的人，珍惜他们的劳动成果。 （4）接纳、尊重与自己的生活方式或习惯不同的人。

2. 社会适应

目标 1：喜欢并适应群体生活

3—4 岁	4—5 岁	5—6 岁

目标 2：遵守基本的行为规范

（1）感受规则的意义，并能基本遵守规则。 （2）不私自拿不属于自己的东西。 （3）知道说谎是不对的。 （4）知道接受了的任务要努力完成。 （5）在提醒下，能节约粮食、水电等。	（1）理解规则的意义，能与同伴协商制定游戏和活动规则。 （2）爱惜物品，用别人的东西时也知道爱护。 （3）做了错事敢于承认，不说谎。 （4）能认真负责地完成自己所接受的任务。 （5）爱护身边的环境，注意节约资源。	（1）在提醒下，能遵守游戏和公共场所的规则。 （2）知道不经允许不能拿别人的东西，借别人的东西要归还。 （3）在成人提醒下，爱护玩具和其他物品。

目标 3：具有初步的归属感

（1）愿意为集体做事，为集体的成绩感到高兴。 （2）能感受到家乡的发展变化并为此感到高兴。 （3）知道自己的民族，知道中国是一个多民族的大家庭，各民族之间要互相尊重，团结友爱。 （4）知道国家一些重大成就，爱祖国，为自己是中国人感到自豪。	（1）知道和自己一起生活的家庭成员及与自己的关系，体会到自己是家庭的一员。 （2）能感受到家庭生活的温暖，爱父母，亲近与信赖长辈。 （3）能说出自己家所在街道、小区（乡镇、村）的名称。 （4）认识国旗，知道国歌。	（1）喜欢自己所在的幼儿园和班级，积极参加集体活动。 （2）能说出自己家所在地的省、市、县（区）名称，知道当地有代表性的物产或景观。 （3）知道自己是中国人。 （4）奏国歌、升国旗时能自动站好。

▲ 幼儿在交流自己的看法

▲ 幼儿在玩有规则的棒球游戏

学习支持 2

★ 幼儿园社会学习活动的目标

上文的探索活动已介绍了幼儿园社会学习活动的年龄段目标，这里介绍《幼儿园教育指导纲要（试行）》和《幼儿园工作规程》中的社会学习活动目标。

1.《幼儿园教育指导纲要（试行）》中的社会学习活动目标

（1）能主动地参与各项活动，有自信心。
（2）乐意与人交往，学习互助、合作和分享，有同情心。
（3）理解并遵守日常生活中基本的社会行为规则。
（4）能努力做好力所能及的事，不怕困难，有初步的责任感。
（5）爱父母长辈、老师和同伴，爱集体、爱家乡、爱祖国。

2.《幼儿园工作规程》（2016年修订）中有关幼儿情感的目标

萌发幼儿爱祖国、爱家乡、爱集体、爱劳动、爱科学的情感，培养诚实、自信、友爱、勇敢、勤学、好问、爱护公物、克服困难、讲礼貌、守纪律等良好的品德行为和习惯，以及活泼开朗的性格。

探索 3 开展社会学习活动的途径和方法有哪些？

幼儿园在10月要进行主题教育活动。中三班的李老师要求幼儿在长假期间收集外出参观的照片、观看祖国名胜古迹的宣传片，并要求外出游玩的幼儿谈谈旅游见闻。保育员玲玲开始疑惑了：游玩参观也是幼儿园学习的内容吗？

请你帮助玲玲解开困惑，并找出更多的开展幼儿园社会学习活动的途径和方法。

幼儿园社会学习活动的开展途径

（1）在幼儿园社会领域的课程中，有针对性地开展的正式的社会性学习活动。

（2）在日常生活中进行的良好行为习惯养成活动。

（3）在幼儿园的其他领域活动中随机渗透社会学习。

（4）在幼儿园区域活动与游戏活动中补充和延伸社会学习内容。

（5）在节日文化学习活动中对幼儿进行多元文化教育。

（6）在家、园、社区的合作共育中提高幼儿园社会学习活动的成效。

▲ 幼儿参观社区花圃

幼儿园社会学习活动的常用方法

1. 移情训练法

通过讲故事、续编故事、情景表演、主题游戏及日常交谈等形式，让幼儿理解他人并分享自己的情绪情感体验，使幼儿在日后遇到他人有类似的情绪、情感时会产生习惯性的理解和分享行为，并与之产生共鸣。

2. 角色扮演法

模仿现实社会中的某些情境，让幼儿扮演一定的社会角色，使幼儿表现与这一角色一致的且符合这一角色规范的社会行为，并在此过程中感受角色间的关系，感知和理解他人的感受、行为，从而掌握自己承担的角色所应遵循的社会行为规范和道德要求。

▲ 幼儿扮演厨师

3. 社会认知冲突训练法

当幼儿在社会学习活动中发生认知上的冲突时，教师不可急于向幼儿陈述正确的道德规范和要求，而是应创设能够诱发社会认知冲突的客观情境，让幼儿通过情境表演、谈话、讨论、辨析等活动去主动探索，寻找正确的解决冲突的办法并付诸实践。

4. 价值澄清法

这是一种通过幼儿内部心理活动进行价值选择、价值确定，然后付诸外部行动的一种社会教育方法。其中比较典型的是价值表决法，即事先由成人拟定，并向幼儿提出一套大家都比较关心的价值问题，让幼儿来表达自己的意见，如"自己的玩具应该给别的小朋友玩吗""说假话对不对""别人打了你一下，你该怎么办""小朋友应不应该互相帮助"等问题，让全体幼儿一起来表达自己的意见。价值表决的目的在于向幼儿提供公开表达自己价值观的机会，并通过相互交换意见来达到澄清认识、达成共识的目的。

5. 观察学习法

观察学习法是指幼儿通过观察学习而获得相应的社会行为的方法。在幼儿园的社会学习活动中，观察的主要对象是现实的社会生活事件、影视作品、幼儿的表演等。

6. 陶冶教育法

这是一种利用环境条件、生活气氛及教师本身的言行举止，对幼儿进行积极的感化、熏陶，从而产生潜移默化的影响的方法。它主要利用人际关系、行为环境、社会风气、情感氛围等来陶情冶性，培养幼儿良好的社会品德、社会行为与亲社会情感。

探索 4　保育员在专门的幼儿园社会学习活动中是否完整履职？

阅读以下案例，小组合作，评析王老师履行保育工作职责的情况。

中班开展了"交通警察真正好"的活动，希望幼儿了解交警的工作和指挥交通时不同手势的含义，并懂得要从小遵守交通规则。保育员王老师和主班李老师一起准备了交通设施的挂图及交警工作的录像。活动开始了，李老师让幼儿说说交通警察是做什么的，一起认识了马路上的交通设施，并看图找错，谈论不遵守交通规则的危害；随后观看录像，猜猜交警在指挥交通时不同手势的意义；最后去角色游戏区进行"小小交警"的游戏。王老师在旁边观摩，帮李老师放音乐。集体学习活动结束了，王老师把李老师用的物品收拾整理好。

学习支持 4

★ 幼儿园社会学习活动的保育职责

（1）活动前的准备工作。保育员根据学习活动的内容和要求主动布置好学习环境，做到环境整洁、舒适、安静、通风，摆放好桌椅、材料和教学具等。

（2）活动中的配合工作。保育员要观察幼儿身体、情绪及参与活动的情况，并特别关注个别体弱儿童和特殊儿童，必要时给予个别照料。根据教师的要求，做好个别指导工作。辨析幼儿的问题行为，并及时干预。

（3）活动后的收整延伸工作。保育员要将活动中使用的材料收拾整理好，做好活动后的清洁工作；针对幼儿在社会学习活动中出现的问题行为，及时与家长交流沟通。

探索 5　如何培养幼儿的亲社会行为？

9月又是开学季。保育员王老师发现，小班的幼儿不懂得分享，经常会在活动中发生抢夺物品、玩具、图书、场地等行为。

请小组合作，分析幼儿出现这一行为的可能原因，说说保育员应该怎么做，以及如何培养幼儿的亲社会行为。

学习支持 5

★ 幼儿的亲社会行为

亲社会行为，又称积极的社会行为，是指人们在社会交往中对他人有益或对社会有积极影响的行为。亲社会行为的典型类型主要有四种：

（1）帮助行为：指非紧急情境下和紧急情境下的帮助行为。非紧急情境下的助人行为一般发生在日常生活中，不需要救助者付出太多的时间、物质和精力，如公共汽车上让座等。紧急情境下的助人行为则有一定的危险性和急迫性，如抢救失足落水者等。幼儿的帮助行为，主要指发生在日常生活中的非紧急助人行为。

▲ 幼儿在分享玩具

（2）合作行为：指两个以上的个体为了共同的目标，相互协调，共同完成某一任务的行为。

（3）分享行为：指个体拿出自己的东西，与他人共享。

（4）安慰行为：指个体觉察到他人的消极情绪状态（如烦恼、哭泣等）后，试图通过语言或行动来消除这个消极情绪状态的行为。

除了这些典型类型外，只要是积极的社会行为或者友善地对待他人的行为，都是我们应该提倡的幼儿亲社会行为，如谦让、感谢、关心、同情等。

与亲社会行为对应的则是反社会行为。它指幼儿做出的某些违背社会公认的行为规范，以及对他人和社会造成损害的行为，表现为破坏物品、打人和骂人等，最具代表性的反社会行为是攻击性行为。

具有亲社会行为的幼儿可以从对他人的帮助中获得满足感和成就感，促进幼儿对自我行为的调节能力，帮助幼儿形成积极的群体意识。

因此，保教人员要积极创设能引发幼儿亲社会行为的环境，为幼儿提供同伴交往与合作的机会；通过榜样示范、角色扮演等途径教给幼儿合作分享、安慰他人、助人为乐的方法；通过移情训练让幼儿感受、体验他人的情感变化，使其能设身处地地为他人着想，促进亲社会行为的产生；通过表扬激励巩固幼儿亲社会行为的发展。

知识小链接

攻击性行为幼儿的保育措施

（1）保育员将有攻击性行为的幼儿拉开并告诉他这样做是不对的，教师和其他幼儿都不喜欢他这么做。

（2）对经常打人的幼儿需做好预防措施（分散注意力），如用表情暗示、语言、让其坐在身旁等方法及时提醒他。

（3）用故事、儿歌等形式引导幼儿，树立好榜样，当其有改正的行为时应立即表扬和鼓励。

（4）和家长联系，取得家长的配合。与家长沟通时须注意不当着幼儿的面沟通，注意保护幼儿的自尊心。

爱哭幼儿的保育措施

（1）要了解幼儿哭的原因，满足幼儿合理的要求，以减少他的哭声。

（2）当幼儿停止哭闹时，要立即给予表扬和鼓励，强化积极情绪，鼓励他保持良好的情绪。用同伴的良好行为或有关故事、图片等多种形式教育和影响幼儿。

（3）寻求家长的配合，家园一致，勿盲目迁就。

（4）对新入园所的爱哭幼儿要给予关心和特别照顾。

课后复习

- ☑ 查阅：查阅资料，谈谈如何培养幼儿爱劳动的习惯。
- ☑ 收集：收集培养幼儿助人行为的方法。
- ☑ 合作：针对有攻击性行为的幼儿，小组合作模拟表演与其家长沟通的情景，让家长了解该问题形成的原因，并与家长商讨解决办法。
- ☑ 反思：反思本学习活动中自身及小组合作的学习情况，提出今后的改进办法。

课后自测

在线自测

★ 上海市保育员初级、中级考工应知真题（带"*"号的除外）

1. 判断题（每题 5 分，共 30 分）

*（1）为了让 2 岁的新入园幼儿顺利渡过生活上的转折关，保教人员要多组织幼儿进行集体活动。（   ）

*（2）只要是积极的社会行为或者友善地对待他人的行为，都是我们应该支持的幼儿亲社会行为，主要有帮助、合作、分享、安慰等。（   ）

*（3）与同伴发生冲突时，能听从成人的劝解，这是小班幼儿社会学习活动的目标之一。（   ）

*（4）依恋是每个幼儿在社会性发展中都会出现的正常现象，所以保教人员不用刻意关注，幼儿自然而然就会适应环境。（   ）

*（5）幼儿园的社会学习活动有一些常用方法，如移情训练法、社会认知冲突训练法、价值澄清法、陶冶教育法等。（　　）

*（6）《3—6岁儿童学习与发展指南》中确定了幼儿人际交往的发展目标是：愿意与人交往，能与同伴友好相处，具有自尊、自信、自主的表现以及关心尊重他人。（　　）

2. 选择题（每题7分，共70分）

（1）不太合群的幼儿往往会表现出孤独和怯懦，见了生人不愿打招呼，保育员必须（　　）。
　　A. 严肃批评、坚决改正　　　　　　　　B. 加强教育、手把手教
　　C. 关心体贴、耐心引导　　　　　　　　D. 任其发展、自我修正

（2）幼儿的性格各不相同，因而保育员对幼儿要（　　）。
　　A. 有统一的要求　　　　　　　　　　　B. 因人而异、个别教育
　　C. 多采用集体教育的方法　　　　　　　D. 任其发展

（3）对于那些内向、反应较迟缓的幼儿，其气质特点可能会影响亲子之间、师幼之间的互相作用，保育员应做到（　　）。
　　A. 等待他自己改变自己　　　　　　　　B. 要求其不能再犯
　　C. 带领其改正缺点　　　　　　　　　　D. 引导其向理想的方向转变

（4）当幼儿任性发脾气时，保育员采用了先不理他，事后再与他讲道理的方法，这个方法是（　　）。
　　A. 转移注意力　　　　　　　　　　　　B. 听之任之
　　C. 冷处理　　　　　　　　　　　　　　D. 妥协

（5）面对有攻击性行为的幼儿，保育员在与家长的沟通中，要做到（　　）。
　　A. 不当着幼儿的面沟通　　　　　　　　B. 严肃批评家长
　　C. 要求家长严格管教　　　　　　　　　D. 表示无能为力

（6）（　　）幼儿的规则意识已萌芽，但是非观念较模糊。
　　A. 2—3岁　　　　　　　　　　　　　　B. 3—4岁
　　C. 4—5岁　　　　　　　　　　　　　　D. 5—6岁

（7）3岁幼儿喜欢学妈妈打电话的样子，学妈妈烧饭的动作，学解放军昂首挺胸走路，这是幼儿（　　）的特点。
　　A. 好奇心强　　　　　　　　　　　　　B. 喜欢探索
　　C. 模仿性强　　　　　　　　　　　　　D. 喜欢观察

（8）一名幼儿喜欢将蚯蚓等小动物弄死，并感到高兴，这是幼儿（　　）的表现。
　　A. 不喜欢小动物　　　　　　　　　　　B. 大胆
　　C. 缺乏同情心、情感不健康　　　　　　D. 对动物喜欢探索、研究

（9）写个案记录时，保教人员应注意（　　）。
　　A. 对幼儿的任何表现都记录　　　　　　B. 围绕目标记录相关的活动表现
　　C. 高兴记什么就记什么　　　　　　　　D. 一周记一次幼儿的表现

（10）家长在送新入园（所）的幼儿时应该（　　）。
　　A. 放松心情，让幼儿情绪愉快　　　　　B. 一送就走
　　C. 教育幼儿不哭　　　　　　　　　　　D. 不哭给奖励

3. 上海市保育员初级、中级考工应会真题

（1）对爱哭幼儿的保育措施（中级）。
　　采用四项正确的保育措施，并结合实践举例说明：

（2）对攻击性幼儿的保育措施（中级）。
　　采用四项正确的保育措施，并结合实践举例说明：

4. 拓展题

人际交往与社会适应是幼儿园社会学习活动的主要内容。除了专门的社会学习活动外，你觉得幼儿还可以在哪些时候、哪些地点进行社会学习？哪些人会对幼儿的社会性发展产生影响？

....

....

....

....

学习情况评价表

评分项目		评分标准或要求	配分（分）	评价方式			得分
				自评 权重 20%	互评 权重 30%	师评 权重 50%	
专业知识技能 60%	幼儿社会性发展的内涵	• 说出社会性的概念（1分） • 说出社会化的概念（1分） • 说出幼儿社会性发展的含义（2分）	4				
	幼儿的依恋	分析案例中朵朵入园哭闹的原因： • 解释依恋的含义（1分） • 说出依恋的类型（2分） • 说明依恋的影响因素（2分） • 列举应对朵朵哭闹的办法（3分） • 说出对于爱哭幼儿的保育措施（3分）	11				
	社会学习活动的年龄段目标	• 完善幼儿园社会教育活动的年龄段目标（7分）	7				
	社会学习活动开展的途径和方法	• 说出社会学习活动的开展途径（每个0.5分，共3分） • 解释社会学习活动的常用方法（每个0.5分，共3分）	6				
	社会学习活动的保育职责	评析保育员在专门化社会学习活动中的保育工作履职情况（6分）	6				
	幼儿亲社会行为的培养	根据案例： • 分析小班幼儿亲社会行为存在的问题（2分） • 解释亲社会行为的概念（1分） • 解释反社会行为的概念（1分） • 分析案例中幼儿出现独占行为的可能原因（2分） • 说出对于有攻击性行为幼儿的保育措施（3分） • 列举亲社会行为的培养方法（3分） • 说出亲社会行为的不同类型（每个1分，共4分）	16				
	自测题	自测题得分×10%	10	—	—	—	

(续表)

评分项目		评分标准或要求	配分(分)	评价方式			得分
				自评 权重 20%	互评 权重 30%	师评 权重 50%	
个人素养 40%	专业精神(10分×70%)	认同保育工作的重要性，积极投入专业学习（3分）；在实践中切实履行保育责任，精益求精（4分）；不断反思改进，提高专业水平（3分）	7				
	人文关怀(10分×70%)	关注和尊重他人（教师、同学、幼儿）的想法和感受，设身处地为他人着想（5分）；充分表达对他人的关心、理解和爱护（5分）	7				
	团队合作(10分×70%)	乐于承担小组分配的任务（2.5分），积极寻求同伴合作（2.5分），乐于分享自己的经验（2.5分），对小组学习问题的解决有贡献（2.5分）	7				
	沟通表达(10分×70%)	善于倾听（2分），正确理解（2分）；围绕主题表达（2分），语言清楚简洁（2分），文明礼貌，应人应时应景（2分）	7				
	问题解决(10分×70%)	解决问题逻辑清晰（2.5分），能举一反三（2.5分），善于批判质疑（2.5分），勇于创新（2.5分）	7				
	信息获取(10分×50%)	熟悉信息源，善于利用搜索工具快速、准确地获取所需信息（5分）；能根据需要对信息进行挖掘、甄别、筛选（5分）	5				
		总分	100	总得分			

反思与收获：

学习活动 4　科学学习活动保育

学习目标

- ☑ 能介绍幼儿园科学学习活动的内涵与价值,列举幼儿园科学学习活动的主要内容。
- ☑ 能分辨幼儿园科学学习活动的年龄段目标,明确保教人员在幼儿科学学习活动中的责任。
- ☑ 能结合案例,梳理幼儿园科学学习活动的环境创设要求。
- ☑ 能合理评析科学学习活动保育工作的实施情况,强化科学学习活动保育的责任感。
- ☑ 能与家长沟通,争取家长对幼儿园科学学习活动的配合与支持。
- ☑ 认同幼儿园科学学习活动对于幼儿身心成长的价值,懂得自身的保育专业素养对于幼儿科学探究发展水平的影响,增强责任感。

学习准备

- ☑ 硬件设备:移动终端。
- ☑ 展示用材料:彩色纸若干、水笔若干、磁铁若干。
- ☑ 预习"科学学习活动保育",完成本活动的在线自测题。

关键词释义

幼儿园科学学习活动　　**幼儿园科学领域教育目标**

- 幼儿园科学学习活动:在幼儿园环境下,教师指导幼儿在探究具体事物和解决实际问题的过程中,尝试发现事物间的异同和联系的学习过程,目的是让幼儿亲近自然,喜欢探究,具有初步的探究能力,并能在探究中认识周围的事物和现象。
- 幼儿园科学领域教育目标:有好奇心,能发现周围环境中有趣的事情;喜欢观察,乐于动手动脑、发现和解决问题;愿意与同伴共同探究,能用适宜的方式表达各自的发现,并相互交流;喜爱动植物,亲近大自然,关心周围的生活环境。

　　特别说明:这里的科学学习活动是指除数学学习活动以外的科学学习内容。

学习导语

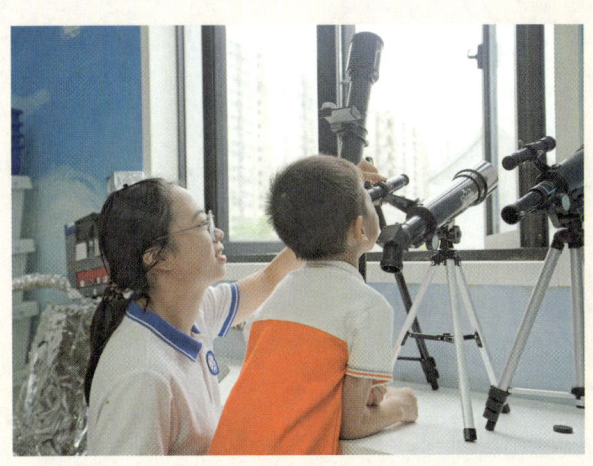
▲ 教师指导幼儿利用望远镜进行探索活动

孩子从一出生开始，就与科学结下了不解之缘，他们有着与生俱来的强烈的好奇心和探究欲望。到幼儿阶段，无数个"是什么""为什么""怎么样"就在脑中回旋，科学就在幼儿身边。科学学习是在教师的指导下，幼儿通过自身的活动，对周围的自然界进行感知、观察、操作、发现，以及提出问题、寻找答案的探索过程。保教人员要善于发现和保护幼儿的好奇心，充分利用自然和实际生活中的机会，为幼儿创设条件，让其能够积极参与各种自然科学探索活动，引导幼儿通过观察、比较、操作、实验等方法，学习发现问题、分析问题和解决问题；帮助幼儿不断积累经验，并运用于新的学习活动，为其他领域的深入学习奠定基础，形成受益终身的学习态度和能力。

探索 1 幼儿园为何要开展科学学习活动？

小明妈妈听说幼儿园要进行科学探究活动，感到大惑不解：孩子在幼儿园的活动不就是讲故事、画图、唱歌、跳舞、做游戏吗？现在居然要进行科学探究活动。这么小的孩子听得懂科学知识吗？在幼儿园为什么要学那么高深的内容？

请你解答小明妈妈的困惑。两两合作，进行幼儿园科学学习活动的知识宣讲。

....
....
....

学习支持 1

★ 幼儿园科学学习活动的内涵和类别

幼儿园科学学习活动是指在幼儿园环境下，教师指导幼儿在探究具体事物和解决实际问题的过程中，尝试发现事物间的异同和联系的学习过程，目的是让幼儿亲近自然，喜欢探究，具有初步的探究能力，并能在探究中认识周围的事物和现象。它包括科学探究和数学认知两部分的学习内容，本"学习活动"中的科学学习活动指除数学认知活动外的科学探究活动。与其他年龄阶段的科学探究活动相比，幼儿阶段的活动具有启蒙性、直观性、综合性和趣味性的特点。

幼儿园科学学习活动包括专门的科学探究活动和渗透的科学探究活动两大部分。专门的科学探究活动包括集体教学活动、区角活动和偶发性科学探究活动。渗透的科学探究活动包括其他领域学习活动中的科学探究，游戏活动中的科学探究，以及幼儿日常生活（如散步、进餐、盥洗、午睡、采集、远足等活动）中的科学探究。

▲ 专门的科学探究活动

★ 幼儿学习科学的特点

幼儿学习科学的特点包括以下几点：

（1）幼儿有着强烈的好奇心和探究欲望。
（2）幼儿最初关心的问题都和自然环境有关，是基本的科学问题。
（3）幼儿通过直接经验来认识事物。
（4）幼儿的探究方法具有试误性。
（5）幼儿所获得的知识经验具有"非科学性"。幼儿对周围事物的认识和解释，以及所获得的知识经验受其原有经验和思维水平的直接影响，从而形成幼儿期特有的"天真幼稚的理论"和"非科学性"的知识经验，如把大自然看作是人类创造的产物，经常把现实生活"神话化"。

在线阅读
科学家的探索过程与幼儿的探索过程

★ 幼儿园科学学习活动的主要内容

（1）关爱、探究身边的有生命物质、无生命物质及环境与人们生活的关系，包括动植物与环境、生活的关系，水、沙、石、土、空气等无生命物质与人及自然环境的关系，人体及人与自然的关系。

（2）关注、感受、探究身边的自然科学现象，例如：多种多样的光；美妙的声音；感受冷、热的现象；探究与体验力，有趣的磁、电，奇妙的化学现象；感受季节的变化和天文现象。

（3）感受现代科学技术对人们生活的作用，如感受日常生活中的科技用品，了解、熟悉著名的科学家，感受与体验科学家探索、发明创造的过程，具有初步的环保意识和环保行为。

▲ 科学活动区（室外自然区）

（a）探索植物的秘密　　　（b）探索磁铁的特征　　　（c）探索转轮速度与风量的关系

▲ 幼儿的科学探究活动

探索 2　各年龄段幼儿的科学学习活动目标是什么？

幼儿园科学探究活动的年龄段目标是根据幼儿园科学探究活动的总目标和幼儿的年龄特点确立的。但是保育员小王查阅了许多资料，发现幼儿园科学探究活动的年龄段目标没有一个统一的标准和要求，只要求在与总目标保持一致的前提下，根据不同年龄段幼儿的发展情况制定合适的目标。小王所在的幼儿园根据《指南》及本园幼儿的实际情况制定了科学探究活动的年龄段目标。

你能帮小王把下面的目标与对应的年龄班匹配起来吗？请将年龄班填在目标后的横线处。

（1）能主动参加科学活动。……………………
（2）乐意参加科学活动。……………………
（3）喜欢并能较长时间参与科学活动。……………………
（4）能主动探索周围的自然界并能发现问题、提出问题、寻求答案，在有所发现时感到兴奋和满足。……………………
（5）喜欢接触大自然，喜爱动植物，对周围的很多事物和现象感兴趣。……………………
（6）喜欢接触新事物、探究周围的自然界。……………………
（7）常常动手动脑探索物体和材料，愿意参加制作活动。……………………

▲ 幼儿在进行关于电的科学探究活动

（8）经常问各种问题，开始表现出探索自然现象和参与制作活动的兴趣。……………………
（9）能集中于自己的制作活动。……………………
（10）了解各种感官在感知中的作用，学习运用各种感官感知的方法，对感兴趣的事物能仔细观察，发现明显特征。……………………
（11）能综合运用多种感官感知事物的特征，能对事物或现象进行观察比较，发现其相同与不同之处。……………………
（12）能主动运用多种感官观察事物，通过观察、比较与分析，发现并描述不同种类物体的特征或某个事物前后的变化。……………………
（13）能以自己的语言及符号、图像等方式记录与描述自己的发现，并与成人或同伴进行交流。……………………
（14）能以词语或简单的句子及非语言的方式描述事物的特征或自己的发现，与成人或同伴进行交流。……………………
（15）能根据观察结果提出问题，并大胆猜测答案。……………………
（16）能按一定的方法验证自己的猜测。……………………
（17）能在成人的帮助下制定简单的调查计划并执行。……………………
（18）能以语言及符号、图像、数字等方式与成人或同伴一起记录、交流自己发现和探索的过程、方法，表达存在的问题和自己的愿望。……………………
（19）能了解到动植物的外形特征、习性与生存环境的适应关系。……………………
（20）能感知和发现动植物的生长变化及其生长的基本条件。能感知和发现不同季节的特点，体验季节对动植物和人的影响。

（21）能认识和了解几种常见的动植物，注意并发现周围的动植物是多种多样的。能感知和体验天气对自己生活和活动的影响。

（22）能了解日常生活中几种人造物品的特征及其用途。

（23）初步感知常用科技产品与自己生活的关系，知道科技产品有利也有弊。

（24）感知并了解季节变化的周期性，知道变化的顺序。初步了解人们的生活与自然环境的密切关系，知道尊重和珍惜生命，保护环境。

学习支持 2

★ 《幼儿园教育指导纲要（试行）》中的科学学习活动目标

《幼儿园教育指导纲要（试行）》中的科学领域学习目标包含科学和数学两部分，这里仅列举其中的科学部分，具体如下：

（1）对周围的事物、现象感兴趣，有好奇心和求知欲。

（2）能运用各种感官，动手动脑，探究问题。

（3）能用适当的方式表达、交流探索的过程和结果。

（4）爱护动植物，关心周围环境，亲近大自然，珍惜自然资源，有初步的环保意识。

★ 幼儿园科学学习活动的年龄段目标

这里基于《指南》来介绍科学探究学习活动的各年龄段目标。

目标1：亲近自然，喜欢探究

3—4岁	4—5岁	5—6岁
（1）喜欢接触大自然，对周围的很多事物和现象感兴趣。 （2）经常问各种问题，或好奇地摆弄物品。	（1）喜欢接触新事物，经常问一些与新事物有关的问题。 （2）常常动手动脑探索物体和材料，并乐在其中。	（1）对自己感兴趣的问题总是刨根问底。 （2）能经常动手动脑寻找问题的答案。 （3）探索中有所发现时感到兴奋和满足。

目标2：具有初步的探究能力

3—4岁	4—5岁	5—6岁
（1）对感兴趣的事物能仔细观察，发现其明显特征。 （2）能用多种感官或动作去探索物体，关注动作所产生的结果。	（1）能对事物或现象进行观察比较，发现其相同与不同。 （2）能根据观察结果提出问题，并大胆猜测答案。 （3）能通过简单的调查收集信息。 （4）能用图画或其他符号进行记录。	（1）能通过观察、比较与分析，发现并描述不同种类物体的特征或某个事物前后的变化。 （2）能用一定的方法验证自己的猜测。 （3）在成人的帮助下能制定简单的调查计划并执行。 （4）能用数字、图画、图表或其他符号记录。 （5）探究中能与他人合作与交流。

目标3：在探究中认识周围事物和现象

3—4岁	4—5岁	5—6岁
（1）认识常见的动植物，能注意并发现周围的动植物是多种多样的。 （2）能感知和发现物体和材料的软硬、光滑和粗糙等特性。 （3）能感知和体验天气对自己生活和活动的影响。 （4）初步了解和体会动植物和人们生活的关系。	（1）能感知和发现动植物的生长变化及其基本条件。 （2）能感知和发现常见材料的溶解、传热等性质或用途。 （3）能感知和发现简单物理现象，如物体形态或位置变化等。 （4）能感知和发现不同季节的特点，体验季节对动植物和人的影响。 （5）初步感知常用科技产品与自己生活的关系，知道科技产品有利也有弊。	（1）能察觉到动植物的外形特征、习性与生存环境的适应关系。 （2）能发现常见物体的结构与功能之间的关系。 （3）能探索并发现常见的物理现象产生的条件或影响因素，如影子、沉浮等。 （4）感知并了解季节变化的周期性，知道变化的顺序。 （5）初步了解人们的生活与自然环境的密切关系，知道尊重和珍惜生命，保护环境。

探索 3　如何创设幼儿园科学学习活动环境？

幼儿园要开展"我爱科学"主题学习活动。主班教师要求保育员小王一起参与为幼儿创设一个能够不断向他们提供科学信息、激发想象、引发探索活动兴趣的可供操作的环境，尤其要布置好科学发现室、科学区、自然区等活动场地。

请你帮助保育员小王整理创设幼儿园科学学习活动环境的要求，同时查阅相关资料，写下适合幼儿园自然角饲养的小动物（至少3种）与种植的绿植（至少5种）的名称及养护方法。

学习支持 3

★ 幼儿园科学学习活动的环境创设

1. 心理环境创设

宽松、和谐的心理环境是幼儿学科学的必备条件之一。幼儿在有"心理自由感""心理安全感"的心理环境中，更愿意尝试各种活动，也更容易取得成功。因此，在科学学习活动中，保教人员要给予幼儿信任，提供机会，让幼儿能够自主、独立地进行科学探究活动。在活动中，保教人员应尊重幼儿，减少不必要的规定，允许自由表达、自由探究；对幼儿的活动延迟评判或拒绝评判，给予幼儿恰当的评价，启发、引导幼儿了解事物的不确定性，鼓励他们既能听取别人的意见，又能主动发现问题，并能努力寻求解决问题的方法和途径。

▲ 幼儿自主、愉快地探索模拟飞船驾驶舱

2. 物质环境创设

有些科学活动可以在室外进行，如大多数有关植物和气候的主题；有些内容则适合在室内进行，如一部分关于人体的探究内容。无论是在室外还是在室内活动，都应选择在安静、干净、空气清新、无污染的地方进行。幼儿园科学学习活动的室内场所主要包括科学发现室和科学区。

科学发现室是以幼儿自主学习为中心的科学活动场所，是引导幼儿进行科学发现、科学探索，并获得科学经验和科学能力，养成科学精神的环境。它要求环境和材料具有新奇性、趣味性、可探索性和可操作性、教育性和安全性、可观赏性和配合性。提供的材料可分为十二大活动主题，包括磁、电、光、力、空气、水、宇宙、人体健康、地球、动植物、设计创新、工具。

科学区可分为探索区和自然区。探索区就是在幼儿活动室的一角，安放一张桌子，提供同类或不同类的可探索材料，让幼儿自主操作。保教人员可以根据场地大小、材料的丰富性等条件进行相应主题的内容设计。自然区就是在幼儿活动室内或活动室门口附近的向阳处设置一个分层架（或设置在桌子上、窗前的柜子上），饲养小动物、栽培植物、陈列幼儿收集的无生命物质及实验用品等，以体现和展示大自然，使幼儿可随时接触自然、探索自然。保教人员应注意自然区材料的安全性，如黄豆等小于2厘米的种子不适宜提供给小班幼儿。同时，应定期对自然区进行清洁工作，保持环境卫生，保护动植物，防止疾病的发生与传播。

▲ 科学发现室

▲ 科学探索区

▲ 自然区

知识小链接

STEM 教育

学前 STEM（科学、技术、工程、数学）教育是以幼儿的质疑为驱动，通过为幼儿创设情境化、问题化的学习环境，使幼儿动用多种感官，通过观察、测量、调查、实验、使用工具等方式，来发展其热爱科学、敢于探索的精神，以及批判性思维、问题解决、设计创造等实际技能的学习形式。

探索 4 保育员在幼儿园科学学习活动中是否完整履职？

在大班的综合主题学习活动"有趣的水"中，大班组的教师设计了活动"好喝的饮料"。教师准备了果珍粉、温开水、托盘、抹布、奶粉勺、纸杯等物品，让幼儿尝试进行调配、比较等操作活动，把握冲调饮料的方法；通过品尝，探索冲调材料的比例与果汁味道的关系，并在配比表里加以记录。

保育员玲玲和小王分别列举了自己要做的工作。请你从优点和不足两个方面来评析他们是否完整履行了自己的工作职责。

▲ 幼儿在进行"有趣的水"探索活动

玲玲

在学习活动前，去找教师了解活动计划，按照教师的要求排列好桌椅。在活动过程中，及时关注幼儿的个别需求，并将幼儿的活动情况用手机记录下来。在活动结束后，做好物品和桌椅的收整工作，并和教师交流本次活动的情况。

小王

在学习活动前，熟悉本次活动的内容，按照教师的要求排列好桌椅，准备好相应的教学用具，特别是果珍粉、温开水、托盘、抹布、奶粉勺、纸杯等活动材料。此外，还要为教师准备量杯、小水壶、保温瓶和牙签，以及幼儿记录用的记号笔、白板和纸。在活动过程中，巡回指导幼儿调制果汁。在活动结束后，做好场地、物品的清洁、整理工作。

优点

不足

优点

不足

学习支持 4

★ 幼儿园科学活动的保育职责

（1）活动前的准备工作。保育员要确保科学探究活动环境的整洁、通风、宽敞、明亮，橱柜和货架要平稳牢固，物品摆放要方便幼儿操作和做实验，桌椅要适合幼儿的身高；了解学习活动的具体内容，根据教师的教育要求准备科学探究活动的器具和材料；注意材料的安全性，选择无毛刺、无缺损、无毒无害的材料，同时对幼儿进行材料使用的安全教育，也可提供防护类的装备（如护目镜、手套等）；材料要种类丰富、数量充足，以给幼儿提供较多的选择机会，有效减少幼儿"无所事事"及相互争执等现象。

（2）活动中的配合工作。保育员要协助教师关注幼儿的操作和实验活动，及时满足幼儿在学习活动中的需求。

（3）活动后的收整延伸工作。保育员要引导幼儿整理活动场地，分类整理好科学学习活动的器具和材料。针对幼儿在活动中出现的问题，及时与教师、家长交流沟通。

▲ 观察幼儿的探索情况，并进行有针对性的指导

探索 5 如何争取家园合作开展科学探究活动？

大班组要开展学习活动"多变的天气"，要求幼儿分组进行为期 1 个月的天气观察记录，同时收集各种有关天气的歌谣。保育员王老师担心班级里的亮亮小朋友会忘记这件事，因此在放学时特意提醒了亮亮的家长。

请小组合作，就活动要求与亮亮家长进行沟通，争取家长的配合与支持；请设计并表演沟通情节，然后在全班展示，并写下沟通感悟。

▲ 与家长沟通，争取家园合作

学习支持 5

★ 幼儿园科学学习活动的家园沟通要点

（1）善用接送时段与家长进行简短交流，考虑家长的感受。
（2）说清科学学习活动的内容和意义，争取家长的配合，形成家园合力。
（3）交代清楚当天的科学学习任务或需配合的事项，提升家长参与活动的热情。
（4）说明科学学习活动对幼儿成长的重要意义，并向家长提出平时渗透科学探索教育的具体建议。
（5）经常向家长介绍幼儿在科学学习活动方面取得的进步，可通过微信、作品展示等方式。

---- ● 课后复习 ● ----

☑ 描述：谈谈你对幼儿园科学学习活动的理解。
☑ 收集：查阅资料，收集幼儿园可以种植、饲养的动植物。
☑ 分享：分享本学习活动中的感悟和疑虑。
☑ 反思：反思本学习活动中自身及小组合作的学习情况，提出今后的改进办法。

课后自测

★ 上海市保育员初级、中级考工应知真题（带"*"号的除外）

1. 判断题（每题 5 分，共 50 分）

（1）幼儿有着与生俱来的好奇心，其探究的热情与科学家一样强烈。（　　）

（2）幼儿通过探索活动不仅获得了知识和经验，更重要的是发展了观察力和思维力等。（　　）

（3）幼儿认识小动物、观察花草，以及谈话、阅读等活动，都可以在户外进行。（　　）

（4）保育员应具备的环保行为是指节约能源。（　　）

*（5）幼儿园的科学学习活动不同于中小学的科学探究学习，它具有启蒙性、直观性、综合性和趣味性的特点。（　　）

*（6）中班科学探究的学习目标之一是让幼儿能探索并发现常见物理现象产生的条件或影响因素，如影子、沉浮等。（　　）

*（7）科学发现室要提供磁、电、光、力、空气、水、宇宙、地球、动植物、设计创新等十大活动主题的材料，为幼儿科学探究活动创设良好条件。（　　）

*（8）保育员要为幼儿园科学学习活动备好器具和材料，材料要种类丰富、数量充足，可以给幼儿提供较多的选择机会，并有效地减少幼儿"无所事事"及相互争执等现象。（　　）

*（9）幼儿园科学探究主要是关爱、探究身边的物质、自然科学现象，让幼儿感受现代科学技术对人们生活的作用。（　　）

*（10）幼儿的科学探究方法是试误，因此要创造让幼儿动手的机会，使他们通过获取间接经验来认识事物。（　　）

2. 选择题（每题 10 分，共 50 分）

（1）幼儿生来是（　　），他们总是在不停地探索周围的世界。

　　A. 好哭的　　　　　　　B. 好吃的　　　　　　C. 好奇的　　　　　　D. 好发脾气的

（2）在幼儿园科学学习活动中，保育员不应该（　　）。

　　A. 了解科学学习活动的具体内容　　　　　　B. 摆放好物品，方便幼儿操作和做实验

　　C. 协助教师，及时满足幼儿在活动中的需求　　D. 只顾打扫包干区域的卫生

（3）做好幼儿园饲养角的卫生工作，其目的是（　　）。

　　A. 爱护小动物　　　　　B. 防病　　　　　C. 保持环境卫生　　　D. 以上都是

（4）外出游玩时，保教人员应引导幼儿不将果壳、纸屑、塑料袋扔到公园的小河、湖水中，这是在向幼儿进行（　　）方面的环保教育。

　　A. 资源有限　　　　　　B. 环保行为　　　　　C. 保护动物　　　　　D. 保护植物

（5）保育员用水的环保行为是（　　）。

　　A. 重复使用水，增加水的利用率　　B. 少洗物品　　　C. 不洗物品　　　D. 干洗物品

3. 上海市保育员初级、中级考工应会真题

如何培养婴幼儿爱劳动的习惯（中级）。

采用四种正确的方法，并结合实践经验举例说明：

4. 拓展题

不是所有的动植物都适合幼儿养护。请查阅相关资料，列出适合本地幼儿园种植的植物与饲养的小动物若干，并选取 3 种植物，学习、体验养护（在校还是在家养护，根据学校有关规定而定）方法，获取养护经验，期末在全班交流分享。

学习情况评价表

评分项目		评分标准或要求	配分（分）	评价方式 自评 权重20%	评价方式 互评 权重30%	评价方式 师评 权重50%	得分
专业知识技能 60%	科学学习活动的内涵	向家长进行科学学习活动宣讲： • 解释幼儿园科学学习活动的概念（2分） • 解释幼儿学习科学的特点（5分） • 解释幼儿园科学学习活动的主要内容（每个1分，共3分）	10				
	科学学习活动的年龄段目标	• 说出幼儿园科学教育活动的年龄段目标（3分） • 辨识幼儿园科学学习活动目标对应的年龄班（6分）	9				
	科学学习活动的环境创设	• 说出创设幼儿园科学学习活动环境的要点（6分） • 写下适合自然角种植和饲养的动植物及其养护要点（9分）	15				
	科学学习活动保育工作的实施情况	• 说出科学学习活动保育的工作职责（每个2分，共6分） • 合理评析保育员在科学学习活动中的保育工作履职情况（6分）	12				
	科学学习活动中的家园合作	• 能模拟与家长进行有效沟通（4分）	4				
	自测题	自测题得分×10%	10	—	—	—	
个人素养 40%	专业精神（10分×70%）	认同保育工作的重要性，积极投入专业学习（3分）；在实践中切实履行保育责任，精益求精（4分）；不断反思改进，提高专业水平（3分）	7				
	人文关怀（10分×70%）	关注和尊重他人（教师、同学、幼儿）的想法和感受，设身处地为他人着想（5分）；充分表达对他人的关心、理解和爱护（5分）	7				
	团队合作（10分×70%）	乐于承担小组分配的任务（2.5分），积极寻求同伴合作（2.5分），乐于分享自己的经验（2.5分），对小组学习问题的解决有贡献（2.5分）	7				
	沟通表达（10分×70%）	善于倾听（2分），正确理解（2分）；围绕主题表达（2分），语言清楚简洁（2分），文明礼貌，应人应时应景（2分）	7				
	问题解决（10分×70%）	解决问题逻辑清晰（2.5分），能举一反三（2.5分），善于批判质疑（2.5分），勇于创新（2.5分）	7				
	信息获取（10分×50%）	熟悉信息源，善于利用搜索工具快速、准确地获取所需信息（5分）；能根据需要对信息进行挖掘、甄别、筛选（5分）	5				
总分			100	总得分			

反思与收获：

学习活动 5　数学学习活动保育

学习目标

- ☑ 能介绍幼儿园数学学习活动的内涵与意义，列举幼儿园数学学习活动的主要内容与方法。
- ☑ 能分辨幼儿园数学学习活动的年龄段目标，明确保教人员在幼儿数学学习活动中的责任。
- ☑ 能结合案例列举幼儿园数学学习活动的教学具。
- ☑ 能合理评析数学学习活动保育工作的实施情况，强化数学学习活动保育的责任意识。
- ☑ 能与家长沟通幼儿数学学习的有关问题，并取得家长的支持。
- ☑ 认同幼儿园数学学习活动对于幼儿身心成长的价值，懂得自身的保育专业素养对于幼儿数学学习的影响，增强责任感。

学习准备

- ☑ 硬件设备：移动终端。
- ☑ 展示用材料：彩色纸若干、水笔若干、磁铁若干。
- ☑ 预习"数学学习活动保育"，完成本活动的在线自测题。

关键词释义

幼儿园数学学习活动　　数学教具　　数学学具　　幼儿园数学领域教育目标

- **幼儿园数学学习活动**：幼儿园根据幼儿身心发展的特点，指导幼儿通过自身的感知、观察、操作、体验及主动探究，积累有关数学方面的感性经验，掌握一定的数学概念，学习简单的数学方法和技能，以培养幼儿的思维能力为核心目标而开展的有目的、有计划的一系列学习活动。
- **数学教具**：教师在组织数学学习活动的过程中，向幼儿演示、讲解所使用的各种直观材料。
- **数学学具**：幼儿在数学学习活动中摆弄、操作和练习用的各种直观材料。
- **幼儿园数学领域教育目标**：能初步感知生活中数学的有用和有趣，感知和理解数、量及数量关系，感知形状与空间关系。

学习导语

对幼儿来说，从呱呱坠地、牙牙学语再到蹒跚学步，他们的生活环境是在不断发展和丰富的。他们生活的现实世界中所出现的事物无不充满了数和形，例如：家里有几口人；自己的一只小手有五根粗细、长短不一的手指；妈妈有两只大大的眼睛；积木有不同的形状等。幼儿在自己生活的环境中，不断感知着数、量、形、类别、次序、空间、时间等数学知识。

数学是幼儿生活中无处不见的一个重要部分。因此，保教人员要根据幼儿的年龄水平，为他们创设良好的学习环境，提供有利于幼儿主动活动的材料，使其在操作中学习粗浅的数学知识，培养学习兴趣、发展智力，养成喜欢动手操作、爱动脑思考、具有求知欲望等良好的学习习惯和品质，为进入小学学习做好准备。

探索 1　幼儿园数学学习活动学什么？

家长群里，家长们很热烈地讨论着幼儿园的数学认知活动。

小明妈妈说：孩子那么小，在幼儿园学会数数就行了。

花花妈妈说：那怎么行！以后上学数学是很重要的，在幼儿园要尽量多学点加减法，将来到小学学数学就容易些了。

强强妈妈说：四则运算是小学的内容。幼儿园的孩子只要认识数字，会简单的 10 以内的加减法就行，不要拔苗助长。

你是否赞同以上家长的说法，说说你的理由。

学习支持 1

★ 幼儿园数学学习活动的内涵

数学是研究客观世界中数量关系和空间形式的科学。它具有高度的抽象性、严密的逻辑性和广泛的应用性。

幼儿园数学学习活动是幼儿园根据幼儿身心发展的特点，指导幼儿通过自身的感知、观察、操作、体验及主动探究，积累有关数学方面的感性经验，掌握一定的数学概念，学习简单的数学方法和技能，以培养幼儿的思维能力为核心目标而开展的有目的、有计划的一系列学习活动。

保教人员要引导幼儿关注周围环境中的数、量、形、时间、空间关系，发现生活中的数学；在

▲ 幼儿正在进行数学学习活动（图形配对）

解决问题的过程中帮助幼儿理解基本的数学概念，发展思维能力；鼓励幼儿用多种方式来表现自己的探索过程和结果，表达发现的愉快感并与他人交流、分享。通过幼儿园数学学习活动，可使幼儿体验到数学在日常生活中的应用，这是幼儿生活和正确认识周围世界所需要的，有助于幼儿思维能力及良好思维品质的培养，使幼儿进入小学后能较快地适应小学数学的学习。因此，幼儿园数学学习活动可以促进幼儿在身体、认知、社会性等方面的全面和谐发展。

★ 幼儿园数学学习活动的主要内容

1. 数概念与运算

（1）10以内的数，包括基数、序数、数的实际意义、数量的比较与守恒、相邻数、单双数、零等。

（2）数数，包括唱数、手口一致地点数、目测数、按群数等。

（3）书面数符号，包括数字的认读、书写与表征。

（4）数的组合与分解。

（5）10以内数的加减运算。

2. 集合与模式

（1）集合，包括集合中元素多少的比较，集合的交、并、补、差关系和包含关系。

（2）模式，包括识别、复制、扩展、创造、比较、转换、交流。

3. 分类与统计

（1）分类，包括一维特征、一维以上的特征、层级分类等。

（2）统计，包括在分类的基础上初步学会用简单的统计方法对资料做出分析，学习用实物图示、图表和数符号等记录方式来表征统计结果。

4. 几何形体

（1）平面图形，包括圆形、正方形、三角形、长方形、半圆形、椭圆形、梯形。

（2）立体图形，包括球体、圆柱体、正方体、长方体。

（3）形体之间的关系与等分。

5. 量比较及自然测量

（1）比较大小、长短、粗细、高矮、厚薄、宽窄、轻重、容积等量的差异。

（2）感知量的守恒、量的相对性和传递性。

（3）自然测量，包括能利用自然物作为量具来测定物体的长短、高矮、宽窄等。

6. 空间和时间

（1）空间方位，包括上、下、前、后、左、右、里、外、远、近等。

（2）空间运动方向，包括向前、向后、向左、向右、向上、向下等。

（3）区分，包括早晨、晚上、白天、黑夜、昨天、今天、明天、星期、年月的名称及顺序。

（4）认识时钟，包括长针、短针及其功用，认识整点和半点。

探索 2 幼儿园数学学习活动的常用方法有哪些？

在大班的"整点探秘"学习活动中，李老师准备了外形不同、指针数量不同、刻度表示方法不同的几台时钟，让幼儿讨论时钟有什么用，区分时针和分针，学习认识整点，了解数字和指针所表示的意思。随后，李老师和幼儿共同拨弄时针，分辨准确的时间；幼儿两人一组，玩"我说时间你来拨"的游戏。在能辨认整点的基础上,再辨认半点。活动结束后,要求幼儿利用"整点记录表",了解时间与自身生活的联系,如8点来幼儿园。[1]

结合以上案例,说一说幼儿园数学学习活动可以采用哪些方法?

学习支持 2

★ 幼儿园数学学习活动的常用方法

1. 操作法

操作法是教师为幼儿提供合适的材料、教具,创设一定的情境,让幼儿在自己的摆弄、实践过程中进行探索,从而获得数学感性经验和逻辑知识的一种方法。

2. 游戏法

游戏法是根据幼儿好动的天性、具体形象的思维特点,将抽象的数学知识寓于幼儿感兴趣的游戏中,让幼儿在自由自在、无拘无束的各种游戏活动中学习数学的一种方法。

▲ 游戏法

3. 比较法

比较法是通过对两个(组)或两个(组)以上的物体的比较,让幼儿找出它们在数、量、形等方面的相同点和不同点的一种教学方法。

4. 讨论法

在数学学习活动中,讨论是引导幼儿有目的、探讨性地主动学习数学的一种重要方法。它是一种多边的活动过程,可以是师幼间的讨论,也可以是幼幼间的讨论,它能够起到互相交流、互相启发、共同探究的作用,进而提升幼儿分析、归纳的能力,有利于幼儿初步的数概念的形成及思维的发展。

5. 发现法

发现法是教师不把数学知识直接交给幼儿,而是引导幼儿依靠自己已有的数学知识和经验去发现和探索,并获得新的数学知识的一种方法。

6. 寻找法

寻找法是让幼儿从周围生活环境和事物中寻找数、量、形及其关系,或在直接感知的基础上按数、形要求寻找相应数量的实物的一种方法。

除以上介绍的方法外,教师还可以通过欣赏法、归纳法、演绎法等来组织数学学习活动。

▲ 发现法

---

[1] 上海市中小学(幼儿园)课程改革委员会.学习活动(5—6岁)[M].上海:上海教育出版社,2009:311—312.

探索 3 各年龄段幼儿的数学学习活动目标是什么？

保育员小王通过学习了解到，数学学习活动的目标是以幼儿身心发展的特点、现代社会的需求和数学学科的特点为依据制定出来的。因此，幼儿园各年龄段的数学学习活动目标存在明显差异。她觉得只有牢记数学学习活动目标，才有可能在日常生活中适恰地渗透数学知识，同时也能配合教师有效地开展数学学习活动。为此，小王很希望能将以下数学学习活动目标与幼儿的年龄对应起来。

请将适宜的年龄班填在目标后的横线上。

（1）能按物体的一个特征进行分类。..........

（2）能按物体的某一特征和数量进行分类。..........

（3）能按物体量（大小、长短）的差异对数量在 4 以内的物体进行排序，并能按物体的某一特征进行排序。..........

（4）能按物体的两个以上的特征或特性进行分类，并学会按标记进行逐级分类。..........

（5）能按物体量（粗细、高矮等）的差异对数量在 7 以内的物体进行排序，并能按一定规律排列物体。..........

（6）认识"1"和"许多"及其关系。..........

（7）学会用一一对应的方法比较两组物体的数量，感知多、少和一样多等概念。..........

（8）认识 10 以内的数字，理解数字的含义，会用数字表示物体的数量。..........

（9）认识 10 以内的单数、双数和相邻数等。..........

（10）认识 10 以内数的组成，理解总数与部分数之间的包含关系，部分数与部分数之间的互补和互换关系。..........

（11）学会 10 以内数的加减法，认识加号、减号，理解加法、减法的含义，理解加法交换律和加减互逆关系。..........

（12）学习 10 以内的序数，会用序数词表示物体的排列位置。..........

（13）能比较 10 以内相邻两数的大小，感知和体验 10 以内自然数列中相邻两数的等差关系。..........

（14）能按物体量差异和数量差异对数量在 10 以内的物体进行排序，能按规律排列物体，初步体验序列之间的传递性、双重性及可逆性关系。..........

（15）能手口一致地从左到右点数 5 以内的实物，能说出总数，能按实物范例和指定的数目取出相应数量的物体，学会一些常用的量词。..........

（16）学会不受物体空间排列形式和物体大小等外部因素的干扰，正确判断 10 以内的数量。..........

（17）认识几种常见的立体图形（正方体、球体、长方体、圆柱体）。..........

（18）认识长方形、梯形、椭圆形。..........

（19）认识圆形、正方形、三角形。..........

（20）能区分前后的空间方位，认识昨天、今天、明天等时间概念。..........

（21）能以自身为中心区分上下、前后、里外的空间方位及认识早、晚的时间概念。..........

（22）能以自身为中心和以客体为中心，区分左右的空间方位，认识时钟、星期等时间概念。..........

（23）学会等分实物和图形，学会自然测量。

（24）对生活中常见物品的大小、形状、数量有兴趣，愿意参加数学活动，喜欢摆弄、操作数学活动材料；能在教师的帮助下学习按要求取放操作材料和进行活动，并会用语言说出操作活动的过程和结果。

（25）会自己选择小组活动，能专心和按规则地进行数学操作活动，对自己的活动成果感兴趣；学会用适当的方式记录、表述、交流自己的操作和探索的过程及结果。

（26）能积极、主动地参加数学活动。学会有条理地摆放、整理活动材料，并按规则进行活动。能用适当的方式记录、表达、交流数学操作活动的过程和结果。能在教师的帮助下归纳、概括有关的数学经验。能运用观察、比较、类推、迁移等方法解决简单的数学问题。

学习支持 3

★ 幼儿园数学学习活动的年龄段目标

这里基于《指南》来介绍数学认知学习活动的各年龄段目标。

目标1：初步感知生活中数学的有用和有趣

3—4岁	4—5岁	5—6岁
（1）感知和发现周围物体的形状是多种多样的，对不同的形状感兴趣。 （2）体验和发现生活中很多地方都用到数。	（1）在指导下，感知和体会有些事物可以用形状来描述。 （2）在指导下，感知和体会有些事物可以用数来描述，对环境中各种数字的含义有进一步探究的兴趣。	（1）能发现事物简单的排列规律，并尝试创造新的排列规律。 （2）能发现生活中许多问题都可以用数学的方法来解决，体验解决问题的乐趣。

目标2：感知和理解数、量及数量关系

3—4岁	4—5岁	5—6岁
（1）能感知和区分物体的大小、多少、高矮长短等量方面的特点，并能用相应的词表示。 （2）能通过一一对应的方法比较两组物体的多少。 （3）能手口一致地点数5个以内的物体，并能说出总数。能按数取物。 （4）能用数词描述事物或动作。如我有4本图书。	（1）能感知和区分物体的粗细、厚薄、轻重等量方面的特点，并能用相应的词语描述。 （2）能通过数数比较两组物体的多少。 （3）能通过实际操作理解数与数之间的关系，如5比4多1；2和3合在一起是5。 （4）会用数词描述事物的排列顺序和位置。	（1）初步理解量的相对性。 （2）借助实际情境和操作（如合并或拿取）理解"加"和"减"的实际意义。 （3）能通过实物操作或其他方法进行10以内的加减运算。 （4）能用简单的记录表、统计图等表示简单的数量关系。

目标3：感知形状与空间关系

3—4岁	4—5岁	5—6岁
（1）能注意物体较明显的形状特征，并能用自己的语言描述。 （2）能感知物体基本的空间位置与方位，理解上下、前后、里外等方位词。	（1）能感知物体的形体结构特征，画出或拼搭出该物体的造型。 （2）能感知和发现常见几何图形的基本特征，并能进行分类。 （3）能使用上下、前后、里外、中间、旁边等方位词描述物体的位置和运动方向。	（1）能用常见的几何形体有创意地拼搭和画出物体的造型。 （2）能按语言指示或根据简单示意图正确取放物品。 （3）能辨别自己的左右。

探索 4　幼儿园数学学习活动中有哪些教学具？

数学教具是指教师在组织数学学习活动的过程中，向幼儿演示、讲解所使用的各种直观材料。数学学具是指幼儿在数学学习活动中摆弄、操作和练习用的各种直观材料。数学知识的抽象性决定了幼儿园的数学学习活动需要借助大量的教具与学具。

大二班的教师要在家长开放日进行"学号小人"的数学学习活动展示。她要求保育员玲玲帮她一起准备本次活动需要的教学用品。活动教案如下：

学号小人[①]

1. 出示有趣的线，寻找线上的数字秘密

（1）教师出示线条，请幼儿猜猜0—10的数字。提问：0—10会藏着哪些数字？

（2）猜猜10后面的数字。提问：从10再接着往后数，还会有什么数字？这条线上还会有很多数字，那这几个地方可能会是什么数字呢？

2. 线上找学号的家

（1）引导幼儿发现数字还可以代表自己的学号。

（2）幼儿放好自己的学号卡片，分享交流。提问：为什么有些学号靠得近，有些离得远？

（3）请幼儿摆放其他同伴的学号卡片。

（4）发现学号的秘密：学号是按照从小到大排队的。

3. 游戏：猜学号

（1）说明游戏规则：教师写下一名幼儿的学号，请大家猜猜是几？规则：两队轮流猜学号，教师提示猜的数字是大了还是小了。猜中的队伍获胜，可得一面小红旗。

（2）第一次玩游戏。提问：猜猜我心里的学号是几？这个小箭头可以怎么放？指向哪一边？两个箭头是什么意思？我心里想的学号肯定在几和几之间？

（3）第二次玩游戏。

[①] 该活动内容参考由卢世轶老师组织的大班数学活动"学号小人"。

4. 讨论与延伸

引导幼儿发现生活中的数序，并讨论数序给生活带来的方便。

请小组合作，帮玲玲整理幼儿园数学学习活动所需用到的教具与学具，并收集或自制适合小、中、大班幼儿使用的数学教学具各一种。

学习支持 4

★ 幼儿园数学学习活动的教学具

1. 实物教学具

实物教学具多为生活中容易收集到的或幼儿感兴趣的物体，具有自然的属性，便于幼儿操作。具体包括以下几类：

（1）玩具和一些日常生活用品，如皮球、娃娃、玩具汽车、小碟子、小碗、纽扣、木珠、塑料拼插玩具等。

（2）可收集到的各种自然物，如小木棍、贝壳、果核、大粒种子、竹片、盒子等。

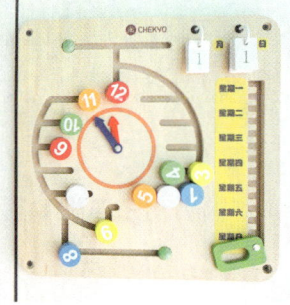

▲ 专门的数学教学具

（3）废旧物品，如小瓶、瓶盖、纸盒、婴儿时期的鞋袜等。

（4）专门用于数学活动的教学具，如各种计数器、镶嵌版、分类盒及供幼儿用于认识和比较各种量的成套模型等。

（5）自制教学具，如数学棋谱、大转盘、数卡接龙、拼图等。

2. 形象直观教学具

形象直观教学具主要包括画有各种物体的图片及印有实物的或几何图形的卡片等。

▲ 形象直观教学具（景点旅游）　　▲ 区域登记牌

探索 5　保育员在幼儿园数学学习活动中是否完整履职？

大二班的"学号小人"数学学习活动展示顺利结束了。保育员玲玲回顾了本次活动的整个过程，并将她的保育工作内容记录在表格中。请你评析玲玲的履职情况，并完善其工作内容。

数学学习活动的保育工作

工作阶段	保育工作内容	你的评析
数学学习活动前	（1）保持活动室环境的清洁卫生，做到整洁、通风、宽敞、明亮。 （2）配合教师自制教学具，如带箭头的直线（箭头可以拉伸延长）、数字卡片（0、10、20、30、40）、学号小人卡片（上面有幼儿头像和学号）、箭头、小红旗。 （3）按照教师要求排列好椅子。	
数学学习活动时	（1）关注幼儿的个别需求。 （2）拍照。	
数学学习活动后	（1）收拾好所有的教学具。 （2）将椅子放回原处。	

学习支持 5

★ 幼儿园数学学习活动保育的工作内容

1. 活动前的准备工作

保育员要创设良好的学习环境，具体包括：保持活动室的整洁、通风、宽敞、明亮，利用区角活动空间合理投放数学学习材料，以刺激幼儿的"数"思维；借助幼儿一日生活活动的空间环境来渗透"数"，将能够刺激幼儿数学学习的环境拓展到幼儿园所有的活动空间内，如走廊、楼梯、盥洗室、操场、餐厅等。保育员还要了解学习活动的具体内容，能根据教师的教学要求摆放好数学学习活动的教具和学

▲ 走廊中的数学学习环境

▲ 活动室内的数学学习环境

具；关注材料投放的系统性、层次性、动态性和开放性。

2. 活动中的配合工作

保育员要协助教师关注幼儿的学习活动，及时满足幼儿在学习活动中的需求；当发现潜在的危险因素时应及时处理；按教师的要求参与活动，协助教师使用教具和学具。

3. 活动后的收整延伸工作

保育员要引导幼儿清洁整理活动场地，分类整理好教具、学具。针对幼儿在数学学习活动中出现的问题，及时与教师、家长交流沟通。

◀ 数学学习活动中的个别指导

探索 6　如何就幼儿的数学学习问题对家长进行指导？

日常生活中的学习和运用是幼儿数学学习必不可少的经验。比如：妈妈让孩子起床时要看一下钟表，感知时间概念；购物时，让孩子看一下价格、数个数等。在本次大班家长开放日的"10元钱买菜"学习活动中，琳琳的家长发现孩子不知道按标价付钱，家长来找教师寻求帮助。

请你设计指导家长的情景，并写下感悟。

学习支持 6

★ 幼儿数学学习问题的家园沟通方法

（1）让家长了解该年龄段幼儿的数学学习目标及其应达到的水平。
（2）说明幼儿的发展状况，分析其进步之处，逐步渗透教育理念。
（3）了解家长的教育方法。
（4）找出问题产生的原因。
（5）共同制定解决办法并一起努力，使家园共育取得良好的效果。

课后复习

- ☑ **归纳**：归纳保育员在幼儿园数学学习活动中的工作要点。
- ☑ **整理**：整理幼儿园数学学习活动常用的教学具清单。
- ☑ **分享**：分享本学习活动中的感悟和疑虑。
- ☑ **反思**：反思本学习活动中自身及小组合作的学习情况，提出今后的改进办法。

课后自测

在线自测

1. 判断题（每题4分，共40分）

（1）"认识和书写10以内的数字"是大班数学学习内容之一。（　　）

（2）各种废旧物品都可以被制作成数学学习的教学具。（　　）

（3）保育员在数学学习活动中的保育工作，主要是配合教师制作数学教具与幼儿学具，并注意维护好这些教学具的安全与卫生。（　　）

（4）让幼儿听《数数歌》学习数字，是通过游戏法来激发幼儿学习数学的兴趣。（　　）

（5）幼儿园开展数学学习活动的目的是要让幼儿能初步感知生活中数学的有用和有趣，感知和理解数、量及数量关系，感知形状与空间关系。（　　）

（6）形象直观的数学教学具主要包括画有各种物体的图片、实物卡片、几何图形卡片、日常生活用品等。（　　）

（7）保育员在投放数学学习活动的教学具时，要关注材料投放的系统性、层次性、动态性和开放性。（　　）

（8）如发现幼儿在数学学习中存在问题，保教人员应及时告知家长，让家长督促幼儿学习数学。（　　）

（9）幼儿园的数学学习活动是以培养幼儿的思维能力为核心目标而开展的有目的、有计划的一系列学习活动。（　　）

（10）"能发现事物简单的排列规律，并尝试创造新的排列规律"，这一目标是为了培养幼儿初步感知生活中数学的有用与有趣。（　　）

2. 选择题（每题6分，共60分）

（1）幼儿园数学学习包含丰富的内容，但（　　）不是数学学习的内容。
　　A. 认识球体　　B. 比较宽窄、厚薄　　C. 使用向前、向后方位词　　D. 认识快慢

（2）理解早上、晚上、白天、黑夜，这是（　　）幼儿的数学学习目标。
　　A. 托班　　B. 小班　　C. 中班　　D. 大班

（3）能通过实际操作，理解数与数之间的关系，这是（　　）幼儿的数学学习目标。
　　A. 中班　　B. 小班　　C. 大班　　D. 以上都是

（4）理解昨天、今天、明天，这是（　　）幼儿的数学学习目标。
　　A. 托班　　B. 小班　　C. 中班　　D. 大班

（5）能使用里外、中间、旁边等方位词描述物体的位置，这是（　　）幼儿的数学学习目标。
　　A. 大班　　B. 小班　　C. 中班　　D. 以上都是

（6）能按语言指示或根据简单示意图正确取放物品，这是（　　）幼儿的数学学习目标。
　　A. 托班　　B. 小班　　C. 中班　　D. 大班

（7）幼儿通过对两个（组）或两个（组）以上的物体的比较，找出它们的数、量、形等方面的相同和不同，这是幼儿数学学习常用方法中的（　　）。

A. 操作法　　B. 比较法　　C. 发现法　　D. 寻找法

（8）实物教学具方便幼儿操作，常见的有（　　）。

A. 玩具和一些日常生活用品　　B. 废旧物品
C. 自制教学具　　D. 以上都是

（9）为了刺激幼儿学习数学，可以将幼儿数学学习的环境拓展到幼儿园的（　　）。

A. 所有活动空间　　B. 活动区角
C. 走廊、楼梯、操场、餐厅　　D. 教室、盥洗室

（10）幼儿园数学学习活动有分类与统计的学习内容，要求幼儿学习用（　　）等记录方式表征统计结果。

A. 图表、数符号　　B. 实物图示、数符号
C. 数符号、图表和文字　　D. 实物图示、图表和数符号

3. 拓展题

"初步感知生活中数学的有用和有趣"是《3—6岁儿童学习与发展指南》中规定的幼儿数学学习发展目标之一。在幼儿园的一日生活中，充满着数学知识，保育员可以结合生活活动，让幼儿深切感受数学与生活的关系。请思考：作为保育员，如何在生活活动环节自然渗透与数学相关的学习内容（说明年龄班），以配合教师共同促进幼儿数学学习目标的达成。

学习情况评价表

评分项目		评分标准或要求	配分（分）	评价方式			得分
				自评 权重 20%	互评 权重 30%	师评 权重 50%	
专业知识技能 60%	数学学习活动的内涵及主要内容	• 解释幼儿园数学学习活动的含义与意义（4分） • 说出幼儿园数学学习活动的主要内容（每个1分，共6分）	10				
	数学学习活动的常用方法	• 说出数学学习活动的常用方法（每种1分，共6分）	6				
	数学学习活动的年龄段目标	• 说出幼儿园数学教育活动的年龄段目标（3分） • 辨识幼儿园数学学习活动目标对应的年龄班（6.5分）	9.5				
	数学学习活动中的教学具	• 说明数学学习活动教具的含义（1分） • 说明数学学习活动学具的含义（1分） • 收集或自制适合小、中、大班幼儿使用的数学教学具各一种（9分）	11				

（续表）

评分项目		评分标准或要求	配分（分）	评价方式 自评 权重20%	评价方式 互评 权重30%	评价方式 师评 权重50%	得分
专业知识技能60%	数学学习活动的保育工作实施情况	• 说出幼儿园数学学习活动保育的工作职责（每条1分，共3分） • 合理评析数学学习活动案例中保育员的履职情况（6分）	9				
	数学学习活动中的家园合作	• 能根据案例情境，与家长沟通幼儿学习数学的方法（4.5分）	4.5				
	自测题	自测题得分×10%	10	—	—	—	
个人素养40%	专业精神（10分×70%）	认同保育工作的重要性，积极投入专业学习（3分）；在实践中切实履行保育责任，精益求精（4分）；不断反思改进，提高专业水平（3分）	7				
	人文关怀（10分×70%）	关注和尊重他人（教师、同学、幼儿）的想法和感受，设身处地为他人着想（5分）；充分表达对他人的关心、理解和爱护（5分）	7				
	团队合作（10分×70%）	乐于承担小组分配的任务（2.5分），积极寻求同伴合作（2.5分），乐于分享自己的经验（2.5分），对小组学习问题的解决有贡献（2.5分）	7				
	沟通表达（10分×70%）	善于倾听（2分），正确理解（2分）；围绕主题表达（2分），语言清楚简洁（2分），文明礼貌，应人应时应景（2分）	7				
	问题解决（10分×70%）	解决问题逻辑清晰（2.5分），能举一反三（2.5分），善于批判质疑（2.5分），勇于创新（2.5分）	7				
	信息获取（10分×50%）	熟悉信息源，善于利用搜索工具快速、准确地获取所需信息（5分）；能根据需要对信息进行挖掘、甄别、筛选（5分）	5				
		总分	100	总得分			

反思与收获：

学习活动 6　美术学习活动保育

学习目标

- ☑ 讲解幼儿园美术学习活动的意义、内容和形式。
- ☑ 能根据幼儿绘画能力的发展特点,分辨作品主人的年龄段。
- ☑ 能分辨幼儿园美术学习活动的年龄段目标,明确保教人员在幼儿美术学习活动中的作用。
- ☑ 能根据幼儿园美术学习活动的内容,做好活动前的环境创设和材料准备工作。
- ☑ 能敏锐发现美术学习活动中的危险因素,并进行有效预防。
- ☑ 能合理评析美术学习活动保育工作的实施情况,强化美术学习活动保育的责任意识。
- ☑ 认同幼儿园美术学习活动对于幼儿身心成长的价值,懂得自身的保育专业素养对于幼儿美术能力发展的影响,增强责任感。

学习准备

- ☑ 设备和材料:铅画纸、蜡笔、橡皮泥、泥工板、剪刀、固体胶(6套),抹布2块,纸工用纸20张,小桌子1张,小椅子4把。
- ☑ 展示用材料:彩色纸若干、水笔若干、磁铁若干。
- ☑ 预习"美术学习活动保育",完成本活动的在线自测题。

关键词释义

幼儿美术　　幼儿园美术学习活动　　幼儿园艺术领域教育目标

- **幼儿美术**:幼儿所从事的造型艺术活动,它反映了幼儿对周围世界的认识、情感和思想。
- **幼儿园美术学习活动**:幼儿所从事的美术欣赏活动和创作活动,是以幼儿为主体进行的活动,主要有绘画、手工、美术欣赏三种形式。
- **幼儿园艺术领域教育目标**:能初步感受并喜爱环境、生活和艺术中的美;喜欢参加艺术活动,并能大胆地表现自己的情感和体验;能用自己喜欢的方式进行艺术表现活动。

学习导语

　　艺术是人类感受美、表现美和创造美的重要形式,也是表达自己对周围世界的认识和情绪态度的独特方式。每个幼儿心里都有一颗美的种子,因此,保教人员要充分创造条件和机会,在大自然和社会文化生活中萌发幼儿对美的感受和体验，丰富其想象力和创造力，引导幼儿学会用心灵去感受美和发现美，用自己的方式去表现美和创造美。

美术教育是艺术教育的一部分。幼儿园的美术活动不仅可以提高幼儿的审美感受和体验，陶冶幼儿的情操，同时还可通过动手实践培养幼儿的观察力、思维力、想象力和创造力。

在美术学习活动前，保育员要根据教学内容和教师的要求创设环境和准备材料；在活动过程中，观察和指导幼儿，尊重幼儿的兴趣和独特感受；活动结束后，及时做好收整工作。同时，保教人员要对幼儿的艺术表现给予充分的理解和尊重，不能用自己的审美标准去评判幼儿，更不能为追求结果的"完美"而对幼儿进行千篇一律的训练，以免扼杀其想象与创造的萌芽。

▲ 展示自己的绘画作品

▲ 幼儿在进行美术学习活动

探索 1 这是谁的作品？

贝贝幼儿园最近要更新走廊的环境布置，需要添置幼儿的美术作品。保育员玲玲拿到了幼儿的作品，但是有几幅作品没有写班级。你能帮玲玲判断这是哪个年龄班幼儿的作品吗？并说说你的理由。

（   ）班

（   ）班

（   ）班

学习支持 1

★ 幼儿园美术学习活动的内涵

幼儿园美术学习活动是幼儿所从事的美术欣赏活动和创作活动，是以幼儿为主体进行的活动。通过美术学习活动，可让幼儿学会正确的握笔姿势和坐姿，以及绘画、折纸、泥工的简单技能，发展小肌肉动作；培养幼儿对美术活动的兴趣；借助大自然和社会生活、美术作品，初步培养幼儿对美的感受力，受到美的熏陶；发展智力，培养幼儿审美的心理素质，挖掘和培养幼儿的创造潜力。

▲ 幼儿园美术学习活动（手掌画）

★ 幼儿绘画能力的发展阶段

1. 涂鸦阶段（1.5—3.5岁）

先是漫无目的地随意涂鸦，逐渐过渡到有控制的涂鸦，再发展到命名涂鸦。

（1）随意涂鸦期（无控制的涂鸦期），即画出的线条不分化，横线、竖线、斜线、弧线、螺旋线、点掺杂在一起。

（2）有控制的涂鸦期，逐渐出现波形线、锯齿线，各种封口及不封口的圆形、复线圆圈、涡形线等。

（3）命名涂鸦期，幼儿开始意识到所画的线条与实物或自己的经验之间的联系，命名出现在画出图形之后。幼儿对图形的命名往往具有不稳定性，会随着时间的变化而变化。

▲ 涂鸦阶段绘画作品

2. 象征阶段（3.5—5岁）

能凭主观直觉印象描绘出物体的粗略形象，但所画的形象只是一些简单的符号和标记，看不到完整的形象，仅基本保留了对象的形式特征，如人物的典型样式是"蝌蚪人"。

▲ 象征阶段绘画作品

3. 图式阶段（5—7岁）

能够完整地表现物象的主要特征，画面的内容不需要语言解释也能让人理解。造型呈现出模式化的特征，喜欢用固定的样式和画法表现不同的对象，也被称为"概念画"。

▲ 图式阶段绘画作品

★ 幼儿园美术学习活动的内容和形式

幼儿园美术学习活动可分为绘画、手工和美术欣赏三种形式。

1. 绘画

幼儿绘画活动按题材和内容可分为命题画、意愿画和装饰画；按使用工具可分为彩笔画、水粉画、蜡笔水粉画、水墨画、刮画、印画、纸版画、吹画、喷洒画、吸附画等。

▲ 绘画活动　　　　　　　　　　　▲ 幼儿的绘画作品

2. 手工

幼儿手工可以分为纸工、泥工和其他综合性手工制作三大类。幼儿园经常开展的纸工活动有折纸、剪纸和撕纸活动。幼儿园常用的泥工材料主要有橡皮泥（彩泥）、纸黏土、陶泥、面泥等。幼儿园的其他综合性手工制作活动有许多类型，如麦秸秆编织、面具制作、各类材料的拼贴、纸盒玩具、纸杯娃娃、风筝制作、表演道具制作等。

3. 美术欣赏

美术欣赏是指教师引导幼儿欣赏和感受艺术作品（如绘画、雕塑、工艺美术、建筑艺术等作品）、自然景物和周围环境中的美好事物，丰富幼儿的美感经验，培养幼儿的审美情感、审美评价能力和审美创造能力的活动形式。

▲ 幼儿手工作品（泥工"太空人"）

▲ 幼儿手工作品（泥工"面具"）

探索 2 各年龄段幼儿的美术学习活动目标是什么？

幼儿期是孩子接受艺术启蒙教育的最佳时期，每位幼儿都是天生的艺术家。但是，由于幼儿的年龄特点，不同年龄班幼儿的美术学习能力也存在差异。保育员小王找到了幼儿园学习活动计划中对美术教育活动目标的描述，但是对于目标所属的年龄段不太清楚。

你能帮助小王把下面的美术活动教育目标和适宜的年龄班匹配起来吗？请将年龄班填在目标后的横线上。

1. 绘画活动

（1）引导幼儿乐意参加绘画活动，养成大胆作画的习惯，体验绘画活动的乐趣，对绘画活动产生兴趣。………………

（2）引导幼儿学习用多种绘画工具材料，运用不同的技法（如水墨画、水彩画、吹画、喷刷画、纸版画等）表现自己独特的思想和感受，体验绘画创作的快乐。………………

（3）引导幼儿在原有基础上进一步学习用多种工具和材料来作画的方法（如水粉画、蜡笔水彩脱色画、拓印画、对印画、泡泡画等），体验绘画的乐趣。………………

（4）引导幼儿认识和初步学会使用蜡笔、油画棒、水彩笔、纸棉签、印章、颜料等绘画工具材料，逐渐形成良好的绘画姿势和习惯。

（5）引导幼儿根据自己的经验和技能，用绘画表达自己的认识和情感（如写生画、故事画、主题添画等）。

（6）引导幼儿根据自己的经验和技能，开展各种形式的绘画活动（如写生画、故事画、音乐画、图形想象画、自由想象画等），将绘画作为表达思想和情感的手段和方式之一。

（7）引导幼儿认识和使用12种颜色，并会辨别颜色的深浅，学习用物体的固有色绘画，并能选择多种颜色作画。

（8）引导幼儿认识红、黄、蓝、绿、黑、褐、白等颜色，初步学会选用多种颜色绘画。引导幼儿区分主体色和背景色，培养幼儿对使用色彩的兴趣。

（9）引导幼儿大胆用自己喜欢的色彩绘画，学习用对比色、类似色绘画，并初步学习根据画面的需要，用色彩表现自己的情感。引导幼儿在画面的中心位置画出主要形象，并把它画得大一些。

（10）引导幼儿初步学习在画面上安排物体的上下左右关系。

（11）培养幼儿美术观察的兴趣和习惯，在游戏中学习点、线、圆形、方形和简单物体的画法及涂色方法，并用这些方法表现日常生活中熟悉的简单物体的轮廓特征。

（12）引导幼儿学习用各种线条表现熟悉的事物的基本结构和主要特征。

（13）引导幼儿初步表现画面中物体的前后、远近等简单的空间关系及主题与背景的关系。

（14）引导幼儿较完整地表现熟悉的或想象中的物体的动态结构和简单情节。

2. 手工活动

（1）引导幼儿认识和使用多种手工工具和材料，参加各类手工活动，体验手工活动的快乐。

（2）引导幼儿乐意参加手工活动，愿意尝试使用准备好的手工工具材料，体验手工活动的乐趣。

（3）引导幼儿初步学习撕纸、折纸（对边折和对角折）、染纸的初步技能。

（4）引导幼儿运用对边折、对角折、集中一角折、双正方形折、双三角形折、四角向中心折等技巧，折出简单玩具和物品，并将折纸活动与绘画、粘贴、环境布置结合起来。

（5）引导幼儿体验泥的可塑性，学习用搓长、团圆、压扁、分泥的技能来塑造简单物品。

（6）引导幼儿学习用糨糊、胶水等粘贴沙子、芝麻、麦片、橘子皮等材料，以及教师准备好的简单物体图形。

（7）引导幼儿较熟练地选择和使用手工工具和材料，创造性地进行手工操作活动，表达自己的手工意愿。

（8）引导幼儿收集各种常见的自然材料和废旧材料，用于进行手工操作活动。

（9）引导幼儿综合运用所掌握的泥工技能，进行立体塑捏及平面泥贴活动，启发幼儿逐渐探索泥工的技巧，创造性地表现各种物体的形象，并获得塑捏成功的快乐。

（10）引导幼儿用目测的方法，以单独或折叠的形式剪出各种窗花、拉花，以及自己喜欢的形象或想象中的形象等。

（11）引导幼儿学习在物体原有形状上进行简单粘贴，制作出简单的玩具及物品。

（12）引导幼儿综合运用各种美术技能技巧，对自然材料和废旧材料进行简单的加工改造，制作出各种简单的玩具和物品。

3. 美术欣赏活动

（1）引导幼儿乐意参加美术欣赏活动，培养幼儿集中注意力欣赏的习惯，体验美术欣赏的快乐。

（2）引导幼儿积极主动地参与美术欣赏活动，逐步学会用感官、语言、动作、表情等手段，多通道地表达自己对作品的感受、理解、联想和想象。

（3）引导幼儿欣赏日常生活中常见的且造型简单、色彩鲜明的物品和作品，逐步产生欣赏的兴趣。

（4）引导幼儿欣赏并感受作品的形象美、造型美、色彩美和情感表现性，以及构图的对称、均衡、有韵律等所体现出的和谐美。

（5）引导幼儿欣赏并初步理解作品形象和作品主题的意义，使其知道美术作品能反映现实生活和人们的思想感情。

（6）引导幼儿初步欣赏教师的作品及同伴的作品。

（7）引导幼儿初步欣赏并感受对象的独特造型，色彩的变化与统一，构图的对称与均衡。

（8）引导幼儿欣赏和理解与他们生活经验有关的成人美术作品、同伴美术作品、日常生活用品，以及自然环境、节日装饰、环境布置等，产生与作品相一致的感觉和情感，培养幼儿对美好事物的关注力。

（9）引导幼儿欣赏和感受各种感兴趣的美术作品和工艺美术作品，欣赏、感受生活和自然界中美的事物和形象，培养幼儿发现生活环境和自然环境中美的事物的能力。

（10）引导幼儿初步了解所欣赏作品的简单知识背景，初步感受和理解作品的形象和主题意义，以及作品是如何反映现实生活和思想感情的。

（11）引导幼儿分析、评价作品，用自己的作品进行环境布置和游戏活动，体验分享和成功的快乐。

（12）引导幼儿展示美术作品，用自己的美术作品装饰墙面等，体验成功的快乐。

（13）引导幼儿展示自己的作品，初步评价自己和同伴的作品，体验和分享成功的快乐。

学习支持 2

★ 幼儿园美术学习活动的年龄段目标

《指南》从感受与欣赏、表现与创造两个方面介绍了美术学习活动的年龄段目标。

1. 感受与欣赏

目标1：喜欢自然界与生活中美的事物

3—4岁	4—5岁	5—6岁
喜欢观看花草树木、日月星空等大自然中美的事物。	在欣赏自然界和生活环境中美的事物时，关注其色彩、形态等特征。	乐于收集美的物品或向别人介绍所发现的美的事物。

目标2：喜欢欣赏多种多样的艺术形式和作品

3—4岁	4—5岁	5—6岁
乐于观看绘画、泥塑或其他艺术形式的作品。	（1）能够专心地观看自己喜欢的文艺演出或艺术品，有模仿和参与的愿望。 （2）欣赏艺术作品时会产生相应的联想和情绪反应。	（1）艺术欣赏时常常用表情、动作、语言等方式表达自己的理解。 （2）愿意和别人分享、交流自己喜爱的艺术作品和美感体验。

2. 表现与创造

目标1：喜欢进行艺术活动并大胆表现

3—4岁	4—5岁	5—6岁
经常涂涂画画、粘粘贴贴并乐在其中。	经常用绘画、捏泥、手工制作等多种方式表现自己的所见所想。	（1）积极参与艺术活动，有自己比较喜欢的活动形式。 （2）能用多种工具、材料或不同的表现手法表达自己的感受和想象。 （3）艺术活动中能与他人相互配合，也能独立表现。

目标2：具有初步的艺术表现与创造能力

3—4岁	4—5岁	5—6岁
能用简单的线条和色彩大体画出自己想画的人或事物。	能运用绘画、手工制作等表现自己观察到或想象的事物。	能用自己制作的美术作品布置环境、美化生活。

探索 3 幼儿园美术学习活动的准备工作有哪些？

小组合作模拟进行幼儿园某年龄班的绘画、手工学习活动的准备工作（仅指环境与物品方面的准备），并将最后结果用照片记录下来。

（1）概括说明需要准备的物品。

① 绘画学习活动。

a. 棉签画：

b. 蜡笔画：

　② 手工学习活动。

　a. 折纸：

　b. 超轻黏土制作：

（2）请写下模拟操作后的感悟。

学习支持 3

★ 幼儿园美术学习活动的准备工作

1. 环境创设

活动室必须通风、整洁、宽敞、明亮。注意采光，光线应来自左前上方，光线柔和，不让太阳光直射桌面，雨天和阴天要开日光灯；注意桌椅的高度必须适合幼儿的身高，桌椅的摆放要面向展示板和教师。

在线阅读
班级内应配备的
各类美术材料

2. 材料准备

根据教师的教学要求和内容，准备相应的用品；设备和材料力求实用、美观、整洁、有序。例如，绘画活动要准备画纸、蜡笔、水彩笔、勾线笔、各种颜料，以及（半干湿的）抹布、糨糊、橡皮、剪刀等。纸工活动要准备各色手工纸、笔、剪刀、双面胶、抹布、小纸篓等。泥工活动要准备各色彩泥、泥工刀、泥工板、辅助品等。为幼儿准备的用品和材料要品种齐全、安全无毒，符合其年龄特点，数量要充足，要与幼儿人数相符或多于幼儿人数，以备幼儿需要时选用。

◀ 幼儿在进行泥工活动，橡皮泥材料充足

探索 4　幼儿园美术学习活动有哪些安全与卫生隐患？如何处理？

请结合案例，列举幼儿园美术学习活动中可能发生的不安全、不卫生现象，分析其可能导致的后果，并商讨应对方法。

小班的李老师正在组织幼儿进行"勤劳的蚯蚓"棉签画绘画活动。她站在一幅可取放的泥土背景图前导入情景，让幼儿谈论、了解蚯蚓的本领，知道蚯蚓可以使坚硬的泥土变得又松又软。李老师请他们尝试用棉签蘸上水粉色的方式画出扭动的小蚯蚓；再给小蚯蚓穿上漂亮的衣服——在蚯蚓的身上添画白色的线条花纹；之后要求幼儿在画面上粘贴花朵；最后一起欣赏作品，并让幼儿学一学小蚯蚓扭动身子钻泥土的样子。①

幼儿园美术学习活动中的安全与卫生隐患及应对方法

不安全、不卫生的现象	可能导致的不良后果	应对方法与预防

学习支持 4

★ **幼儿园美术学习活动的安全与卫生要求**

（1）活动室光线来自左前上方，且不产生折射，让桌面避开阳光照射；阴雨天时，应注意室内照明灯光的亮度。

（2）注意幼儿的用眼卫生，使其眼睛与桌面的距离保持在 30—35 厘米；活动时间不宜过长。

---

① 上海市中小学（幼儿园）课程改革委员会.学习活动（3—4岁）[M].上海：上海教育出版社，2009：53.

（3）提醒幼儿注意正确的坐姿和握笔姿势，笔杆和纸呈60度角。拿笔时，食指较大拇指低些，笔尖离开纸的距离为3厘米，前臂平放在桌上。另外，注意桌椅高度要适宜。

（4）美术用品必须安全卫生，不含有毒物质。各类文具用品在使用时应避免产生外伤危险，如剪刀要圆头等。做某些装置类作品时，应关注所提供的材料（如树枝、金属片、金属线等）与工具的安全性。

（5）在开展某些水彩、水粉、水墨类绘画活动时，可提供反穿衣等，避免弄脏衣服。

（6）培养幼儿良好的卫生与行为习惯，如不将笔放在嘴里，保持安静，不随意走动，离开座位时要小心，不要碰撞同伴的身体和桌椅。活动结束后敦促幼儿马上洗手。

▲ 正确的坐姿

探索 5　保育员在幼儿园美术学习活动中的保育职责有哪些？

大一班教师的美术学习展示活动"橙子变变变"顺利结束了。保育员玲玲参与了本次活动的整个过程。请你根据下面的教案，帮她把本次活动的保育工作内容整理完善，填在表格内。

橙子变变变[①]

活动目标：

（1）从不同侧面观察橙子，根据橙子的基本形状展开想象。
（2）喜欢想象，有初步的发散性思维及细致观察的能力。

重点：根据橙子不同的基本形状展开想象。

难点：幼儿从不同的视角观察橙子，有初步的发散性思维及细致观察的能力。

活动准备：

（1）经验准备：增强幼儿对水果"橙子"的兴趣和感知。

（2）环境准备：

① 布局：幼儿围坐成马蹄形，中间放置一张操作台（建议操作台高度低于幼儿腰侧，便于幼儿观察），操作台一边放置一块移动小黑板（用完可随时拖离，以免遮挡幼儿视线），操作台后面的墙上挂有投影幕布。

② 材料："橙子变变变"的PPT、摸箱一个（内装有苹果、橙子、梨、猕猴桃等水果）、"橙子大搜索"图画一幅（用"橙子"的各种元素绘制的图画）、橙子横切面和竖切面的放大照片各一张、投影仪、电脑、水果刀、托盘、纸巾、记号笔等。

活动过程：

1. 猜猜谁来了

（1）教师播放PPT，出示单线条的一个圆，引导幼儿大胆想象"猜猜谁来了"。
（2）教师继续播放PPT，在圆中添加一点，引导幼儿继续想象，引出主体"橙子"。

[①] 该活动内容参考由姚博文老师组织的大班创意美术活动"橙子变变变"。

▲ PPT 画面　　　　　　　　　　　　　▲ 对橙蒂展开想象

2. 橙子变变变

（1）出示装有各种水果的摸箱，请一位幼儿用手将橙子摸出来。

（2）引导幼儿观察橙蒂，并对橙蒂的有趣图形展开想象。

（3）引导幼儿观察橙子的横切面和竖切面，并对两个切面的有趣图形展开想象。

① 出示两张切面照片，引发讨论，引导幼儿了解"横切面"和"竖切面"的由来。

② 对橙子的横切面展开想象。

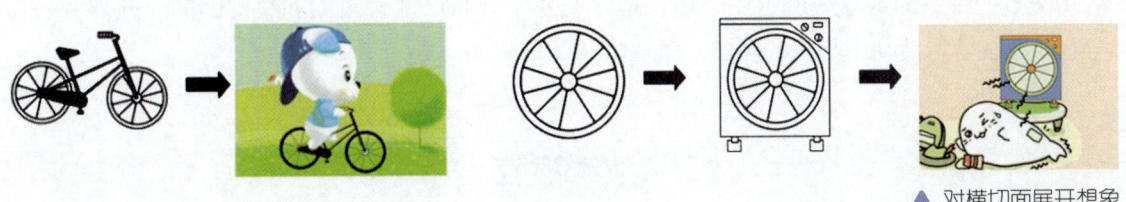

▲ 对横切面展开想象

③ 对橙子的竖切面展开想象。

▲ 对竖切面展开想象

小结：橙子是一种非常好吃、非常有营养的水果，但今天我们也发现了橙子同样是非常有趣的水果，因为我们从它身上找到了很多有趣的小秘密。

3. 橙子大搜索

教师出示一幅由各种橙子的创意元素构成的画，引导幼儿一起找找橙子躲在哪里。

美术学习活动的保育工作

工作阶段	保育工作内容
美术学习活动前	
美术学习活动时	（1）观察和照料。 （2）配合示范。 （3）帮助和鼓励。
美术学习活动后	（1）物品收整。 （2）习惯能力的培养。

学习支持与

★ 幼儿园美术学习活动保育的工作内容

美术学习活动前的准备工作前文已做介绍，这里主要介绍学习活动中、学习活动后的保育工作内容。

1. 美术学习活动中的指导

注意幼儿坐姿及握笔姿势的正确，及时发现并制止不安全行为。对于有特殊需要的幼儿及时进行个别指导和帮助，必要时做个别示范。

2. 美术学习活动后的收整与延伸

注意活动环境的清洁卫生，清理桌面，将美术用品归位；收拾整理幼儿作品，注意摆放整齐有序，将桌椅放回原处、活动室打扫干净。同时，注意培养幼儿良好的卫生习惯和物品收整能力，如活动结束时督促幼儿洗手，使其养成良好的卫生习惯；指导幼儿学会自己清理桌面和整理物品。此外，还应及时与家长沟通幼儿在学习活动中出现的问题，争取家长的配合与支持。

课后复习

- ☑ **整理**：整理绘画活动中不同工具、材料的用途及优缺点，如各类画笔（勾线笔、油画棒、蜡笔、毛笔、水粉笔），各类纸张（铅画纸、彩色纸、宣纸、卡纸、刮画纸）。
- ☑ **收集**：收集小班、中班、大班幼儿的美术作品，简单评析幼儿作品的年龄特点。
- ☑ **分享**：分享本学习活动中的感悟和疑虑。
- ☑ **反思**：反思本学习活动中自身及小组合作的学习情况，提出今后的改进办法。

课后自测

★ 上海市保育员初级、中级考工应知真题（带"*"号的除外）

1. 判断题（每题4分，共40分）

（1）在进行绘画活动时，为了让幼儿看得更清楚，可以让太阳光直射到桌面上。（　）

（2）在美术活动前，保育员要协助教师做好环境和材料的准备工作。（　）

（3）保育员应该按照幼儿园学习进度与学习目标的要求履行保育职责，并做到各幼儿的学习达成度一致。（　）

（4）在绘画活动时，幼儿画了一只杯子，保育员应引导其将杯子画在纸的中央，并注意构图比例与着色。（　）

（5）保育员所准备的美工用品的数量应与幼儿的人数相等。（　）

（6）手指画、棉签画属于美工活动。（　）

（7）泥工的基本技能是揉泥、搓长条、搓圆、压坑、压扁。（　）

（8）纸工的基本技能是边对边、角对角，另外，整齐折叠是很重要的。（　）

（9）在配合教师开展美术活动时，保育员首先应注意保护和激发幼儿的兴趣。（　）

（10）保育员在美术活动中应配合教师创设一个愉快、宽松的环境，让幼儿的想法、做法都能得到重视、尊重、赞扬。（　　）

2. 选择题（每题3分，共60分）

（1）在美术活动中，要提醒幼儿注意正确的握笔姿势，笔杆和纸应该呈（　　）。
A. 60度　　　　　　B. 50度　　　　　　C. 45度　　　　　　D. 30度

（2）幼儿园的美术活动是（　　）。
A. 以教师为主体的活动　　　　　　B. 以幼儿为主体的活动
C. 幼儿的自由活动　　　　　　　　D. 保教人员教，幼儿跟着学的活动

（3）在美术活动中，要注意幼儿的用眼卫生，要求眼睛与书本保持（　　）的距离。
A. 10—15厘米　　　　　　　　　　B. 20—25厘米
C. 30—35厘米　　　　　　　　　　D. 40—45厘米

（4）幼儿园美术学习活动对幼儿的身心发展有多重作用，但（　　）不是美术活动特有的作用。
A. 可让幼儿学会正确的握笔姿势和坐姿
B. 发展幼儿的大肌肉动作
C. 初步培养幼儿对美的感受力，受到美的熏陶
D. 发展智力，培养幼儿的创造潜力

（5）作品折叠整齐、形象正确、有立体感，这是（　　）活动的要求。
A. 绘画　　　　　　B. 泥工　　　　　　C. 纸工　　　　　　D. 添画

（6）幼儿园美术学习活动的内容包括（　　）。
A. 铅笔画、蜡笔画、水彩画　　　　B. 绘画、手工、美术欣赏
C. 手指画、添画、模仿画　　　　　D. 折纸、揉泥

（7）幼儿参加美术活动时，保育员的注意力不应该在（　　）方面。
A. 玩具摆放整齐　　　　　　　　　B. 室内的采光
C. 桌椅高度的比例　　　　　　　　D. 幼儿的握笔姿势

（8）幼儿的美工剪刀应该是（　　）的儿童剪刀。
A. 尖口　　　　　　B. 绞形口　　　　　C. 锯形口　　　　　D. 圆口

（9）幼儿会动手折出宝塔、碗、桌子、飞镖等物品，这属于（　　）美术活动。
A. 泥工　　　　　　B. 纸工　　　　　　C. 绘画　　　　　　D. 综合性

（10）美术学习活动对幼儿发展有（　　）的作用。
A. 培养动手能力　　　　　　　　　B. 发展思维能力、想象力、创造力
C. 培养兴趣、陶冶情操　　　　　　D. 以上三项都是

（11）幼儿用泥做麻花，主要采用（　　）的方法。
A. 搓长条　　　　　B. 压坑　　　　　　C. 压扁　　　　　　D. 搓圆

*（12）（　　）属于幼儿园美术学习活动的内容。
A. 环境布置　　　　　　　　　　　B. 自制玩具
C. 参观画展　　　　　　　　　　　D. 以上都是

（13）当幼儿开展粘贴活动时，保育员应事先准备好（　　）。
A. 纸　　　　　　　　　　　　　　B. 抹布、纸
C. 纸、黏合剂　　　　　　　　　　D. 纸、自然物、糨糊、抹布

（14）幼儿水粉画的工具与材料主要包括（　　）。
A. 笔、纸、颜料　　　　　　　　　B. 笔、纸、调色盒、盛水器、抹布、颜料
C. 笔、纸、颜料、盛水器　　　　　D. 笔、纸、颜料、调色盒

（15）幼儿良好的手工活动习惯包括（　　）。
　　A. 做泥工前擦净鼻涕　　　　　　　　B. 活动时不揉眼睛
　　C. 活动结束后整理工具、桌面，清洗双手　　D. 以上都是

*（16）"蝌蚪人"是幼儿绘画（　　）的典型特点。
　　A. 涂鸦阶段　　　B. 图式期　　　C. 象征阶段　　　D. 想象期

*（17）引导幼儿欣赏并感受作品的形象美、造型美、色彩美和情感表现性，以及构图的对称、均衡、有韵律等所体现的和谐美，这是美术欣赏活动中的（　　）学习目标。
　　A. 大班　　　B. 小班　　　C. 中班　　　D. 以上都是

*（18）开展某些水彩、水粉、水墨绘画活动时，为了避免弄脏衣服，保育员最好让幼儿（　　）。
　　A. 脱掉外衣　　　B. 穿旧衣服　　　C. 经常洗手　　　D. 穿反穿衣

*（19）《幼儿园教育指导纲要（试行）》指出，艺术学习要让幼儿（　　）。
　　A. 能初步感受并喜爱环境、生活和艺术中的美
　　B. 喜欢参加艺术活动，并能大胆地表现自己的情感和体验
　　C. 能用自己喜欢的方式进行艺术表现活动
　　D. 以上都是

*（20）幼儿喜欢进行艺术活动并大胆表现，4—5岁的幼儿表现为（　　）。
　　A. 经常涂涂画画、粘粘贴贴并乐在其中
　　B. 能运用手工制作表现自己的感受
　　C. 经常用绘画、捏泥、手工制作等多种方式表现自己的所见所想
　　D. 能用多种工具、材料或不同的表现手法表达自己的感受和想象

3. 上海市保育员初级、中级考工应会真题

（1）美术活动的保育要求（初级）。
　　① 环境创设：
　　② 材料准备：
　　③ 美术活动时指导：

（2）美术活动的准备工作（中级）。
　　① 准备美工用品：
　　② 用品符合要求：
　　③ 幼儿美术活动中环境的安全卫生要点：

4. 拓展题

在美术学习活动中，幼儿经常会拿着自己的美工作品给保教老师看：老师，这是我做的。如果你觉得幼儿的作品水平一般，或者看不懂，你应该怎么说和怎么做？为什么？

学习情况评价表

评分项目		评分标准或要求	配分（分）	评价方式 自评 权重20%	评价方式 互评 权重30%	评价方式 师评 权重50%	得分
专业知识技能 60%	美术学学习活动的内涵及幼儿绘画能力的发展阶段	• 能根据幼儿绘画作品，辨别其作者的年龄段，并说明理由（幼儿绘画年龄阶段特征）（每个年龄班2分，共6分） • 说明幼儿园美术学习活动的目标和意义（3分） • 说出幼儿园美术学习活动的形式（每种0.5分，共1.5分）	10.5				
	美术学习活动的年龄段目标	• 说出幼儿园美术教育活动的年龄段目标（4分） • 辨识美术学习活动目标对应的年龄班（9.5分）	13.5				
	美术学习活动的准备工作	• 根据案例情境做好绘画活动前的准备工作（4分） • 根据案例情境做好手工活动前的准备工作（4分）	8				
	美术学习活动中的安全卫生工作	• 找出案例中的不安全、不卫生现象（每个1分，共3分） • 说出不安全、不卫生现象可能导致的后果（每个1分，共3分） • 说出美术活动的安全与卫生要求（每个1分，共6分）	12				
	美术学习活动的保育工作实施情况	• 根据案例，说出幼儿园美术学习活动保育的工作内容（每项2分，共6分）	6				
	自测题	自测题得分×10%	10	—	—	—	
个人素养 40%	专业精神（10分×70%）	认同保育工作的重要性，积极投入专业学习（3分）；在实践中切实履行保育责任，精益求精（4分）；不断反思改进，提高专业水平（3分）	7				
	人文关怀（10分×70%）	关注和尊重他人（教师、同学、幼儿）的想法和感受，设身处地为他人着想（5分）；充分表达对他人的关心、理解和爱护（5分）	7				
	团队合作（10分×70%）	乐于承担小组分配的任务（2.5分），积极寻求同伴合作（2.5分），乐于分享自己的经验（2.5分），对小组学习问题的解决有贡献（2.5分）	7				
	沟通表达（10分×70%）	善于倾听（2分），正确理解（2分）；围绕主题表达（2分），语言清楚简洁（2分），文明礼貌，应人应时应景（2分）	7				
	问题解决（10分×70%）	解决问题逻辑清晰（2.5分），能举一反三（2.5分），善于批判质疑（2.5分），勇于创新（2.5分）	7				
	信息获取（10分×50%）	熟悉信息源，善于利用搜索工具快速、准确地获取所需信息（5分）；能根据需要对信息进行挖掘、甄别、筛选（5分）	5				
总分			100	总得分			

反思与收获：

学习活动 7　音乐学习活动保育

学习目标

- 能介绍幼儿园音乐学习活动的内容与形式。
- 能分辨幼儿园音乐学习活动的年龄段目标，明确保教人员在幼儿音乐学习活动中的作用。
- 列举并识别幼儿园常用的打击乐器，并能根据音乐活动的内容，做好音乐学习活动前的准备工作。
- 熟悉不同年龄班幼儿适合的歌唱音域，并模拟对幼儿进行保护声带的卫生教育。
- 合理评析音乐学习活动的保育工作实施情况，强化音乐学习活动保育的责任感。
- 认同幼儿园音乐学习活动对于幼儿身心成长的价值，懂得自身的保育专业素养对于幼儿音乐学习的影响，增强责任感。

学习准备

- 展示用材料：彩色纸若干、水笔若干、磁铁若干。
- 设备和材料：铃鼓10个、碰铃10个、圆舞板10个，多媒体播放设备。
- 预习"音乐学习活动保育"，完成本活动的在线自测题。

关键词释义

幼儿园音乐学习活动　歌唱活动　韵律活动　打击乐活动　音乐欣赏

- **幼儿园音乐学习活动**：根据幼儿身心发展的特点，以注重幼儿对生活和音乐作品中美的感知，促进幼儿运用多种音乐表现方式表达感受的能力，培养幼儿的音乐感受力、表现力和创造力为核心目标而开展的一系列学习活动。
- **歌唱活动**：用嗓音来演唱有旋律、有歌词的歌曲，以及进行节奏朗诵、唱名游戏等活动。
- **韵律活动**：在音乐的伴奏下，以协调性的身体动作来表现音乐的活动。
- **打击乐活动**：以身体大肌肉动作参与为主，用各种打击乐器敲打出乐曲的节奏或节奏变化的活动。
- **音乐欣赏**：幼儿通过倾听音乐去感受作品，从中获得音乐美的享受，得到精神的愉悦和认识的满足。

学习导语

有人说过"音乐是天使在唱歌",也有人说"学音乐的孩子不会变坏"。它就像一个大大的礼盒,里面有很多让我们惊喜的礼物。音乐作为最富有情感的艺术,向幼儿传递着音乐艺术的魅力,从而陶冶情操、净化心灵、启迪智慧、诱发灵感。也许幼儿小的时候,无法完全领略音乐的种种美好,但随着成长,他们会发现,这些东西值得用一生的时间来慢慢领略和享受。

幼儿期是乐感形成的敏感期。因此,保教人员要创设轻松、愉悦的学习环境,创造条件让幼儿接触多种艺术形式和作品,让他们在健康的艺术学习中找到无限的乐趣,获得身体、智力、情感、个性、社会性的全面和谐发展。

探索 1 幼儿园音乐学习活动学什么?

音乐是幼儿早期的语言,热爱音乐是幼儿的天性,天真活泼的幼儿对音乐有着天然的亲近和向往。而家长普遍也对音乐学习持以肯定态度。有一份调查显示,家长心目中有效的音乐学习是:让孩子受一些音乐的熏陶,通过音乐欣赏培养孩子的艺术素养,同时让孩子学习乐器。

请你对此谈谈看法。

学习支持 1

★ 幼儿园音乐学习活动的内涵

音乐是通过有组织的音响活动,创造音乐形象,表现感情思想,反映社会生活的艺术形式。幼儿园音乐学习活动是根据幼儿身心发展的特点,以注重幼儿对生活和音乐作品中美的感知,促进幼儿运用多种音乐表现方式表达感受的能力,培养幼儿的音乐感受力、表现力和创造力为核心目标而开展的一系列学习活动。

★ 幼儿园音乐学习活动的内容与形式

1. 歌唱活动

歌唱活动是指用嗓音来演唱有旋律、有歌词

▲ 歌唱活动

的歌曲，以及进行节奏朗诵、唱名游戏等活动。在幼儿园中，幼儿不仅可以演唱成人专门为幼儿创作的歌曲，还可以演唱传统的童谣，以及由幼儿自己创作或即兴创作的歌谣。根据参加歌唱者的人数及其合作、表演方式的不同，歌唱形式主要有独唱、齐唱、接唱、对唱、领唱齐唱、轮唱、合唱、歌表演等。

2. 韵律活动

韵律活动是指在音乐的伴奏下，以协调性的身体动作来表现音乐的活动。伴随欢快活泼或优美抒情的音乐，幼儿随着音乐的节奏舞蹈或做出符合音乐性质及内容的动作，从而不断提升节奏感及对音乐的表现力、创造力。幼儿园的韵律活动一般包括律动及其组合、舞蹈和音乐游戏。

（1）律动是指在音乐伴奏下的韵律动作，可分为基本动作、模仿动作和舞蹈动作三种。

（2）律动组合是指按照一首结构相对完整的乐曲组织起来的韵律动作组合，可以分为身体节奏动作组合、模仿动作组合及舞蹈动作组合。

（3）舞蹈的表现形式主要有集体舞、邀请舞、双人舞（多人舞）、表演舞、独舞和自编舞。

（4）音乐游戏是指在音乐伴随下进行的游戏活动。按游戏的形式可将音乐游戏分为歌舞游戏、表演游戏和听辨反应游戏。

▲ 韵律活动

▲ 打击乐活动

3. 打击乐活动（乐器演奏）

打击乐活动指以身体大肌肉动作参与为主，用各种打击乐器敲打出乐曲的节奏或节奏变化的活动。打击乐学习既能激发幼儿对音乐的兴趣，帮助幼儿初步掌握乐器演奏的一般知识和技能，发展节奏感，而且能提高幼儿对音乐的听辨能力及对各种音乐表现手段的敏感性。幼儿园常用的打击乐器有铃鼓、三角铁、串铃、响板、木鱼等。

4. 音乐欣赏

音乐欣赏是指幼儿通过倾听音乐去感受作品，从中获得音乐美的享受，得到精神的愉悦和认识的满足。它是音乐作品与表演的最后归宿。音乐欣赏能培养幼儿听觉的敏感性和良好的倾听习惯，扩大幼儿的音乐视野，培养幼儿对音乐稳定而持久的兴趣，提高幼儿对音乐的感受力、想象力和创造力，丰富幼儿的情感，促进幼儿良好个性的形成。

 **探索 2** 各年龄段幼儿的音乐学习活动目标是什么？幼儿园常用的打击乐器有哪些？

（1）《指南》从社会对未来人才的要求、艺术学科本身的特点、幼儿发展的年龄阶段出发，提出健全和完善幼儿人格的审美教育要求。你能把下面的艺术领域发展目标、典型表现和适宜的年龄班匹配起来吗？

艺术领域发展目标及典型表现

艺术领域发展目标	艺术领域（音乐）典型表现	年龄班
喜欢自然界与生活中美的事物	• 喜欢倾听各种好听的声音，感知声音的高低、长短、强弱等变化。 • 容易被自然界中的鸟鸣、风声、雨声等好听的声音所吸引。 • 乐于模仿自然界和生活环境中有特点的声音，并产生相应的联想。	
喜欢欣赏多种多样的艺术形式和作品	• 艺术欣赏时常常用表情、动作、语言等方式表达自己的理解。 • 愿意和别人分享、交流自己喜爱的艺术作品和美感体验。 • 能够专心地观看自己喜欢的文艺演出，有模仿和参与的愿望。 • 欣赏艺术作品时会产生相应的联想和情绪反应。 • 喜欢听音乐或观看舞蹈、戏剧等表演。	
喜欢进行艺术活动并大胆表现	• 经常唱唱跳跳，愿意参加歌唱、律动、舞蹈、表演等活动。 • 积极参与艺术活动，有自己比较喜欢的活动形式。 • 能用多种工具、材料或不同的表现手法表达自己的感受和想象。 • 艺术活动中能与他人相互配合，也能独立表现。	
具有初步的艺术表现与创造能力	• 经常自哼自唱或模仿有趣的动作、表情和声调。 • 能用基本准确的节奏和音调唱歌。 • 能用律动或简单的舞蹈动作表现自己的情绪或自然界的情景。 • 能自编自演故事，并为表演选择和搭配简单的服饰、道具或布景。 • 能模仿学唱短小歌曲。 • 能跟随熟悉的音乐做身体动作。 • 能用声音、动作、姿态模拟自然界的事物和生活情景。 • 能用自然的、音量适中的声音基本准确地唱歌。 • 能通过即兴哼唱、即兴表演或给熟悉的歌曲编词来表达自己的心情。 • 能用拍手、踏脚等身体动作或可敲击的物品敲打节拍和基本节奏。	

（2）你认识图片中的乐器吗？请你写出它们的名称。

....

....

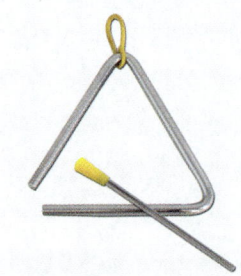  

....

....

列举更多的你知道的乐器名称。

....

....

学习支持 2

⭐ 幼儿园常用的打击乐器

幼儿园常用的打击乐器一般分为如下三类：

（1）金属材质类乐器：属于高音乐器，声音高亢、明亮，如三角铁、碰铃、大镲等。

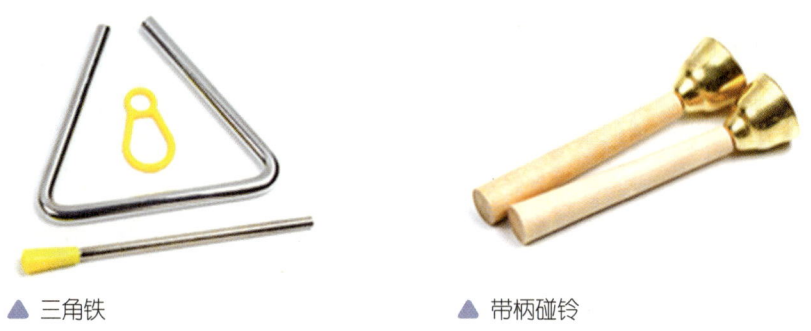

▲ 三角铁　　　　　　　　　　▲ 带柄碰铃

（2）竹木材质类乐器：属于中音乐器，声音清脆，如单响筒、双响筒、响板、木鱼、蛙鸣筒等。

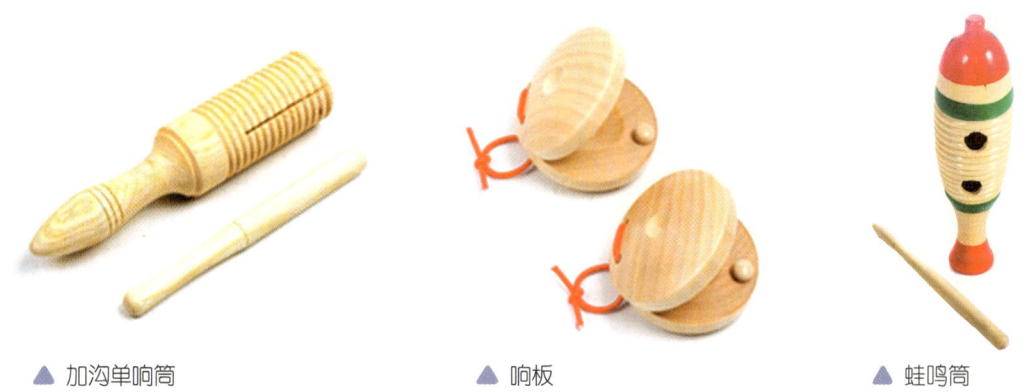

▲ 加沟单响筒　　　　　▲ 响板　　　　　▲ 蛙鸣筒

（3）散响类乐器：特点是发出的声音小、散，可以持续演奏长音，如铃鼓、沙球、沙蛋、串铃棒等。

▲ 铃鼓　　　　　　▲ 沙蛋　　　　　　▲ 串铃棒

⭐ 各年龄班适合的打击乐器

一般在 3 岁以后开始学习打击乐器。小班幼儿宜选用小铃、铃鼓、响板、串铃、小鼓等，且适合齐奏。中、大班幼儿由于对乐器的操作与演奏技能有了较大进步，可以选择更为复杂的打击乐器，如沙球、双响筒、三角铁等，演奏也可以分声部。

探索 3　幼儿园音乐学习活动的准备工作有哪些？

小组合作模拟进行中班（30人）"拔根芦柴花"打击乐学习活动的准备工作（铃鼓10个、碰铃10个、圆舞板10个，仅指环境与物品方面的准备），并将结果用照片记录下来。

（1）概括需要准备的物品。

（2）请写下模拟操作后的感悟。

学习支持 3

★ 幼儿园音乐学习活动的准备工作

1. 环境创设

音乐室要通风、清洁、宽敞。根据音乐学习活动的内容或教师的要求安排座位，可以是马蹄形，也可以是半圆形或圆形，还可以是纵向队形。当音乐活动以舞蹈为主的时候，座位安排应该以马蹄形为主。

▲ 马蹄形　　　▲ 纵向队形

2. 材料准备

根据音乐学习活动的需要及教师的要求准备相应的物品。例如：① 钢琴、电脑、投影仪等。② 各种辅助材料，如纱巾、绸带、纸花等。③ 各种打击乐器，如小铃、小鼓、木鱼、铃鼓、响板、沙球、手风琴、钢琴等。

小试牛刀

评析幼儿园音乐学习活动准备工作的照片

评析在"探索3"中拍摄的照片，找出亮点，并思考如何可以做得更好。（注意环境的整洁、座位的安排等）

探索 4　如何对幼儿进行活动前的唱歌卫生教育？

在音乐学习活动中，存在许多不符合唱歌卫生要求的现象，如歌曲的音调过高、声音过大等。因此，保教人员要对幼儿进行卫生教育，特别是要注意保护幼儿的声带。请选择某个年龄班的幼儿，小组合作模拟进行幼儿园音乐学习活动前的卫生教育，并写下表演感悟。

学习支持 4

★ 幼儿园音乐学习活动前的唱歌卫生教育

（1）保护声带，选择音域符合幼儿特点的歌曲（2—3岁适合e^1—g^1，3—4岁适合d^1—a^1，4—5岁适合c^1—a^1，5—6岁适合c^1—c^2），节奏和拍子不宜太复杂。不能让幼儿叫喊着唱，要让其学会使用自然声，唱歌的时间也不宜过长。

（2）让幼儿轻松愉快地歌唱。歌唱的速度不宜过快，地点必须空气新鲜，温度不宜太低，避免在户外唱歌，也不宜在烈日下唱歌。

（3）注意保护幼儿的听力，音乐声和唱歌声不可太响。

▲ 幼儿在唱歌

知识小链接

歌曲的选择

（1）为3岁以前幼儿所选的歌曲，最好以2拍子和4拍子为主。

（2）对于3—4岁的幼儿，以2/4拍、4/4拍歌曲为主，旋律多由四分音符与八分音符构成，速度稍慢。歌词内容为幼儿熟悉并喜爱的动物、植物、自然现象、交通工具、家庭环境等。歌词的结构简单、多重复，易于记忆，歌词内容易于用肢体动作表达。

（3）4—5岁的幼儿容易兴奋，除了适当选择比较轻快活泼、速度稍快的歌曲外，还可以选择一些安静柔美、速度稍慢的歌曲，以陶冶他们的性情。

（4）5—6岁的幼儿开始有一定的情感自控能力，其控制发音器官、呼吸器官的能力也有了一定的发展。歌曲在原有节拍的基础上，可以选用3/4拍的歌曲，歌曲结构可以较复杂（如AB结构），歌曲节奏可以出现附点、切分节奏与十六分音符等。

小试牛刀

请根据歌曲的音域、节奏与内容，判别该歌曲适用于哪个年龄班。

找朋友

1=C 2/4

佚　名　词
林　绿　曲

5656 | 565 | 5 1 7 6 | 53 |
找呀找呀　找呀找，　找到一个　朋　友，

553 4 | 553 | 5534 | 553 |
仔细听，　仔细辨，　他的声音　真好听，

1432 | 1432 | 1 5 | 1432 |
请你快快　请你快快　猜嘛，　请你快快

1432 | 1 1 | X - | X - ‖
请你快快　猜呀。　咳！　咳！

这首歌曲适用于（　　）班

爷爷为我打月饼

1=G 4/4

徐庆东　刘　青　词
梁寒光　曲

活泼、欢快

(5555 55 4 3.2 | 5555 55 4 3.2 | 6162 2.1 6 |

5. 6 5 0) | 2222 35 1 6 | 2. 3 2. 0 |
　　　　　　　八月 十五 月儿　明　呀，
　　　　　　　爷爷 是个 老红　军　哪，

62 21 21 6 | 1. 2 1. 0 | 6 21 23 21 |
爷爷 为我 打月　饼呀，　月饼　圆圆
爷爷 待我 亲又　亲哪，　我为　爷爷

5 6 21 6 6 0 | 6 1 6 21 6 | 5. 6 5 0 : ‖ 5. 6 5 0 ‖
甜　又　香啊，　一块月饼一　片　情啊。　心　哪。
唱　歌　谣啊，　献给爷爷一　片

这首歌曲适用于（　　）班

小手拍拍

1=D 2/4　　　　　　　　　　　　　　　　　　　颂今 词曲

3̂ 6 5̂ 3 6 6 | 3̂ 6 5̂ 3 6 6 | 5 6 5 3 2 — | 5 6 5 3 2 — |

(1—5) 小　手　拍　拍，小　手　拍　拍，手　指　伸　出　来，　手　指　伸　出　来。

2̂ 3 5 6̂ 5 3 | 2̂ 3 5 6̂ 5 3 | 5 6 3 2 1 — | 5 6 3 2 1 — ‖

眼　睛　在　哪　里？　眼　睛　在　这　里。用　手　指　出　来，　用　手　指　出　来。
鼻　子　在　哪　里？　鼻　子　在　这　里。用　手　指　出　来，　用　手　指　出　来。
嘴　巴　在　哪　里？　嘴　巴　在　这　里。用　手　指　出　来，　用　手　指　出　来。
耳　朵　在　哪　里？　耳　朵　在　这　里。用　手　指　出　来，　用　手　指　出　来。
眉　毛　在　哪　里？　眉　毛　在　这　里。用　手　指　出　来，　用　手　指　出　来。

这首歌曲适用于（　　）班

探索 5　幼儿园音乐学习活动的保育工作职责有哪些？

李老师要开展"抬花轿"音乐学习活动。她准备了乐曲《大花轿》，以及大红花、红头巾、幼儿跳绳用的绳子等简单的装扮道具。李老师设计了以下活动内容：

（1）欣赏谈论：有兴趣地背诵民间童谣，谈论一物降一物、民间婚嫁习俗等话题。欣赏乐曲《大花轿》，熟悉旋律，观察抬花轿的情景。

（2）学做轿夫抬花轿，把握走弹簧步的要领，跟着音乐节拍行进。

（3）了解游戏方法，熟悉规则：教师扮演抬花轿的指挥员，边演示边介绍具体玩法。

（4）试玩游戏：在教师的提示下模拟进行游戏，把握音乐的节奏与相应的规则。

（5）"抬花轿"游戏：两顶轿子同时行进，看谁能不快不慢地听着音乐的节拍行进，并逐步增加为三顶轿子同时行进。

保育员王老师配合李老师一起完成了本次展示活动。活动结束后，王老师想把本次活动的保育工作内容整理好并记录下来。你能帮助她吗？

音乐学习活动的保育工作

工作阶段	保育工作内容
音乐学习活动前	
音乐学习活动时	
音乐学习活动后	

学习支持与

★ 幼儿园音乐学习活动保育的工作内容

1. 音乐学习活动前的准备工作

音乐室要通风、清洁不扬尘、防滑、宽敞。保育员要根据音乐学习活动的内容及教师的要求,整理好场地,安排好座位,准备好相应的物品。

2. 音乐学习活动中的保育工作

保育员要根据教师的要求配合开展音乐学习活动,如协助教师使用乐器等,必要时可协助教师做一些示范动作。按教师的要求对个别幼儿进行帮助和鼓励,提醒幼儿注意唱歌的卫生要求,保护其声带,同时照顾好特殊儿童。

3. 音乐学习活动后的收整与延伸

清洁整理环境,配合教师指导幼儿将音乐教玩具放回原位。与家长沟通幼儿的活动情况,争取家长的配合与支持。

课后复习

- ☑ **欣赏**：欣赏歌曲《读书郎》,说说其中蕴含的教育元素。
- ☑ **合作**：小组合作表演,情境为：与小班家长就家园合作巩固韵律操"我是小小兵"进行沟通,将沟通内容记录下来,并写下沟通感悟。
- ☑ **分享**：分享本学习活动中的感悟和疑虑。
- ☑ **反思**：反思本学习活动中自身及小组合作的学习情况,提出今后的改进办法。

课后自测

在线自测

★ 上海市保育员初级、中级考工应知真题（带"*"号的除外）

1. 判断题（每题4分,共40分）

（1）在音乐学习活动中,喇叭、口琴等玩具不宜提供给幼儿。（　　）

（2）音乐活动的作用就是培养幼儿愉快的情绪,陶冶情操。（　　）

（3）打击乐是幼儿音乐活动中的重要活动,所以从2岁起就要培养。（　　）

（4）保育员要为幼儿选择音域符合其特点的、节奏和拍子都复杂的歌曲。（　　）

（5）之所以要让幼儿从小感受音乐,是因为音乐对他们有着特殊的感染力与吸引力。（　　）

（6）音乐活动室应整洁明亮,通风宽敞,避免噪声。（　　）

（7）进行音乐活动时,要注意保护幼儿的听力,音乐声不可过响。（　　）

（8）一般让幼儿在3岁以后开始学习打击乐,打击乐器有小铃、小鼓、三角铃、木鱼、沙球等。（　　）

*（9）幼儿园音乐学习活动的形式包括：歌唱活动、韵律活动、乐器演奏（打击乐器）、音乐欣赏四大方面。（　　）

*（10）根据幼儿的年龄特点,小班幼儿应选用2/4拍、3/4拍、4/4拍的歌曲为宜。（　　）

2. 选择题（每题 4 分，共 60 分）

（1）幼儿唱歌时，保教人员要选择音域符合其特点的歌曲，唱歌地点空气要清新，因此，要选择（　　）。
　　A. 在户外唱歌　　　　　　　　　B. 在烈日下唱歌
　　C. 在露天体育场唱歌　　　　　　D. 在宽敞、明亮的音乐教室唱歌

（2）符合幼儿特点的歌曲的歌唱速度一般都不太快，主要是为了（　　）。
　　A. 使幼儿更容易学　　　　　　　B. 使幼儿轻松愉快地歌唱
　　C. 保护幼儿声带　　　　　　　　D. 提高幼儿的音准水平

（3）以下属于幼儿音乐学习活动所需物品的是（　　）。
　　A. 小铃、铃鼓、钢琴　　　　　　B. 拉力器
　　C. 木珠　　　　　　　　　　　　D. 小汽车

（4）（　　）属于打击乐器。
　　A. 头饰、录音机　　B. 纸棍、套圈　　C. 小鼓、铃鼓　　D. 皮球、沙袋

（5）保育员要根据幼儿音乐学习活动的内容安排座位，（　　）座位是不适当的。
　　A. 马蹄形　　　　　B. 矩阵形　　　　C. 半圆形　　　　D. 纵队形

（6）幼儿园音乐学习活动的打击乐器包括（　　）。
　　A. 小铃、小鼓、沙球、响板　　　B. 小铃、小鼓、皮球、响板
　　C. 木鱼、娃娃、沙球、响板　　　D. 小铃、小鼓、沙球、沙包

（7）音乐学习活动包含多样的教学方法，以下不属于音乐学习活动教学方法的是（　　）。
　　A. 示范、讲解　　B. 书面练习　　C. 运用艺术的直观材料　　D. 以游戏的方式进行

（8）音乐学习活动中的示范是指有表情地（　　）。
　　A. 做广播操　　　　　　　　　　B. 讲故事或念儿歌
　　C. 唱歌、跳舞、玩音乐游戏或做律动　　D. 展示优秀的美术作品

（9）当音乐学习活动是以舞蹈为主的时候，座位安排应该以（　　）为宜。
　　A. 马蹄形　　　　　B. 扇形　　　　　C. 纵队形　　　　D. 圆形

（10）当幼儿第一次学习歌表演时，保教人员一般以（　　）。
　　A. 做分解动作为主　　B. 跟做为主　　C. 跟学为主　　D. 表演为主

（11）幼儿参加音乐学习活动，应该以（　　）。
　　A. 掌握音乐技能为主　　　　　　B. 学会几支舞蹈为主
　　C. 学会使用小乐器为主　　　　　D. 培养音乐兴趣为主

（12）幼儿在唱歌时，为了保护声带，保教人员应让幼儿（　　）。
　　A. 用微弱的声音唱　　　　　　　B. 用十分轻的声音唱
　　C. 用自然的声音唱　　　　　　　D. 用十分响的声音唱

*（13）幼儿园的韵律活动一般包括（　　）。
　　A. 歌舞游戏、表演游戏和听辨反应游戏
　　B. 基本动作、模仿动作和舞蹈动作
　　C. 身体节奏动作组合、模仿动作组合及舞蹈动作组合
　　D. 律动及其组合、舞蹈和音乐游戏

*（14）幼儿喜欢欣赏多种多样的艺术作品，小班幼儿的表现为（　　）。
　　A. 喜欢听音乐或观看舞蹈、戏剧等表演
　　B. 能够专心地观看自己喜欢的文艺演出，有模仿和参与的愿望
　　C. 艺术欣赏时常常用表情、动作、语言等方式表达自己的理解
　　D. 欣赏艺术作品时会产生相应的联想和情绪反应

*（15）幼儿在音乐方面的发展目标之一就是喜欢自然界与生活中美的事物，但（　　）不是它的典型表现。

A. 容易被自然界中的鸟鸣、风声、雨声等好听的声音所吸引

B. 喜欢倾听各种好听的声音，感知声音的高低、长短、强弱等变化

C. 喜欢听同伴讲话，并表达自己的理解

D. 乐于模仿自然界和生活环境中有特点的声音，并产生相应的联想

3. 上海市保育员初级、中级考工应会真题

音乐活动的保育要求（初级）。

① 环境创设：

② 物品准备：

4. 拓展题

保育员的工作职责之一是辅助教师开展教学活动。在你看来，保育员要履行好辅助幼儿教师开展音乐学习活动的职责，她应该具备哪些基本素养？

学习情况评价表

评分项目		评分标准或要求	配分（分）	评价方式			得分
				自评 权重 20%	互评 权重 30%	师评 权重 50%	
专业知识技能 60%	音乐学习活动的形式和内容	• 说明幼儿园音乐学习活动的意义（2分） • 解释幼儿园音乐学习活动的含义（2分） • 说出音乐学习活动的内容与形式（6分）	10				
	音乐学习活动的年龄段目标	• 说出幼儿园音乐教育活动目标（4分） • 辨识音乐学习活动目标对应的年龄班（5.5分）	9.5				
	常用打击乐器	• 能辨认幼儿园常用的打击乐器（每种0.5分，共6分）	6				
	音乐学习活动前的准备工作	• 根据案例要求，做好音乐学习活动前的准备工作（9分）	9				
	音乐学习活动前的唱歌卫生教育	• 模拟对幼儿进行保护声带的卫生教育（5分） • 判断幼儿歌曲所适合的年龄班（每首1分，共3分）	8				
	音乐学习活动的保育工作	• 根据案例要求，做好幼儿园音乐学习活动的保育工作（每项2.5分，共7.5分）	7.5				
	自测题	自测题得分×10%	10	—	—	—	

（续表）

评分项目		评分标准或要求	配分（分）	评价方式			得分
				自评 权重20%	互评 权重30%	师评 权重50%	
个人素养40%	专业精神（10分×70%）	认同保育工作的重要性，积极投入专业学习（3分）；在实践中切实履行保育责任，精益求精（4分）；不断反思改进，提高专业水平（3分）	7				
	人文关怀（10分×70%）	关注和尊重他人（教师、同学、幼儿）的想法和感受，设身处地为他人着想（5分）；充分表达对他人的关心、理解和爱护（5分）	7				
	团队合作（10分×70%）	乐于承担小组分配的任务（2.5分），积极寻求同伴合作（2.5分），乐于分享自己的经验（2.5分），对小组学习问题的解决有贡献（2.5分）	7				
	沟通表达（10分×70%）	善于倾听（2分），正确理解（2分）；围绕主题表达（2分），语言清楚简洁（2分），文明礼貌，应人应时应景（2分）	7				
	问题解决（10分×70%）	解决问题逻辑清晰（2.5分），能举一反三（2.5分），善于批判质疑（2.5分），勇于创新（2.5分）	7				
	信息获取（10分×50%）	熟悉信息源，善于利用搜索工具快速、准确地获取所需信息（5分）；能根据需要对信息进行挖掘、甄别、筛选（5分）	5				
总分			100	总得分			

反思与收获：

学习任务小结

　　幼儿园集体教学活动是以幼儿为主体，由教师和幼儿共同参与、相互配合、一起承担的活动。幼儿园学习是全面的、启蒙性的和相互渗透的，因而主题单元结构的学习活动已逐渐成了幼儿园学习活动的主要类型。通过集体教学活动，应让幼儿最大限度地享受活动的乐趣，确保每个幼儿都有相同的机会去发挥他们的潜能，从而促进幼儿发展。

　　因此，保教人员应树立保教结合的理念，根据幼儿的年龄特点、原有水平和能力、活动的内容和性质来确定具体的学习活动目标和内容，选用适宜的方法，开展综合主题活动。在集体教学活动前，保育员要配合教师做好环境创设工作，根据活动内容和教师的要求准备好相应的材料，注意材料的安全、卫生，并对幼儿进行必要的教育。在活动中，保育员要协助教师开展活动，满足幼儿的合理需求，观察、帮助、指导个别幼儿，对有特殊需要的幼儿尤应给予特别关注。活动结束后，保育员要指导幼儿做好物品的收整、场地的清洁等工作，并与教师、家长及时沟通活动中发现的问题。保教人员应通过幼儿园集体教学活动，促进幼儿的健康水平，以及情感、态度、认知能力等方面的发展，使其成为健康活泼、乐于探究、文明乐群、亲近自然、爱护环境、勇敢自信且有初步责任感的孩子。

学习任务 3　幼儿园个别化学习活动保育

工作情境描述

　　王老师是幼儿园的保育员,配合教师开展个别化学习活动是她的工作职责之一。在个别化学习活动前,王老师要根据主班教师的预设目标,与其一起完成个别化学习活动环境的创设和活动材料的投放,让幼儿按照自己的意愿和能力操作摆弄。当幼儿在开放的时间和空间里进行学习时,王老师和主班教师会一起观察幼儿的学习情况,适时给予幼儿支持与引导;同时注意活动的安全及卫生状况,及时排除安全隐患。在个别化活动结束后,王老师要指导幼儿按要求收整好材料。

任务目标

- 能解释个别化学习活动的内涵及其对幼儿发展的价值。
- 能根据学习目标及幼儿已有经验,配合教师创设幼儿园各年龄段的个别化学习活动环境。
- 能列举个别化学习活动观察与引导的要点,懂得保教人员观察与引导幼儿的专业水平对幼儿个别化学习活动开展的影响。
- 懂得个别化学习活动保育的每个细节都关乎幼儿的教育和健康成长,理解正确的儿童观、教育观。

 建议学时

6学时。

 任务实施过程

学习活动1:个别化学习活动环境创设(3学时)。
学习活动2:个别化学习活动观察与引导(3学时)。

 任务实施准备

- 阅读文件:《幼儿园工作规程》《幼儿园教育指导纲要(试行)》《上海市学前教育课程指南(试行稿)》《上海市幼儿园办园质量评价指南(试行稿)》。
- 阅读图书:《保育员(四级)》,中国劳动社会保障出版社。
- 查找:互联网中的相关资料。

学习活动 1　个别化学习活动环境创设

学习目标

- ☑ 能结合案例介绍个别化学习活动的内涵及其对幼儿发展的价值。
- ☑ 能结合案例评析幼儿园个别化学习活动环境创设和材料投放的情况，并理解材料投放与幼儿个别化学习活动开展的情况密切相关。
- ☑ 能发现个别化学习活动中的安全隐患，并对幼儿进行活动前的安全教育，强化个别化学习活动中的安全责任意识。
- ☑ 认同个别化学习活动对于幼儿身心成长的价值，懂得自身的保育专业素养对于幼儿发展水平的影响，增强责任感。

学习准备

- ☑ 硬件设备：移动终端。
- ☑ 展示用材料：彩色纸若干、水笔若干、磁铁若干。
- ☑ 预习"个别化学习活动环境创设"，完成本活动的在线自测题。

关键词释义

个别化学习活动

- 个别化学习活动：教师根据预设目标（含主题学习的核心经验）和幼儿的发展水平，有目的地创设活动环境，投放活动材料，让幼儿在开放的时间和空间里，找到适合自己的学习内容、学习方式、学习进度，自主地进行学习和积累的活动，是一种自由开放、操作性强的个体学习活动。

学习导语

《指南》指出，要"尊重幼儿发展的个体差异"。也就是说，既要准确把握幼儿发展的阶段性特征，又要充分尊重幼儿发展连续性进程上的个别差异，支持和引导每个幼儿从原有水平向更高水平发展，按照自身的速度和方式到达《指南》中所呈现的发展"阶梯"，切忌用一把"尺子"来衡量所有幼儿。

▲ 个别化学习区域（1）

▲ 个别化学习区域（2）

幼儿园个别化学习活动是幼儿学习活动的组织形式之一，是幼儿自主学习的一种有效途径，是集体教学活动的延展与丰富。保教人员应根据主题内容的需要，从幼儿的兴趣出发，提供发展不同智能的区域内容和多种富有价值和趣味性的操作材料，给幼儿创设能高效学习、获得最佳发展的环境，让幼儿以独立思考或同伴合作的方式进行主动探索和创造性表现，使不同发展水平的幼儿获得相应的发展。同时，保教人员要善于观察，把握契机，帮助幼儿感受成功、解决问题、提升经验，实现幼儿的自我完善。

探索 1　如何向家长介绍幼儿园的个别化学习活动？

小一班的张老师要向家长介绍幼儿园的个别化学习活动。请根据以下活动内容，通过小组合作帮助张老师写下家长会发言提纲。

贝贝幼儿园小班个别化学习主题：小司机[1]

活动1：汽车嘟嘟开（自由活动区）

幼儿手拿玩具车按照已经规划好的跑道自由玩耍。观察幼儿在活动时能否懂得谦让。

活动2：马路上的车（语言区）

有三个不同颜色的布袋，分别放有常见车辆、特殊车辆和交通标志，幼儿自由地说说认认。观察幼儿是否能将图片正确归位。

活动3：红绿灯（表演区）

幼儿手拿玩具车围成圈，一位幼儿扮演司机，一位幼儿扮演警察并出示红绿灯的指示牌，司机顺向或逆向开动，让幼儿知晓"红灯停、绿灯行"的交通规则。

活动4：车轮滚滚（探索区）

（1）车牌号码：按照数字将汽车放在相应的位置上。

（2）卡车运货忙：将货物和卡车上的纸箱标记配对。

（3）找朋友：根据幼儿在火车头上插入的小组照片，找到相应的幼儿照片并将其插入车厢。

---

[1] 上海市中小学（幼儿园）课程改革委员会. 学习活动 3—4 岁 [M]. 上海：上海教育出版社，2009：66.

活动 5：花车来了（美工区）

（1）提供不同的汽车简笔画，请幼儿涂颜色。

（2）提供一些成品、半成品或低结构材料，让幼儿利用任务卡片完成多元化的装饰，如拓印、剪贴等。

发言提纲：..

....

....

学习支持 1

★ 个别化学习活动的内涵

个别化学习活动是指教师根据预设目标（含主题学习的核心经验）和幼儿的发展水平，有目的地创设活动环境，投放活动材料，让幼儿在开放的时间和空间里，找到适合自己的学习内容、学习方式、学习进度，自主地进行学习和积累的活动。在此过程中，幼儿按照自己的意愿和能力，进行以操作摆弄为主的学习活动，是幼儿自主学习、自我探索、自主发现、自我完善的过程。

个别化学习活动是幼儿园课程中的一个重要的组织形式。在个别化学习中，幼儿凭借自己的兴趣，自主参与到游戏活动中，没有教师过多的指导、组织，是幼儿自主学习、平等参与的活动。幼儿可以自由地选择教师为其准备的各种活动材料，并按照自己的想法进行体验、感知、操作等。自主活动的时间不受限制，活动内容丰富、有趣。同时，个别化学习活动灵活性强，有整体

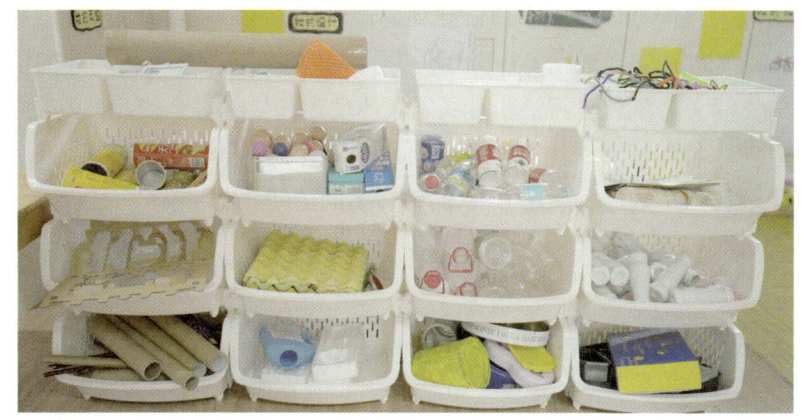

▲ 丰富的活动材料

▲ 幼儿在专注地进行形状与空间关系的探索活动

性、有目标，也可实施随机教育，幼儿可以根据已有经验去想象和创造，想出更多、更好玩的游戏玩法。

★ 个别化学习活动的设计原则

个别化学习活动的设计必须遵循趣味性、生活性和生成性的原则。在内容选择上，应以五大领域为

主线,即分成语言类、科学类、艺术类、益智类、生活类等(其中健康领域和社会领域应融合在这五种类型的学习内容中),以随机嵌入的生成性主题活动为着力点,以促进个体适宜性、差异化发展为目标;在材料投放上,应结合不同结构(高结构、低结构)的材料,投放富有层次性的操作材料;在活动评价上,应运用观察记录、轶事记录和集体分享等方式。

★ 个别化学习活动的价值

个别化学习活动是实现个性化教育,使每一位幼儿都得到个性化发展的最佳途径。

(1)个别化学习活动有利于激发幼儿的学习自主性、能动性和创造性。在个别化学习活动中,幼儿依据自己的兴趣、内部需要自由选择学习内容,依据自己的发展速度和"工作节奏"自主开展学习,充分享受自主学习带来的快乐,这有利于培养幼儿学习的独立性与创造性。

(2)个别化学习活动容易使幼儿获得成功体验,建立自信。在个别化学习活动中,幼儿按自己的兴趣、需要及能力水平开展活动,在各种活动中似乎都是"成功"者,因而能获得愉快、自豪、满足等积极的情感体验,这些积极的情感又容易激发幼儿内在的学习动力,促使他们不断投入新的探索活动中。同时,幼儿与教师的交往机会增多,教师一对一的关注、交往与回应易使幼儿获得被重视的积极情感体验,这同样能激发幼儿学习与探索的积极性。

(3)个别化学习活动有利于促进幼儿社会性的发展。儿童期是幼儿社会化形成的关键时期,而交往又是社会化形成的基本途径。个别化学习活动给幼儿提供了较多的交往机会,他们相互交流各自的想法,协商解决问题的办法,商讨活动的规则,从中学会表达、倾听、尊重、理解、接纳、协商、合作,以及文明礼貌、遵守规则等社会性行为,从而有效地促进其社会性的发展。

(4)个别化学习活动有利于教师观察和接触每个幼儿,发现各个幼儿的学习水平、长处与学习兴趣,以便因材施教。个别化学习活动使教师有更多的机会观察幼儿,客观、全面地观察和解读幼儿,了解每个幼儿的"最近发展区",从而针对不同的幼儿制定有效的教育计划。

探索 2 如何进行幼儿园个别化学习活动的环境创设和材料投放?

阅读个别化学习活动案例"小兔乖乖故事屋""在动物园里""春夏和秋冬",分析个别化学习活动中教师应如何有效投放活动材料。

小班"小兔乖乖故事屋"[①]

活动目标:幼儿爱听童话故事,喜欢观察、照顾小兔,并有兴趣参加装扮活动。

环境材料:提供温馨的小沙发、软软的靠垫与地垫、漂亮的门帘,为幼儿创设一个温馨的阅读环境。同时放置有关小兔的儿歌、连环画(配数字点卡)、自制图书,动物头饰(小兔、兔妈妈、大灰狼等),动物卡片门帘等。

玩法:可以让幼儿指认动物卡片,翻阅图书,与同伴一起唱一唱、玩一玩,也可以使用区域内的装扮材料进行儿歌或故事的表演。

---

① 上海市中小学(幼儿园)课程改革委员会.学习活动 3—4 岁 [M].上海:上海教育出版社,2009:36—46.

中班"在动物园里"活动清单（部分）[1]

内　容	材　料	玩　法
参观动物园	介绍不同动物的连环画	阅读连环画，说出动物的名称及其明显的特征、习性
动物的家	不同颜色的塑料积木，以及彩泥、彩纸、纸盒、纸盘、贝壳、瓶盖、鹅卵石等	用积木搭出各种动物的家，列成数排；用彩泥、彩纸、纸盒、纸盘、贝壳、瓶盖、鹅卵石等材料制作动物，放在各个动物的家中
学当动物饲养员	动物卡片、食物图片、数字房屋	将食物送到对应的数字房屋，并选择送入相应的动物
熊猫照相馆	画纸和蜡笔、图文卡片等	在圆形、长方形纸上进行添画；双人游戏，根据对方的提示猜猜卡片上画的是什么
动物剧场	音乐、海报、道具等	根据"提示牌"进行排练

大班"春夏和秋冬"（部分）[2]

（1）小小气象员：根据提示制作晴雨表，画出晴、阴、雨、日期、风向或气温等内容。模仿气象预报员介绍天气情况。

（2）云朵的故事：将棉花撕成薄片状，粘到深蓝色的纸上，作为蓝天白云。编一个云朵的故事，说给同伴听。

（3）游戏"风爷爷"：一人拿彩旗扮演风爷爷，站在场地边上，其他人扮演动物或植物，随音乐摆动；音乐停止时，固定造型不动。风爷爷手持道具扇小朋友的脸或手，谁动就算谁被风刮走了，停止游戏一次。

（1）个别化学习活动涉及哪些领域？

....

....

（2）教师设计个别化学习活动的依据是什么？

....

....

（3）创设个别化学习活动环境要考虑哪些因素？

....

....

（4）个别化学习活动的材料有哪些特点？

....

....

---

[1] 上海市中小学（幼儿园）课程改革委员会.学习活动4—5岁［M］.上海：上海教育出版社，2009：190—194.
[2] 上海市中小学（幼儿园）课程改革委员会.学习活动5—6岁［M］.上海：上海教育出版社，2009：202—241.

学习支持 2

★ 个别化学习活动的环境创设

在个别化学习活动中，幼儿主要是通过感知、操作来认识世界的，他们在与具体材料的相互作用中获取直接经验，在操作、摆弄、与客体交往的过程中进行发现性学习，从而弥补集体教学的缺陷，使幼儿的学习自主性得以发挥，个人的经验、特点得以体现，有助于每个幼儿真正建构起属于自己的认知结构。因此，教师要为幼儿的个别化学习创设宽松的环境，提供适宜的材料，让幼儿能按照自己的兴趣、能力自由选择活动，体验成功的快乐，激发他们对学习的主动性与积极性。

案例视频
个别化学习活动环境创设

班级个别化学习活动的环境创设应根据教室面积的大小、教室的形状和结构、幼儿园课程特色及幼儿人数等因素来确定，具体要求为：① 必须重视和尊重幼儿的个体差异性，让创设的环境及投放的材料充分发挥其价值，最终实现促进幼儿全面发展和培养独立学习能力的目的。② 个别化学习环境宜安静。相对游戏性区角活动而言，个别化学习活动追求互不干扰、互为方便的环境效果，以让幼儿专注地投入活动，充满自信地探索问题。③ 活动区的布置不宜过于花哨，以简洁、温馨、一目了然为好，力求创设一个轻松优美的学习活动环境。④ 根据幼儿的年龄特点创设不同的学习环境，如为小班幼儿创设生活化、角色化的学习环境；为中班幼儿创设体验感强烈的学习环境；为大班幼儿创设问题式的学习环境。

▲ 幼儿园的个别化学习活动区

★ 个别化学习活动的材料投放

个别化学习活动的材料投放虽然没有固定模式，但要注意以下几点：

1. 材料的主题性

个别化学习活动是主题活动的重要组成部分，教师在投放材料的时候，要根据近阶段的主题目标和幼儿的活动需求来投放活动材料。

2. 材料的情景性、生活化

要为幼儿提供他们感兴趣的、富有情景性的操作材料，因为在生活化的环境中更易激发幼儿主动

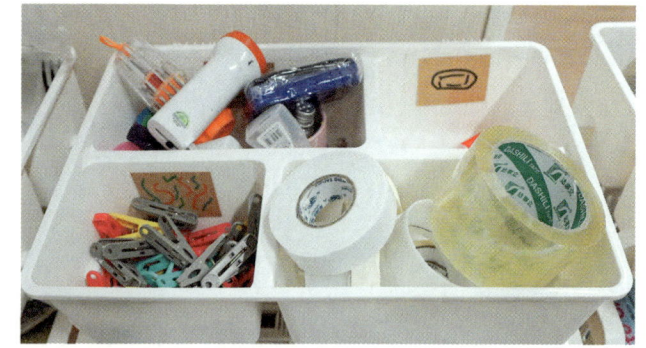

▲ 提供生活化的材料

摆弄、操作材料的意愿，使他们主动地在材料情景中操作，在合作中学习、探索，在玩中成长。

3. 材料的层次性

学习性区域活动的材料一定要有层次性，以便不同发展水平的幼儿按自己的需要进行选择。比如，不同材料的操作难易程度不一，这样可以充分满足不同发展水平幼儿的需要，使学习活动真正体现"下能保底、上不封顶"的层次性要求。同时要根据幼儿操作、探索的水平，及时调整活动目标，使投放的各种活动材料更好地定位在幼儿的"最近发展区"中。

4. 材料的操作性

因教师制作的个别化学习材料是以幼儿的需求为出发点的，所以提供的材料要易于幼儿操作，材料

取放要方便，这样才能最大限度地发挥材料的作用。

5. 材料的动态化

材料投放要具有动态性，支持变换的空间，能根据幼儿的兴趣和发展需要适时地增删与调整。材料的玩法要多变，材料的调整要及时，体现循序渐进、从易到难、从简单到复杂的规律。材料应适时更新，保证区域材料的"新鲜度"。

6. 材料的多元性

提供的材料要具有多功能性，既可刺激幼儿自己独立地与之发生作用，又有利于幼儿与同伴发生积极互动。除了材料的材质、功能要多元化外，操作平台也可多元化。例如，材料既可在桌面上进行操作，又可在柜面上摆弄，还可让幼儿在地面的垫子上操作，在墙面上与材料互动，更可以悬空，让幼儿站着操作等。材料的呈现方式要多元，要便于幼儿的取放和游戏。有些材料可放入篮筐，而有些则可直接放在橱柜中。

▲ 有层次性的个别化学习材料（提供不同难易程度的图示）

▲ 个别化学习活动环境材料

在线阅读
蒙台梭利教育活动中的工作毯

探索 3　如何对幼儿进行个别化学习活动前的安全教育？

个别化学习活动区域有许多好玩有趣的材料，幼儿能自主地进行探索和操作。然而，其中也隐含着许多危险因素。

请小组合作，模拟对幼儿进行个别化学习活动前的安全教育，并写下表演感悟。

学习支持 3

★ 个别化学习活动的安全要点

（1）所投放的材料应安全、卫生，符合幼儿的年龄特点，并教会幼儿正确的使用方法。

（2）在对自制玩教具进行设计、选材、制作和使用时，要考虑避免因幼儿使用不当而造成伤害的情况。严禁使用有毒、易燃、易碎物品及可能存在各种残留物的容器、用品作为玩教具；不得直接使用泡沫塑料、海绵等作为玩教具；不得使用尖锐物或在玩耍过程中易产生小零件的物品；不得使用粮食作为玩教具；不得使用带有强烈光源的设备（如激光笔）作为玩具。

（3）每个活动区域的人数不超过3人。

（4）在活动区域内张贴规则，告知幼儿如何合理使用材料。

课后复习

- ☑ **整理**：整理个别化学习活动的设计原则及材料投放的要求。
- ☑ **描述**：描述个别化学习活动的内涵与价值。
- ☑ **分享**：分享本学习活动中的感悟和疑虑。
- ☑ **反思**：反思本学习活动中自身及小组合作的学习情况，提出今后的改进办法。

课后自测

在线自测

1. 判断题（每题5分，共40分）

（1）个别化学习活动是幼儿自主进行的活动，教师不用参与。（ ）

（2）个别化学习活动的环境创设要能对幼儿的发展具有促进作用，所以为大班幼儿创设的学习环境应该是能启发幼儿思考的问题式情景。（ ）

（3）个别化学习活动的设计必须遵循趣味性、生活性和生成性的原则。（ ）

（4）在个别化学习活动中，幼儿可以自由选择活动材料和活动区域，自主活动的时间不受限制，因此，每个活动区域不需要限制人数。（ ）

（5）在个别化学习活动中，教师要充分尊重幼儿发展的个体差异，按照幼儿自身的速度和方式进行支持和引导。（ ）

（6）个别化学习活动是教师根据预设目标和幼儿的发展水平，有目的地创设活动环境，投放活动材料，让幼儿在开放的时间和空间里，找到适合自己的学习内容、学习方式、学习进度、学习伙伴，合作进行学习和积累的自由开放、操作性强的学习活动。（ ）

（7）幼儿园个别化学习活动是集体学习活动的延展与丰富，是幼儿自主学习、自我探索、自主发现、自我完善的过程。（ ）

（8）班级个别化学习活动的环境创设需要根据教室面积的大小、教室的形状和结构、幼儿园课程特色及幼儿人数等因素来确定。（ ）

2. 选择题（每题10分，共60分）

（1）小班幼儿操作材料的特点是（　　）。
　　A. 材料简单单一　　　　　　　　　　B. 生活化，富有趣味性
　　C. 要小巧　　　　　　　　　　　　　D. 材料简单单一、生活化、有情趣性

（2）（　　），不属于个别化学习活动材料的特点。
　　A. 材料要围绕主题，且可以支持不同水平幼儿的操作
　　B. 材料要生活化、易于操作
　　C. 材料有多种功能且会经常调整
　　D. 材料必须以自制为主

（3）保教人员应根据幼儿的年龄特点创设不同的个别化学习活动环境，因此，中班幼儿的学习活动环境要（　　）。
　　A. 生活化、角色化　　　　　　　　　B. 体验感强烈
　　C. 开放式　　　　　　　　　　　　　D. 热闹

（4）个别化学习活动的设计在内容选择上应以五大领域为主线，即（　　）。
　　A. 语言类、科学类、艺术类、益智类、生活类
　　B. 语言类、数学类、自然类、益智类、美术类
　　C. 语言类、科学类、数学类、益智类、艺术类
　　D. 以上都不是

（5）关于个别化学习活动的开展价值，错误的是（　　）。
　　A. 提升幼儿的学习能力　　　　　　　B. 提升教师的综合素养
　　C. 促进幼儿园课程探索　　　　　　　D. 减轻教师的工作量

（6）不适合作为个别化学习活动材料的是（　　）。
　　A. 空的牛奶盒　　B. 粮食　　　　C. 自制图书　　　　D. 鹅卵石

3. 拓展题

相较于集体教学活动，保育员更能在个别化学习活动中发挥作用，其中材料的收集就是发挥作用的重要方面。请根据个别化学习活动的材料投放要求与注意事项，收集3种生活中的材料（废旧生活用品与自然材料都可以），并给予使用说明（想一想怎么介绍更能让他人明白你的用意）。

....

....

....

学习情况评价表

评分项目		评分标准或要求	配分（分）	评价方式 自评 权重20%	评价方式 互评 权重30%	评价方式 师评 权重50%	得分
专业知识技能 60%	个别化学习活动的内涵及价值	• 解释个别化学习活动的含义（5分） • 根据案例内容，向家长介绍个别化学习活动的设计原则及其价值（10分）	15				
	个别化学习活动环境创设和材料投放	• 根据3个案例，说出幼儿园个别化学习活动环境创设的要求（每个案例3分，共9分） • 说出幼儿园个别化学习活动材料投放的要求（每条2分，共12分）	21				
	个别化学习活动的安全	模拟对幼儿进行个别化学习活动前的安全教育（每个方面3.5分，共14分）	14				
	自测题	自测题得分×10%	10	—	—	—	
个人素养 40%	专业精神（10分×70%）	认同保育工作的重要性，积极投入专业学习（3分）；在实践中切实履行保育责任，精益求精（4分）；不断反思改进，提高专业水平（3分）	7				
	人文关怀（10分×70%）	关注和尊重他人（教师、同学、幼儿）的想法和感受，设身处地为他人着想（5分）；充分表达对他人的关心、理解和爱护（5分）	7				
	团队合作（10分×70%）	乐于承担小组分配的任务（2.5分），积极寻求同伴合作（2.5分），乐于分享自己的经验（2.5分），对小组学习问题的解决有贡献（2.5分）	7				
	沟通表达（10分×70%）	善于倾听（2分），正确理解（2分）；围绕主题表达（2分），语言清楚简洁（2分），文明礼貌，应人应时应景（2分）	7				
	问题解决（10分×70%）	解决问题逻辑清晰（2.5分），能举一反三（2.5分），善于批判质疑（2.5分），勇于创新（2.5分）	7				
	信息获取（10分×50%）	熟悉信息源，善于利用搜索工具快速、准确地获取所需信息（5分）；能根据需要对信息进行挖掘、甄别、筛选（5分）	5				
		总分	100	总得分			

反思与收获：

学习活动 2　个别化学习活动观察与引导

学习目标

- ☑ 能结合案例说出幼儿园个别化学习活动的观察与引导要点。
- ☑ 能介绍个别化学习活动交流分享的价值。
- ☑ 能合理评析保育员在幼儿园个别化学习活动中的履职情况,强化个别化学习活动保育的责任意识。
- ☑ 能就幼儿在个别化学习活动中的表现与家长沟通,争取家长的支持与配合。
- ☑ 懂得个别化学习活动保育工作的每个细节都关乎幼儿的教育和健康成长,理解正确的儿童观、教育观。

学习准备

- ☑ 硬件设备:移动终端。
- ☑ 展示用材料:彩色纸若干、水笔若干、磁铁若干。
- ☑ 预习"个别化学习活动观察与引导",完成本活动的在线自测题。

关键词释义

| 个别化学习活动中的观察 | 个别化学习活动中的引导 | 个别化学习活动分享交流 |

- **个别化学习活动中的观察**:在个别化学习活动中,通过观察幼儿在活动中的行为表现,幼儿在活动中的困难,幼儿的发展及游戏情况,对他们的个性、需要、兴趣等不同方面进行了解,从而调整学习行为和学习策略。它是专业观察中的一种,是专门针对幼儿进行的科学观察。
- **个别化学习活动中的引导**:在观察的基础上,教师给予幼儿充分的个别化活动时间、空间,最低限度地适时介入,给予支持性的帮助和启发引导,帮助幼儿走出困境。
- **个别化学习活动分享交流**:对个别化学习活动过程、幼儿参与程度及幼儿活动状况等开展的一种交流分享,以取得更大的群体层面上的了解、认可并与之互动的过程。

学习导语

幼儿园个别化学习活动是幼儿的学习方式之一。教师根据主题内容，结合幼儿的兴趣、需要、发展水平等，提供发展不同智能的区域内容和多种富有价值及趣味性的操作材料，让幼儿以独立思考或与同伴合作的方式进行主动探索和创造性表现。在这里，幼儿能自我学习、自我探索、自我发现，产生很多意想不到的精彩创意。如果教师善于观察，就会发现许多有价值的信息。如果能在分享的过程中把握契机，就能有效地帮助幼儿感受成功、解决问题、提升经验，从而进一步激发幼儿继续学习的兴趣。

探索 1　如何在幼儿园的个别化学习活动中进行观察与引导？

案例1：表演区里，玲玲头戴新疆帽，一边哼着新疆舞的音乐，一边跳着新疆舞。阳阳在旁边默默地坐着看。教师上前说："新疆舞要男孩和女孩成对跳更好看。"于是，教师指着阳阳对玲玲说："要不，你们俩配合一起跳支新疆舞吧！"玲玲回答说："他不会跳的，我教他吧。"玲玲一边继续哼着曲子，一边拉着阳阳的手，一起跳了起来。阳阳的眼睛立刻就亮了。

案例2：在美工区，教师提供了折纸的图文说明。子淇平时最喜欢参加折纸活动，但是今天却坐在折纸区的地垫上，看着其他孩子玩，手里还拿着折到一半的帽子，原来子淇不知道后面要怎么折。教师对他说："也许还有秘密呢，再试试看。"在教师的引导下，子淇发现了这个秘密——图示中箭头和阴影所表示的意思。于是，子淇又开开心心地继续折了起来。

案例3：在探索区，教师发现来拼动物六面图的幼儿都只玩了一会儿就离开了，原来大部分的幼儿已经能非常熟练地拼出来了。于是，教师立刻投放了动物九面图、十二面图。幼儿发现新的拼图后，又热情地探索起来了。

案例4：在"我来当警察"活动中，教师主动扮演司机，小茗扮演警察。小茗很认真地依据图示做一些简单的指挥动作，而教师与凯凯则按指令走路线。虽然场地不大，但孩子们玩得可开心了。大家还商量互换角色进行游戏。

（1）在以上案例中，保教人员是如何观察幼儿的学习情况的？

（2）你认为保教人员在个别化学习活动的过程中应该起到什么作用？在案例视频"个别化学习活动中的观察与引导"中，保教老师的介入合适吗？为什么？

学习支持 1

★ 个别化学习活动的观察要点

（1）观察环境（材料）：是否符合幼儿的年龄和需要；是否具有游戏性、情景性、趣味性，是否好玩；能否激发幼儿的自主探究和深度学习。

（2）观察幼儿：是否专注，是否能自主学习，以及思维、语言、动手操作、艺术想象、创造等能力，现代化工具的使用水平等。

（3）观察活动过程：幼儿的操作过程、结果；幼儿的兴趣、态度、能力与个性；个体差异等。

案例视频

个别化学习活动中的观察与引导

★ 个别化学习活动的引导策略

1. 活动前的引导策略

（1）活动开始前，教师要对区域进行简单介绍，提示幼儿了解活动室中有哪些区域及各个区域都有哪些活动材料，让幼儿提前做好心理准备。

（2）教师可通过环境暗示的手段，发挥其特殊的、潜在的引导功能。比如：利用椅子摆放的个数、桌牌上的符号（标记）、地上的脚丫印等来控制进入活动区的人数。针对个体在认知水平和学习特点上的不同，在部分活动中设置不同类型的图文说明，暗示游戏的玩法和流程，并在区域的四周展示教师与幼儿的作品。

2. 活动中的引导策略

教师应根据幼儿的活动情况不断分析、调整和反思，善于利用与捕捉教育机会来调整幼儿的行为，促进全体幼儿在实践中获得不同程度的发展。在个别化学习活动中，当幼儿产生矛盾、疑惑、兴趣转移、有认知偏差、需要建立规则等情况时，教师要及时给予支持和指导，引发幼儿之间的思维碰撞，帮助幼儿发现和积累新经验。教师要以游戏伙伴的身份与幼儿一起活动，随时环顾活动室，看谁在刚开始时就需要帮助。当幼儿确定了自己的活动方式后，教师要依据其不同的需要给予适当的帮助，同时还要注意激发幼儿之间的相互促进作用。要特别注意规范幼儿活动时的行为，引导幼儿的活动内容，提高其活动质量。即使是"违规"的行为，教师也应以开放、宽容的心态加以对待，及时以适当的方式做出反馈。

▲ 幼儿合作进行个别化学习活动

▲ 指导在个别化学习活动中的幼儿

3. 活动后的引导策略

（1）在活动结束后，教师要和幼儿一起对本次活动的情况进行分享交流。

（2）师幼相互交流。全班围成一个半圆，一起分享自己的成果。在此活动中，幼儿可以说说自己的活动内容及喜欢的作品。在幼儿进行分享的同时，还能培养其他幼儿的倾听习惯。

（3）表扬积极行为。在整个活动中，当幼儿能通过自己的努力完成一个任务、一幅作品或做事有始有终，教师就要加以表扬，肯定幼儿的劳动，同时也可以适当给予一些建议。

（4）活动作品展示。将制作好的作品摆放在作品展示区里，大家一起来欣赏。

（5）做好观察记录。观察方法有定人观察、定点观察等。观察记录中的"分析""询问""反思"等内容都要一一记录清楚。

探索 2　为什么要开展幼儿园个别化学习活动后的分享交流？

下午的个别化学习活动结束了，李老师让大二班的幼儿进行活动后的分享。但此时，教室里还非常热闹，许多幼儿仍然沉浸在刚才活动的情景中。

保育员小王产生了困惑：幼儿还想继续玩，可李老师为什么要让他们坐下来，而不让他们再多活动一会儿呢？你能为小王解惑吗？

学习支持 2

★ 个别化学习活动分享交流的价值

个别化学习活动分享交流是指对个别化学习活动过程、幼儿参与程度及幼儿活动状况等开展的一种交流分享。它是催化剂式、消化剂式的讲述，是个别化学习活动的一个重要组成部分。教师可运用分享交流环节，帮助幼儿汇集活动中的各项信息，分享各自的快乐，以及解决过程中共同碰到的一些问题。因此，个别化学习活动的分享交流环节能为幼儿个体建构与共同建构之间架起一座桥梁，是一个必须重视的环节。分享交流是幼儿交流经验、体验情感、自我表达的最有价值的时刻，其具体的价值有以下几点：

（1）有利于促进幼儿良好行为习惯的养成。例如，培养幼儿不大声喧哗、将玩具摆放整齐等良好的行为习惯，以及培养幼儿勤思考、爱探索的学习品质。

（2）有利于促进幼儿良好个性的形成。幼儿在分享成功所带来的快乐的同时，还能获得大家的赞赏，培养自信。

（3）有利于促进幼儿综合能力的发展。分享交流给幼儿创设更多的表现与展示自我的机会和平台，能有效地促进幼儿的表达与表现能力。

探索 3　保育员在幼儿园个别化学习活动中是否完整履职?

贝贝幼儿园的中班幼儿正在进行"好玩的颜色"个别化学习活动。保育员王老师配合主班李老师在探索区投放了红、黄、蓝三种颜色的溶液,以及塑料杯、油画棒、水、纸等材料,让幼儿进行调色实验,认识颜色之间的关系。个别化学习活动的时间到了,王老师在李老师的安排下,帮助来探索的幼儿穿好反穿衣,并留意幼儿在活动中的表现。个别化学习活动结束后,李老师组织幼儿进行分享交流。王老师也开始动手整理投放的材料……

请小组合作,评析王老师履行保育职责的情况。

学习支持 3

★ 个别化学习活动中的保教工作内容

在个别化学习活动中,教师要为幼儿创设良好的个别化学习活动环境,提供在主题活动中对热点问题的探索空间,支持幼儿在主题背景下自主地表达与表现,引导幼儿通过与材料的互动解决一些有关认知方面的问题;通过与同伴的交流合作拓展思路,提升社会交往能力等;同时嵌入对幼儿学习能力、学习品质、个性品质与良好行为习惯的培养。

案例视频
个别化学习活动的保教工作
(以中班为例)

保育员要配合教师完成材料的投放及环境的清洁整理工作,妥善保管好暂时不用的材料(可分类保管,贴上标签,易取易放)。活动中要观察并支持幼儿个别化学习活动的有效开展,维护个别化学习活动的安全与卫生,排除安全隐患,照顾有生理需要(喝水、如厕、身体不适)的幼儿,同时协助教师培养幼儿良好的行为习惯等。

探索 4　如何在家长面前肯定幼儿在个别化学习活动中的良好表现?

个别化学习能使幼儿通过自己的操作、探索获得一定的经验,他们的内心是充满欢喜的,迫切希望得到教师和家长的表扬。因此,保教人员除了要肯定幼儿在个别化学习活动中的表现外,还要跟家长交流,通过表扬幼儿来激发家长配合与支持活动的热情和信心。根据该情境,模拟进行家园沟通,并写下沟通感悟。

学习支持 4

★ 表扬幼儿的技巧

（1）表扬的内容应该是幼儿"踮起脚能够到"的行为。

（2）留心幼儿的努力，表扬幼儿努力的过程要比表扬结果更重要。

（3）具体说出幼儿值得肯定的行为，而不仅仅是"你真棒"。

（4）表扬要从纵向比而不是从横向比。即：要细心观察，从幼儿前后行为的对比中找到亮点；在表扬某个幼儿的时候，不要贬低其他幼儿，应鼓励幼儿向同伴学习。

（5）及时夸，趁热打铁。幼儿一旦出现好的行为要及时表扬，越小的幼儿越要如此。

（6）表扬的时候不要做无法完成的许诺，且要适可而止。

（7）表扬的方式不要太单一，除了口头表扬外，还可以通过满意的微笑、竖起的大拇指、轻轻的抚摸、赏识的眼神、鼓励的图片进行表扬，这同样会让幼儿倍感鼓舞，成为幼儿健康成长的"催化剂"。

课后复习

- **整理**：整理个别化学习活动观察与引导的要点。
- **描述**：描述个别化学习活动分享环节的价值。
- **分享**：分享本学习活动中的感悟和疑虑。
- **反思**：反思本学习活动中自身及小组合作的学习情况，提出今后的改进办法。

课后自测

在线自测

1. 判断题（每题5分，共40分）

（1）个别化学习活动是幼儿自主选择喜欢的主题所进行的活动，保教人员只要注意幼儿不要发生意外即可。（　　）

（2）在个别化学习活动结束后，教师需要组织幼儿开展分享交流活动，保育员则负责场地的清洁与整理工作。（　　）

（3）在个别化学习活动中，保育员要留心幼儿的努力，适时将其表现告知主班教师和幼儿家长。（　　）

（4）个别化学习活动中的观察是专业观察中的一种，是专门针对幼儿进行的科学观察。（　　）

（5）在个别化学习活动中，教师要给予幼儿充分的活动时间、空间，最低限度地适时介入，给予支持性的帮助，启发、引导幼儿，帮助幼儿走出困境。（　　）

（6）在个别化学习活动中，教师要观察幼儿在活动中的行为表现、困难、发展及游戏情况，了解他们的个性、需要、兴趣等，从而调整学习行为和学习策略。（　　）

（7）个别化学习活动结束后，教师要对活动过程、幼儿参与程度及幼儿活动状况等开展讲述，也就是教师总结活动中的各项信息。（　　）

（8）保教人员在鼓励幼儿向伙伴学习时，要注意在表扬某个幼儿的同时不要贬低其他幼儿。（　　）

2. 选择题（每题10分，共60分）

（1）通过个别化学习活动的分享交流，可以促进幼儿（　　）等良好行为习惯的形成。
　　A. 不大声喧哗　　　B. 勤于思考　　　C. 安静聆听　　　D. 以上都是

（2）在中班"串水果"的活动区中，教师发现某位幼儿没有找到数字对应的水果图片，这时教师应（　　）。
　　A. 马上走上前去帮他找出对应的图片
　　B. 继续观察，如果还没解决再适时指导
　　C. 不用管他，因为这个幼儿发展比较滞后
　　D. 让旁边的幼儿去帮助他

（3）在个别化学习活动中，教师要注意观察（　　），从而了解幼儿的个性、需要、兴趣、学习水平等，并适时调整学习行为和学习策略。
　　A. 幼儿在活动中的困难、幼儿的喜好
　　B. 幼儿的表现、幼儿的同伴
　　C. 材料是否符合幼儿兴趣
　　D. 幼儿在活动中的表现、困难、发展及游戏情况

（4）当幼儿（　　）时，教师应及时给予幼儿支持和指导。
　　A. 探索兴趣即将消失　　　　　　B. 发生纠纷、活动有停顿
　　C. 认知出现困难　　　　　　　　D. 以上都是

（5）在分享交流环节，教师可以让幼儿选择（　　）等方面进行分享。
　　A. 问题及解决方法、作品展示　　B. 活动的快乐、作品展示
　　C. 问题及解决方法、活动的快乐　D. 问题讨论、作品展示、活动的快乐

（6）表扬幼儿要注意（　　）。
　　A. 夸具体、夸努力　　　　　　　B. 及时夸、适可而止
　　C. 夸得越多越好　　　　　　　　D. 及时夸、夸具体、夸努力、适可而止

3. 拓展题

案例：今天豆豆兴致很高地在个别化学习活动区用橡皮泥给小兔子捏胡萝卜吃，忽然豆豆把捏好的胡萝卜塞进了鼻子里。

这时，你应该怎么做？

学习情况评价表

评分项目		评分标准或要求	配分（分）	评价方式 自评 权重 20%	评价方式 互评 权重 30%	评价方式 师评 权重 50%	得分
专业知识技能 60%	个别化学习活动的观察与引导	• 解释个别化学习活动中的观察的含义（3分） • 解释个别化学习活动中的引导的含义（3分） • 根据案例，说出个别化学习活动的观察要点（每个2.5分，共7.5分） • 根据案例说出个别化学习活动的引导策略（每个2.5分，共7.5分）	21				
	个别化学习活动的分享	• 说出个别化学习活动分享交流的含义（4分） • 说出个别化学习活动分享交流的价值（每个2分，共6分）	10				
	个别化学习活动中的保育实施	• 说出个别化学习活动中的保育职责（6分） • 合理评析保育员在个别化学习活动中的履职情况（7分）	13				
	个别化学习活动中的家园沟通	• 根据案例情境，与家长进行有关幼儿个别化学习活动情况的沟通（6分）	6				
	自测题	自测题得分×10%	10	—	—	—	
个人素养 40%	专业精神（10分×70%）	认同保育工作的重要性，积极投入专业学习（3分）；在实践中切实履行保育责任，精益求精（4分）；不断反思改进，提高专业水平（3分）	7				
	人文关怀（10分×70%）	关注和尊重他人（教师、同学、幼儿）的想法和感受，设身处地为他人着想（5分）；充分表达对他人的关心、理解和爱护（5分）	7				
	团队合作（10分×70%）	乐于承担小组分配的任务（2.5分），积极寻求同伴合作（2.5分），乐于分享自己的经验（2.5分），对小组学习问题的解决有贡献（2.5分）	7				
	沟通表达（10分×70%）	善于倾听（2分），正确理解（2分）；围绕主题表达（2分），语言清楚简洁（2分），文明礼貌，应人应时应景（2分）	7				
	问题解决（10分×70%）	解决问题逻辑清晰（2.5分），能举一反三（2.5分），善于批判质疑（2.5分），勇于创新（2.5分）	7				
	信息获取（10分×50%）	熟悉信息源，善于利用搜索工具快速、准确地获取所需信息（5分）；能根据需要对信息进行挖掘、甄别、筛选（5分）	5				
		总分	100	总得分			

反思与收获：

学习任务小结

　　幼儿园的个别化学习活动是为了使学习活动能满足不同幼儿的发展需要，符合其"最近发展区"，同时为幼儿提供平等的学习与发展机会而组织的学习活动形式。它与幼儿的学习特点和身心发展水平相适应，能激发幼儿积极、主动地学习，尊重幼儿学习与发展的个体差异。

　　由此，保教人员要为幼儿提供更加宽松自由的、多层次的个别化学习活动空间，让每个幼儿都可以选择自己感兴趣和需要的活动，按照自己的学习方式和发展水平，自主选择内容和活动伙伴，主动进行探索、学习，以便找到最佳的学习方式，体验快乐、成功和自信。

　　在个别化学习活动中，保教人员要加强观察，了解不同幼儿的发展水平和兴趣需要，引导有需要帮助的幼儿顺利进行学习活动，及时排除安全隐患；活动结束后，引导幼儿进行分享和收整。保教人员要确保每个幼儿都能顺利地进行个别化学习活动，满足幼儿的兴趣、好奇心，帮助其建立自信，学会沟通与欣赏，主动担当责任，使每个幼儿都能获得多方面的发展。

主要参考文献

[1] 中华人民共和国教育部.幼儿园教育指导纲要（试行）[M].北京：北京师范大学出版社，2001.
[2] 上海市教育委员会.上海市学前教育课程指南（试行稿）[M].上海：上海教育出版社，2004.
[3] 李季湄，冯晓霞.《3—6岁儿童学习与发展指南》解读[M].北京：人民教育出版社，2013.
[4] 上海市教育委员会教学研究室.上海市幼儿园办园质量评价指南（试行稿）[M].上海：上海教育出版社，2020.
[5] 马士薇，史静敏.保育员（中级）[M].北京：中国劳动社会保障出版社，2009.
[6] 上海市中小学（幼儿园）课程改革委员会.运动3—6岁[M].上海：上海教育出版社，2009.
[7] 王潇.幼儿园健康教育与活动指导[M].上海：华东师范大学出版社，2015.
[8] 张荣，罗媛文.宝贝上场——提高婴幼儿运动协调的66个游戏[M].南京：江苏美术出版社，2013.
[9] 尚忆薇.儿童运动与休闲活动设计[M].上海：华东师范大学出版社，2013.
[10] 罗泽林.幼儿园亲子运动会中的不适宜行为[J].科教导刊（中旬刊），2014（06）：210—211.
[11] 刘焱.幼儿园游戏与指导[M].北京：高等教育出版社，2012.
[12] 刘焱.儿童游戏通论[M].北京：北京师范大学出版社，2004.
[13] 华爱华.幼儿游戏理论（第三版）[M].上海：上海教育出版社，2015.
[14] 洪晓琴，徐则民.理想课程的执著追求：游戏课程自我完善的实践探索[M].上海：上海教育出版社，2013.
[15] 叶小红.幼儿园游戏与指导[M].南京：江苏教育出版社，2014.
[16] 邵爱红.幼儿园室内外建构游戏指导[M].北京：中国轻工业出版社，2016.
[17] 徐则民，周兢.经历，激活名师教育智慧[M].上海：上海教育出版社，2019.
[18] 上海市中小学（幼儿园）课程改革委员会.游戏活动3—6岁[M].上海：上海教育出版社，2009.
[19] 邹海瑞.基于游戏的幼儿园教与学研究[D].上海：华东师范大学，2017.
[20] 杜新艳.幼儿园的戏水活动现状研究[D].南京：南京师范大学，2017.
[21] 华爱华，马丽婷.探索性活动区的特点及环境创设[J].幼儿教育（教育教学），2012（31）：12—13.
[22] 刘焱，等.中、大班幼儿表演游戏的一般规律和年龄特点研究[J].学前教育研究，2003（4）：24—25.
[23] 人力资源社会保障部教材办公室.保育员（四级）[M].北京：中国劳动社会保障出版社，2018.
[24] 陈瑶.幼儿园教育活动设计与指导（第二版）[M].北京：北京师范大学出版社，2020.
[25] 张亚军.幼儿园教育基础（第二版）[M].上海：华东师范大学出版社，2021.
[26] 高敬.幼儿园教育活动设计与指导[M].上海：华东师范大学出版社，2014.
[27] 黄瑾.幼儿园教育活动设计与指导（第三版）[M].上海：华东师范大学出版社，2021.
[28] 张明红.幼儿社会教育与活动指导（第二版）[M].上海：华东师范大学出版社，2020.
[29] 施燕.幼儿科学教育与活动指导（第二版）[M].上海：华东师范大学出版社，2020.
[30] 黄瑾.幼儿数学教育与活动指导（第二版）[M].上海：华东师范大学出版社，2020.
[31] 樊小娟.幼儿园教育活动设计与指导[M].南京：江苏凤凰教育出版社，2014.
[32] 上海市中小学（幼儿园）课程改革委员会.学习活动3—4岁[M].上海：上海教育出版社，2009.
[33] 上海市中小学（幼儿园）课程改革委员会.学习活动4—5岁[M].上海：上海教育出版社，2009.
[34] 上海市中小学（幼儿园）课程改革委员会.学习活动5—6岁[M].上海：上海教育出版社，2009.
[35] 史静敏，马士薇.保育员（初级）[M].北京：中国劳动社会保障出版社，2006.